全国高等职业教育汽车类“十二五”规划教材

汽车电工电子基础

主　编　王忠利　琚爱云
副主编　左明鑫　黄晓云

黄河水利出版社
·郑州·

内 容 提 要

本书是在总结我国近些年来高等职业教育教学改革经验的基础上编写的，着眼于岗位需求，以培养综合能力为主线，以实际应用为原则，适当降低理论深度，减少烦琐理论推导，围绕需求精选内容，便于教学。主要内容有：直流电路，交流电路，磁路及电磁器件，电动机，常用半导体器件，基本放大电路，集成运算放大器，数字电路基础。

本书可作为应用型本科院校、高职高专院校汽车类专业电工电子基础课程的教材，也可供相关工程技术人员参考。

图书在版编目(CIP)数据

汽车电工电子基础/王忠利，琚爱云主编. —郑州：黄河水利出版社，2015.6

全国高等职业教育汽车类“十二五”规划教材

ISBN 978-7-5509-1160-4

Ⅰ. ①汽… Ⅱ. ①王…②琚… Ⅲ. ①汽车-电工-高等职业教育-教材②汽车-电子技术-高等职业教育-教材 Ⅳ. ①U463.6

中国版本图书馆 CIP 数据核字（2015）第 139808 号

出 版 社：黄河水利出版社

地址：河南省郑州市顺河路黄委会综合楼 14 层　　邮政编码：450003

发行单位：黄河水利出版社

发行部电话：0371-66026940、66020550、66028024、66022620（传真）

E-mail：hhslcbs@126.com

承印单位：河南承创印务有限公司

开本：787 mm×1 092 mm　1/16

印张：11

字数：250 千字　　印数：1—4 000

版次：2015 年 6 月第 1 版　　印次：2015 年 6 月第 1 次印刷

定价：24.00 元

前　言

本书是根据高等职业教育的培养目标和当前高职生源实际情况而编写的。考虑到高等职业教育的特点，遵循理论必须密切联系汽车运用的实际情况，着重讲述基本概念、基本规律、基本应用；以实用为主，理论以够用为度，突出重点、概念清楚、层次清晰、深入浅出、通俗易懂、学用一致，真正做到“淡化理论，够用为度，培养技能，重在应用”。

本书在编写过程中，根据专业教学的要求，从实用的角度出发，在内容上简化了一些与生产实际应用关系不大的理论分析和计算，并兼顾电工电子技术的发展，以更好地为专业培养目标服务；在问题的阐述上，侧重基本知识和基本概念，并强调基本理论的实际应用。在编写时，编者充分考虑到学生现有的自学能力和基础知识，鼓励学生主动学习，勤于思考，掌握分析问题的方法，提高解决问题的能力。

本书结构合理、特色鲜明、通俗易懂、简明扼要，既可作为高等职业院校的汽车运用技术、汽车检测与维修、汽车电子技术、轨道交通技术等专业的教材，亦可供其他相关专业的师生及工程技术人员参考。

本书由郑州科技学院王忠利、郑州理工职业学院琚爱云担任主编，郑州科技学院左明鑫、郑州城市职业学院黄晓云担任副主编。具体编写分工如下：王忠利编写第一章、第二章和第八章，琚爱云编写第三章、第四章和第五章，黄晓云编写第六章，左明鑫编写第七章。全书由王忠利负责统稿。黄河交通学院李鹏老师审阅了全书并提出了许多宝贵意见和建议，在此表示由衷感谢。

本书在编写过程中，作者参考了多位同行的编著和文献，得到了不少启发和教益，在此向编著者致以诚挚的谢意！

由于编者水平有限，编写时间仓促，书中难免存在不足之处，殷切希望广大读者批评指正。

编　者

2015 年 5 月

目　录

第一章　直流电路

电路是电工、电子技术的主要研究对象，内容非常丰富。本章首先对电路的概念、描绘电路的基本物理量，以及电路的基本定律、定理进行介绍，再进一步介绍直流电路的分析方法。学习直流电路不但为交流电路的分析打下理论基础，而且也为后续专业课提供电路理论基础。

第一节　电路及其基本物理量

一、电路

电路是电流通过的路径，它是各种电气器件（电气器件包括发电机、电池、电动机、电灯、集成电路、控制器件等）为了完成某一功能而按一定方式连接起来组成的总体。电路功能不同，电路模型就不同。电路通常由电源（信号源）、中间环节和负载三部分组成，如图 1-1 所示。

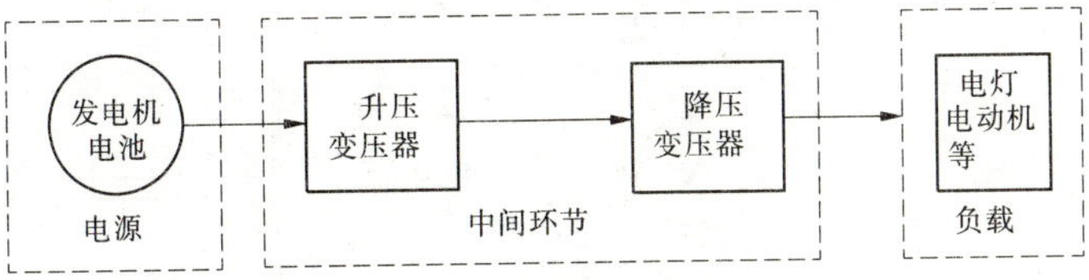

图 1-1　电力系统电路图

电源是提供电能的装置，它将其他形式的能量转换为电能，如发电机把机械能转换为电能，电池把化学能转换为电能。

负载又叫用电器，它是取用电能的装置，能将电能转换为其他形式的能，如汽车启动机把电能转换为机械能，电灯把电能转换为光能和热能，电喇叭把电能转化为声能。

中间环节包括连接导线和控制装置。连接导线在电路中起着传输和分配电能的作用，控制装置用来控制电路的通断并保护电源与负载不受损坏，如铜线、铝线、变压器、开关和熔断器等。汽车的车身与车架都是金属机件，可以作为各种电气设备的公用导线，蓄电池的电流就是经车身或车架回负极的，这种连接方式俗称搭铁。

一个完整的电路中，电源（信号源）、中间环节和负载三部分是缺一不可的。按工作任务划分，电路的功能有两类：第一类是进行能量的转换、传输和分配，如电力系统（见图 1-1）；第二类是信号的传递和处理，如扩音系统（见图 1-2）。

在研究电路的工作原理时，通常是用一些规定的图形符号来代表实际的设备和器件，并用连接导线把这些元件连接起来，这样的图形叫电路图，如图 1-3 所示。电路图中常用的图形符号见表 1-1。

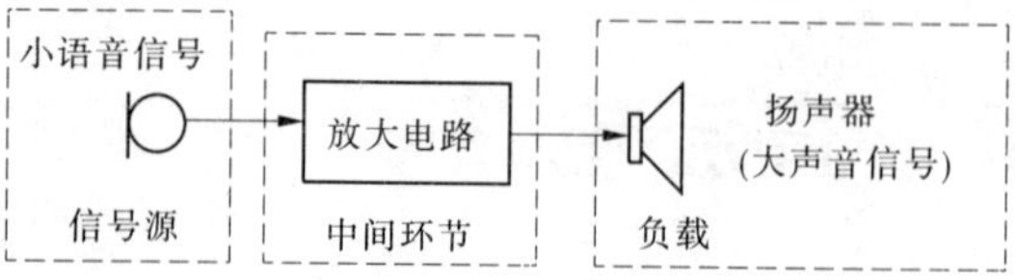

图 1-2　扩音系统

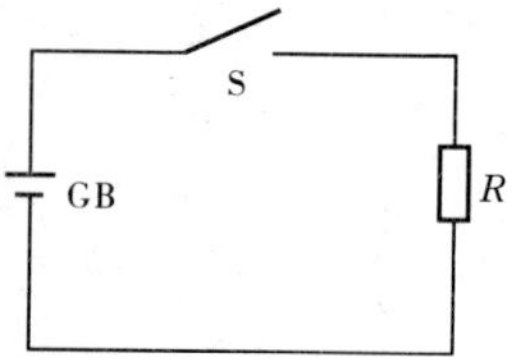

图 1-3　电路图

表 1-1　电路图中常用的图形符号

图形符号	名称	图形符号	名称	图形符号	名称
	开关		电阻器	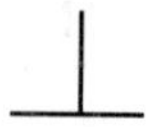	接机壳
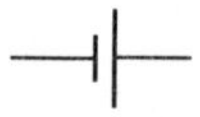	电池	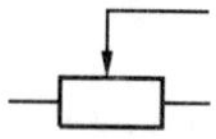	电位器		接地
	发电机	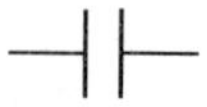	电容器		端子
	线圈		电流表	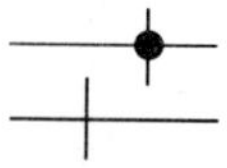	连接导线 不连接导线
	铁芯线圈	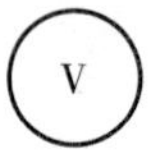	电压表	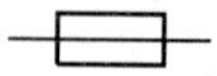	熔断器
	抽头线圈	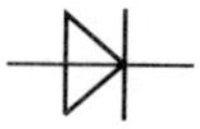	二极管		灯

二、电路的基本物理量

(一)电流

大量电荷的定向移动形成电流。为了衡量电流的强弱,规定了电流强度这一物理量。单位时间内通过导体横截面的电量,称为电流强度,简称电流,用字母 I 表示。若在 t 秒钟内通过导体横截面的电量是 Q[单位为库[仑](C)],那么电流的计算公式为

$$I = \frac{Q}{t} \tag{1-1}$$

在国际单位制中,电流的单位是安[培](A),简称安。计算小电流时用毫安(mA)和微安(μA)作为单位。它们之间的换算关系是:

$$1\ \text{A} = 10^3\text{mA} = 10^6\mu\text{A}$$

电流不但有强弱而且还有方向,通常规定电流的方向为正电荷运动的方向。电子的运动方向与电流的方向相反。

电流可分为直流电流和交流电流两大类。凡是大小和方向随着时间变化的电流，称为交流电流；凡是大小和方向不随时间变化的电流，称为直流电流。

由于在分析复杂电路时难以事先判断支路中电流的实际方向，因此引入参考方向的概念。所谓参考方向，就是在分析电路时先假定一个支路电流方向。当电流的实际方向与参考方向一致时，电流为正值；反之，电流为负值。

（二）电位

在分析电路时，有时需要研究电路中各点电位的高低。为了求出电路中各点的电位值，必须在电路中选择一个参考点，参考点的电位规定为零。在汽车电路中，通常用汽车底盘、车架和发动机等金属作为公用导线，并视其为电路中的公共参考点。即以其作为零电位，零电位的符号用"⊥"表示。

规定：电路中某点与参考点之间的电压称为该点的电位，a 点的电位用 V_a 来表示。电位的单位是伏［特］，简称伏（V）。由于零参考点是任意规定的，所以电位是个相对量，与参考点的选择有关，随参考点的改变而改变。

（三）电压

电压就是电路中两点间的电位差。例如 a、b 两点间的电压用 U_{ab} 来表示。即

$$U_{ab} = V_a - V_b \tag{1-2}$$

电压的单位是伏［特］（V），常用的单位还有千伏（kV）和毫伏（mV）。它们之间的换算关系是：

$$1\text{kV} = 10^3\text{V} \qquad 1\text{mV} = 10^{-3}\text{V}$$

电压是个绝对量，与参考点的选择无关。为了便于分析，给电压规定了方向，在外电路中，电压的方向规定为由高电位指向低电位，即电压降低的方向。但在复杂电路分析时，电压的实际方向也是难以事先判断的，因此仍要假定某段电路上的电压方向（正方向）。若计算结果为正，则电压的正方向与实际方向相同；若计算结果为负，则电压的正方向与实际方向相反。

（四）电动势

电动势是衡量电源将其他形式的能转换成电能本领的物理量。它的方向规定为在电源内部由低电位（负极）指向高电位（正极），即电位升高的方向，与电压的方向相反。

理想电源的电动势与其两端的输出电压之间的关系是

$$E_{ab} = -U_{ab} \tag{1-3}$$

【例 1-1】 图 1-4 中各元件上电压均为已知。

（1）取 $V_a=0$，求各点的电位；

（2）取 $V_d=0$，求各点的电位。

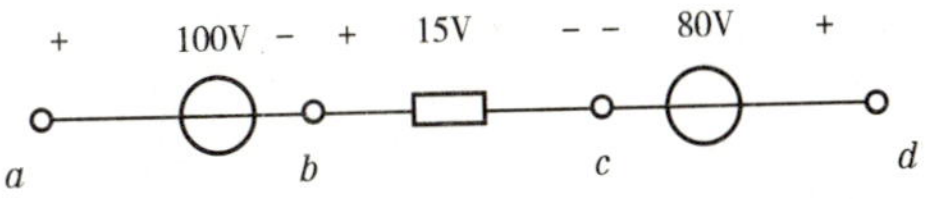

图 1-4　例 1-1 图

解：（1）取 $V_a=0$，由图可知：

$U_{ab}=V_a-V_b$　　　$V_b=V_a-U_{ab}=0\text{V}-100\text{V}=-100\text{V}$

$U_{bc}=V_b-V_c$　　$V_c=V_b-U_{bc}=-100V-15V=-115V$

$U_{cd}=V_c-V_d$　　$V_d=V_c-U_{cd}=-115V-(-80V)=-35V$

(2)取 $V_d=0$,由图可知:

$U_{cd}=V_c-V_d$　　$V_c=U_{cd}+V_d=-80V+0V=-80V$

$U_{bc}=V_b-V_c$　　$V_b=U_{bc}+V_c=15V+(-80V)=-65V$

$U_{ab}=V_a-V_b$　　$V_a=U_{ab}+V_b=100V+(-65V)=35V$

从以上分析可知,参考点不同,各点电位不同,但两点之间的电压不变。

(五)电阻

电阻指物体对电流的阻碍作用,用 R 表示,单位是欧[姆](Ω),常用的单位还有千欧($k\Omega$)和兆欧($M\Omega$)。它们之间的换算关系是:

$$1M\Omega = 10^3 k\Omega = 10^6 \Omega$$

导体的电阻是客观存在的,与电压无关。实验证明,在一定温度下导体的电阻 R 与它的长度 L 成正比,与它的横截面面积 S 成反比,且与导体的材料有关,即

$$R = \rho \frac{L}{S} \tag{1-4}$$

式中　ρ——导体的电阻率,$\Omega \cdot m$。

电阻是在汽车电器、电子设备中应用最多的基本元件之一,主要用于控制和调节电路中的电流和电压,或用做消耗电能的负载。

(六)电功

电流能使电灯发光、电动机转动、电炉发热等,这些都是电流做功的表现。在电场力作用下,电荷定向运动形成的电流所做的功称为电功。如果导体两端的电压为 U,通过导体横截面的电量为 Q,电功 $W=QU$,由于 $Q=It$,所以

$$W = UIt \tag{1-5}$$

上式表明,电流在一段电路上所做的功,跟这段电路两端的电压、电路中的电流和通电时间成正比。

实用中电功的单位是千瓦・时(kW・h),1kW・h 也就是我们常说的 1 度。

$$1\text{度}=1kW\cdot h=1\,000W\times 3\,600s=3.6\times 10^6 J$$

(七)功率

在工程上,我们习惯用电功率来衡量能量的交换。所谓电功率是指单位时间内电路各部分产生或消耗的能量,简称为功率,用大写字母 P 表示。根据定义,电源产生的功率为

$$P_{\text{电源}} = IE \tag{1-6}$$

负载消耗的功率为

$$P_{\text{负载}} = IU \tag{1-7}$$

同理,电源内阻消耗的功率为

$$P_{\text{损耗}} = I^2 R_0 \tag{1-8}$$

这三者之间的关系是:

$$P_{\text{电源}} = P_{\text{负载}} + P_{\text{损耗}} \tag{1-9}$$

在国际单位制中，功率的单位是瓦[特]（W），另外也常用千瓦（kW）表示。二者之间的关系为：

$$1\text{kW} = 10^3\text{W}$$

【例 1-2】 有一 220V 60W 的电灯，接在 220V 电源上，试求电灯的电阻和电灯在 220V 电压下工作时的电流。如果每晚用电 3h，问一个月消耗电能多少？

解：流过电灯的电流：

$$I = P/U = 60\text{W}/220\text{V} = 0.273\text{A}$$

电灯的电阻：

$$R = \frac{U}{I} = \frac{220\text{V}}{0.273\text{A}} = 807\Omega$$

一个月用电：

$$W = Pt = 0.06\text{kW} \times 3\text{h} \times 30 = 5.4\text{kW} \cdot \text{h}$$

第二节　欧姆定律

欧姆定律是用来确定电路中各部分电流与电压之间关系的，是分析电路的基本定律之一。

一、部分电路欧姆定律

如图 1-5 所示不含电源的一段电路两端所加电压为 U，通过电阻的电流为 I，若电压与电流的参考方向一致，如图 1-5（a）所示，则

$$I = \frac{U}{R} \tag{1-10}$$

若电压与电流的参考方向如图 1-5（b）所示，则

$$U = -IR \tag{1-11}$$

(a) U与I参考方向一致　　(b) U与I参考方向不一致

图 1-5　部分电路欧姆定律

二、全电路欧姆定律

如图 1-6 所示含有电源的闭合电路，R_L 是负载电阻，R_0 是电源内阻。则全电路欧姆定律可表示为

$$I = \frac{E}{R_L + R_0} \tag{1-12}$$

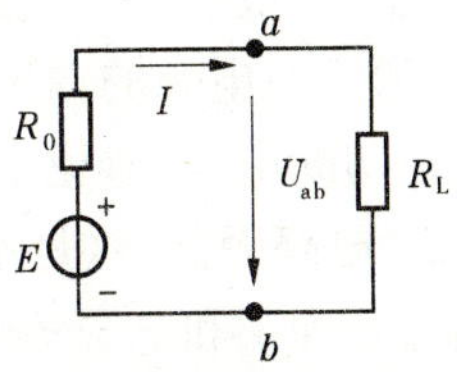

图 1-6　全电路欧姆定律

式(1-12)表明:全电路中的电流跟电源的电动势成正比,跟内、外电阻之和成反比。

第三节　电路的工作状态

电路可能出现的工作状态有三种,即通路状态、断路状态和短路状态。

一、通路状态

将图 1-7(a)中的开关 S 闭合,电路中有电流通过,电源就向负载供电,这时电路就处在通路状态。通路状态时电路具有以下特点:

$$U = IR_L \qquad U = E - IR_0 \qquad P = UI \tag{1-13}$$

二、断路状态

在图 1-7(b)中,将开关打开或电路中某处断开,电路中没有电流通过,电源不向负载供电,这时电路就处在断路状态,断路状态时电路具有以下特点:

$$I = 0 \qquad U = E \qquad P = 0 \tag{1-14}$$

三、短路状态

由于某种原因,使电源两端被电阻接近零的导线短接时,电路就处于短路工作状态,如图 1-7(c)所示。当电源两端被短路时,外电路的电阻接近为零,电源的内阻 R_0 又很小,因此电路中将通过极大的电流,此时的电流被称为短路电流,用 I_S 表示。短路工作时电路具有以下特点:

$$U = 0 \qquad I = I_S = \frac{E}{R_0} \qquad P = P_0 = I^2R_0 \tag{1-15}$$

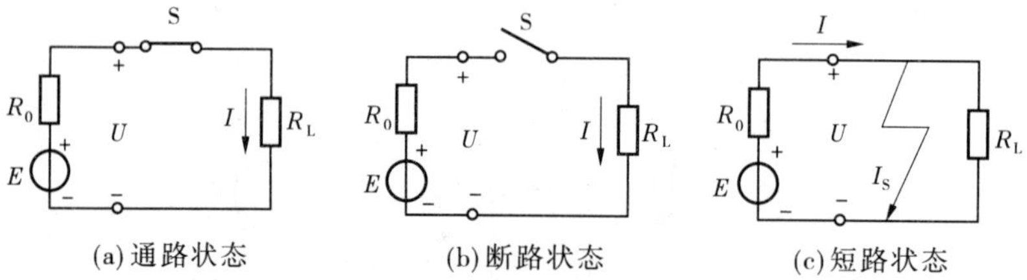

图 1-7　电路的工作状态

短路时,其短路电流将大大超过额定电流,以致电源和短路电流所经过的线路烧坏,这是十分危险的。造成短路的主要原因是绝缘损坏或接线不当。为防止短路事故的发生,通常在电源的输出端接上熔断器,当电路短路时,熔断器中的熔丝(又称为保险丝)可快速切断电源,避免出现大的事故。

电路短路,这是不允许的。但在实际工作中,有时需要短路电路中电位差别不大的两点。为了和电源短路相区别,我们把这种短路称为短接。如图 1-8 所示,用开关 S_2 把安培表的两端短接起来,以免电动机启动时的大电流通过安培表,从而保护安培表不致损坏。启动完毕后,再将开关 S_2 断开,让安培表指示电动机运转时所取用的电流。这种短接不但没有危险，反而有利。

【例 1-3】 某电池组的电动势 $E=24V$，内阻 $R_0=0.1\Omega$，正常使用时的负载电阻为 $R=1.9\Omega$，求额定工作电流 I 及负载电阻被短路时的电流 I_S。

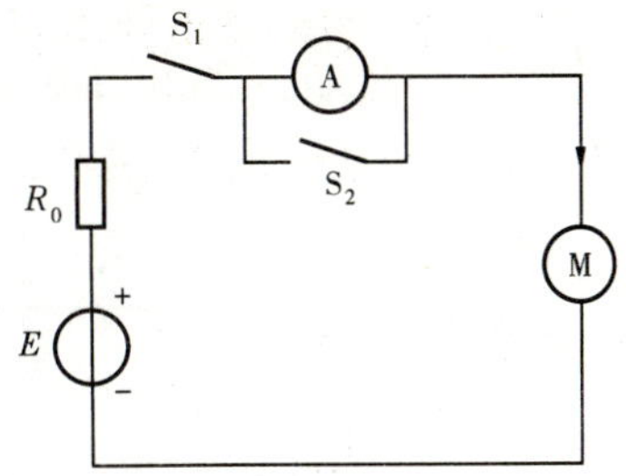

图 1-8 电动机启动时安培表的短接

解：

$$I=\frac{E}{R+R_0}=\frac{24V}{1.9\Omega+0.1\Omega}=12A$$

$$I_S=\frac{E}{R_0}=\frac{24V}{0.1\Omega}=240A\gg 12A$$

四、电气设备的额定值

电气设备一般由导体、绝缘材料等组成，当电气设备中通过电流时，导体就要发热，于是电气设备的温度升高。如果所加电压太高或通过的电流太大，就有可能使绝缘材料老化并击穿，从而导致电气设备的损坏。反之，如果所加电压或通过的电流比额定值小很多，则不仅不能达到合理的工作状态（如电压太低、电灯亮度不够、电动机转速不高等），也不能充分利用电气设备的工作能力。

因此，对于实际的电气设备，为了达到最好的技术经济效能，制造厂家对它的性能、使用条件等都用一些技术数据加以规定，这些技术数据称为电气设备的额定值。额定值主要包括额定电压、额定电流、额定功率等，分别用 U_N、I_N、P_N 表示。这些额定值一般都被标注在设备的铭牌上或产品说明书中。例如，一盏白炽灯的规格有 220V 40W 或 220V 60W 等；一台电动机为 380V 7kW 等。电气设备均应在额定状态或接近额定状态下运行，以确保正确合理使用。

【例 1-4】 有一阻值为 2kΩ、额定功率为 1/8W 的电阻，试求其额定电流。

解：因为

$$P_N=I_NU_N=I_N^2R$$

所以

$$I_N=\sqrt{\frac{P_N}{R}}=\sqrt{\frac{0.125W}{2\,000\Omega}}=7.9\times10^{-3}A=7.9mA$$

第四节 电源及其等效变换

一、电源的实际模型

电源是一个供能的二端元件，一个实际电源可以有两种表示模型：一种是用电压的形式来表示，称为电压源；另一种是用电流的形式来表示，称为电流源。

（一）电压源

任何一个电源，例如发电机、电池或各种信号源，都含有电动势 E 和内阻 R_0。在分析与计算电路时，常常把它们分开，组成由 E 和 R_0 串联的电源模型，即实际电压源，如图 1-9 所示。根据图 1-9(b)所示的电路，可得出电源的端电压为

$$U = E - IR_0 \tag{1-16}$$

式(1-16)说明,实际电压源的端电压 U 不等于电动势 E,而与负载电流有关,电流愈大,内阻上的电压降愈大,端电压愈低,其伏安特性是一条下降的直线,如图 1-10 所示。

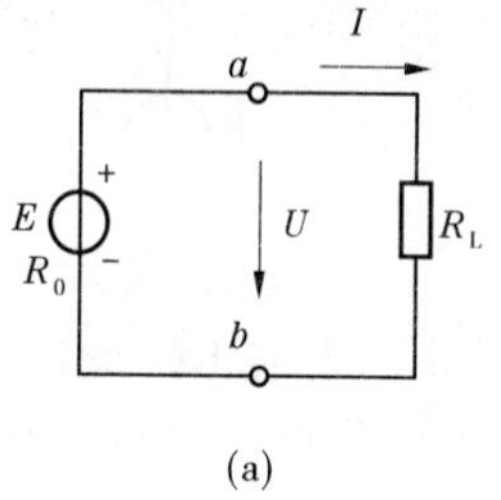

图 1-9　电压源电路

如果电流流过实际电压源内部几乎没有损耗,即 $R_0=0$,那么该电压源称为理想电压源(或恒压源)。理想电压源的端电压始终等于电源电动势,与电流的大小无关。其外特性曲线与电路图如图 1-10、图 1-11 所示。

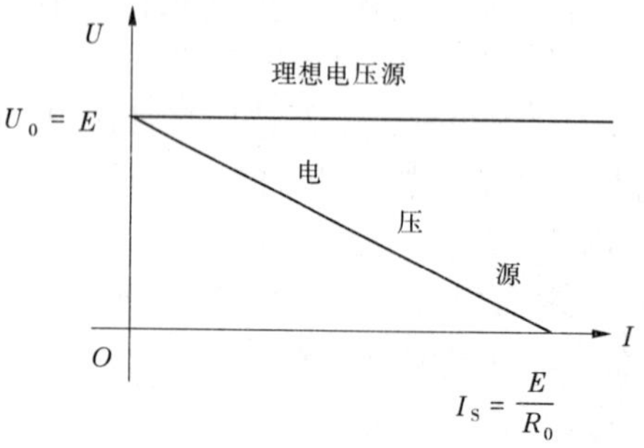

图 1-10　电压源与理想电压源的外特性曲线

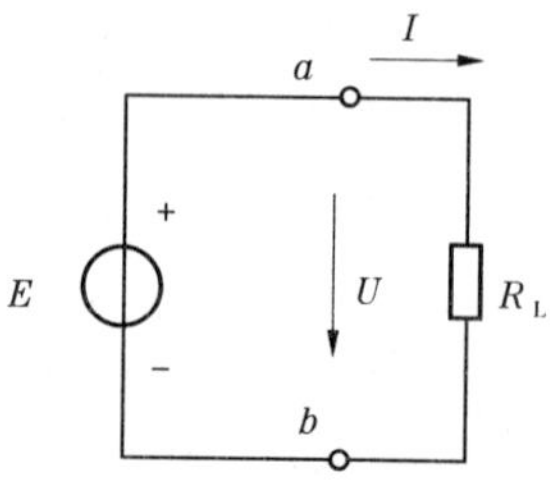

图 1-11　理想电压源电路

(二)电流源

电源除用电压源来表示外,还可以用电流源来表示,将式(1-16)两端同除以 R_0,则得

$$\frac{U}{R_0} = \frac{E}{R_0} - I = I_S - I$$

即

$$I_S = \frac{U}{R_0} + I \tag{1-17}$$

式中 I_S 为电源的短路电流,I 是负载电流,建立的电路模型如图 1-12 所示,该电路即为实际电流源。其外特性曲线如图 1-13 所示。如果 $R_0 \gg R_L$(R_0 支路相当于开路),如图 1-14

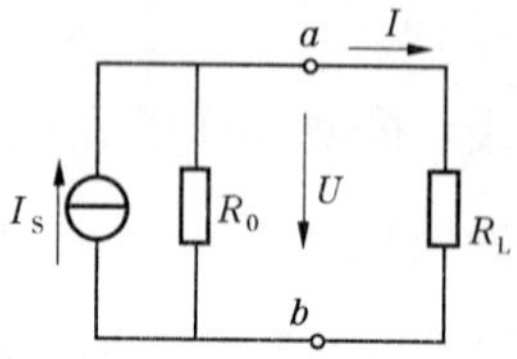

图 1-12　电流源

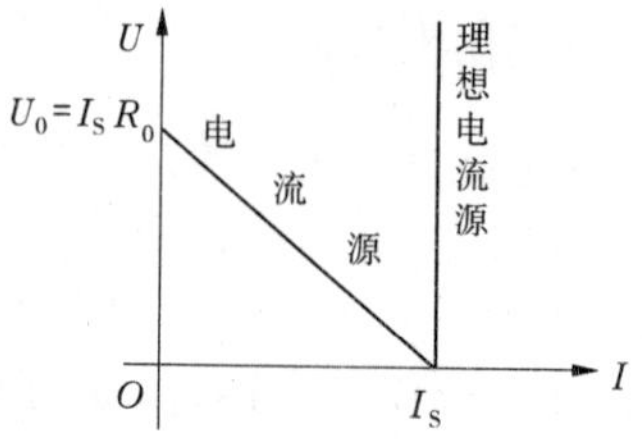

图 1-13　电流源和理想电流源的外特性曲线

所示的电流 I 恒等于 I_S，输出电压 U 由负载电阻 R_L 值的大小及 I_S 的大小确定，这样的电流源称为理想电流源或恒流源，其电路模型和外特性曲线如图 1-13、图 1-14 所示。

由以上分析可知，实际电压源是理想电压源与内阻 R_0 串联，实际电流源是理想电流源与内阻 R_0 并联。

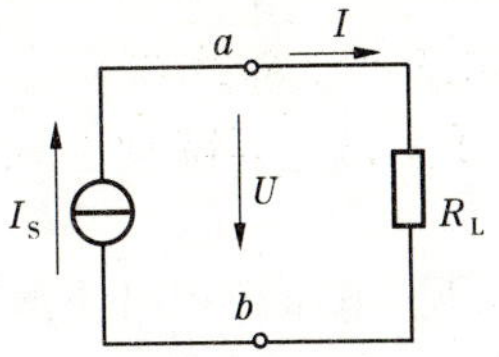

图 1-14 理想电流源

二、电压源与电流源的等效变换

为了分析和计算电路的方便，有时要将实际电源进行等效变换，而实际电压源与实际电流源进行等效变换的条件是它们具有相同的外特性。电源等效变换时应注意以下几点：

(1) 电压源与电流源等效变换关系只对外电路而言，内电路（电源内部）是不等效的。

(2) 电源变换时，两种电源的极性必须保持一致。

(3) 理想电压源与理想电流源间不能等效变换。

在分析多个电源的复杂电路时常用电源的等效变换来简化电路。

【例 1-5】 有一直流发电机，$E = 230\text{V}$，$R_0 = 1\Omega$，当负载电阻 $R_L = 22\Omega$ 时，用电源的两种电路模型分别求电压 U 和电流 I，并计算电源内部的损耗功率和内阻压降，看是否相等（见图 1-15）。

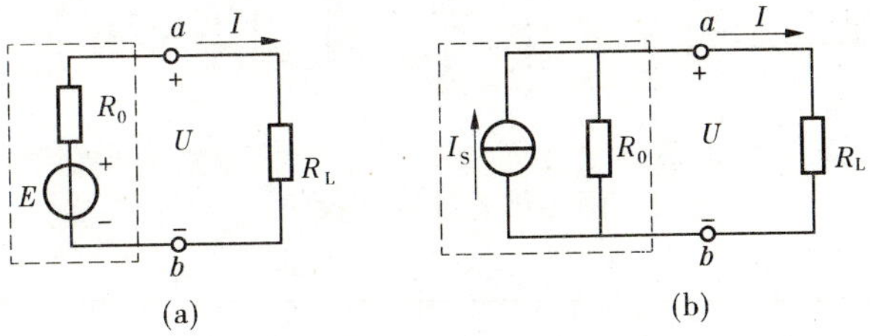

图 1-15 例 1-5 图

解：(1) 计算电压 U 和电流 I：

在图 1-15(a) 中

$$I = \frac{E}{R_L + R_0} = \frac{230\text{V}}{22\Omega + 1\Omega} = 10\text{A}$$

$$U = IR_L = 10\text{A} \times 22\Omega = 220\text{V}$$

在图 1-15(b) 中

$$I = \frac{R_0}{R_L + R_0} I_S = \frac{1\Omega}{22\Omega + 1\Omega} \times \frac{230\text{V}}{1\Omega} = 10\text{A}$$

$$U = IR_L = 10\text{A} \times 22\Omega = 220\text{V}$$

(2) 计算内阻压降和电源内部的损耗功率：

在图 1-15(a) 中

$$IR_0 = 10\text{A} \times 1\Omega = 10\text{V}$$

$$\Delta P_0 = I^2 R_0 = (10\text{A})^2 \times 1\Omega = 100\text{W}$$

在图 1-15(b)中

$$U = 220\text{V}$$

$$\Delta P_0 = \left(\frac{U}{R_0}\right)^2 R_0 = \frac{U^2}{R_0} = \frac{(220\text{V})^2}{1\Omega} = 48\ 400\text{W} = 48.4\text{kW}$$

可见,电压源和电流源对外电路,相互间是等效的;但对电源内部来讲,是不等效的。即实际电压源与实际电流源之间可以进行等效变换,但是,理想电压源和理想电流源之间却不能进行等效变换。

【例 1-6】 试用电压源和电流源等效变换的方法计算图 1-16(a)中 1Ω 电阻上的电流 I。

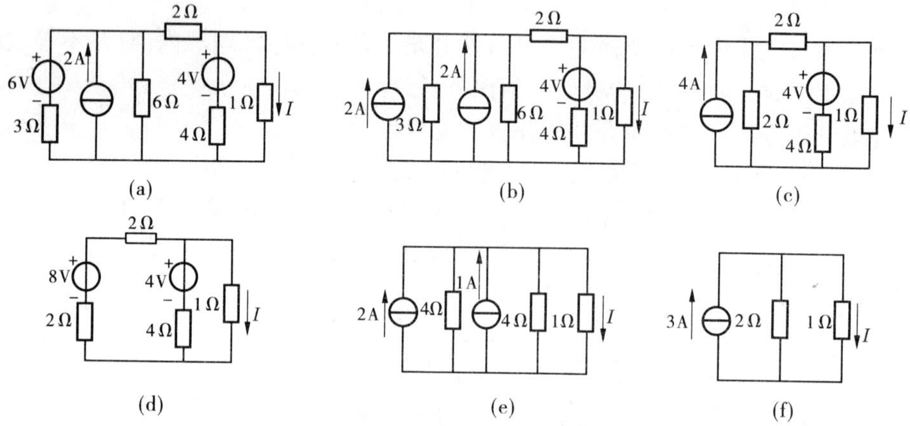

图 1-16 例 1-6 电路图

解:根据图 1-16 的变换次序,最后化简为图 1-16(f)所示电路,由此可得

$$I = \frac{2\Omega}{2\Omega + 1\Omega} \times 3\text{A} = 2\text{A}$$

等效变换时应注意电流源的方向和电压源电压的极性。

第五节 基尔霍夫定律

分析与计算电路的基本定律,除欧姆定律外,还有基尔霍夫电流定律和电压定律。基尔霍夫电流定律适用于节点,电压定律应用于回路。

在介绍基尔霍夫定律之前,结合图 1-17 介绍几个术语。

支路:电路中通过同一电流的每个分支。图 1-17 中共有 3 条支路。

节点:3 条或 3 条以上支路相连接的点。图 1-17 中共有 2 个节点,节点 a 和 b。

回路:电路中任意一个闭合路径。图 1-17 中共有 3 个回路,分别是 *adbca*、*abca* 和 *abda*。

网孔:内部不含有支路的回路,即"空心"回路。图 1-17 中共有 2 个网孔,分别是 *abca* 和 *abda*。

一、基尔霍夫电流定律

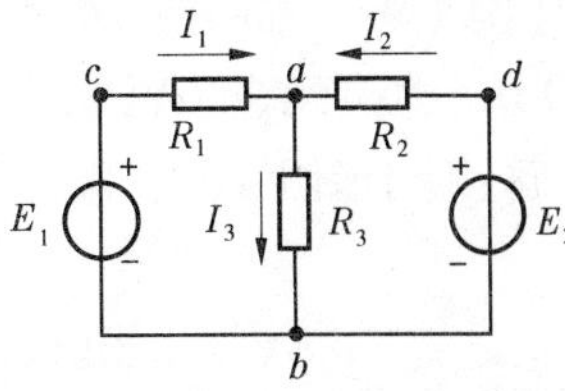

图 1-17　发电机、蓄电池和负载相关联的照明电路图

基尔霍夫电流定律(KCL),又称节点电流定律,是用来确定电路中连接在同一节点上各支路电流间关系的定律。其定律内容是:在任意时刻,流入某一节点的电流之和必等于流出该节点电流之和;或某一节点上电流的代数和恒等于零。如果规定参考方向,流入节点的电流取正号,则流出节点的就取负号。即

$$\sum I_i = \sum I_o \text{ 或 } \sum I = 0 \tag{1-18}$$

在图 1-17 所示的电路中,对节点 a 有:

$$I_1 + I_2 = I_3 \text{ 或 } I_1 + I_2 - I_3 = 0 \tag{1-19}$$

【例 1-7】　在图 1-18 中,$I_1 = 2\text{A}$,$I_2 = -3\text{A}$,$I_3 = -2\text{A}$,试求 I_4。

解:由基尔霍夫电流定律可列出

$$I_1 - I_2 + I_3 - I_4 = 0$$

$$2\text{A} - (-3\text{A}) + (-2\text{A}) - I_4 = 0$$

得

$$I_4 = 3\text{A}$$

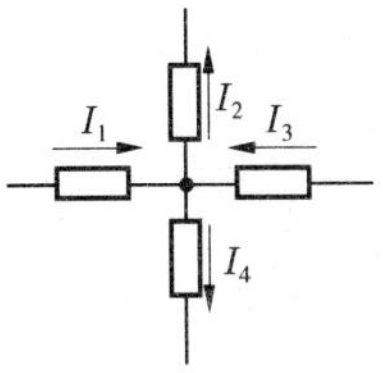

图 1-18　例 1-7 图

基尔霍夫电流定律通常用于节点,但也可以推广应用于电路中包围着几个节点的封闭面。即流入电路中任一封闭面的电流代数和恒等于零。

【例 1-8】　如图 1-19 所示为一晶体管模型图,已知 $I_B = 20\text{mA}$,$I_C = 1\text{A}$,求 I_E。

解:晶体管可看作假想的闭合节点(封闭面),则根据基尔霍夫电流定律有

$$I_E = I_B + I_C = 0.02\text{A} + 1\text{A} = 1.02\text{A}$$

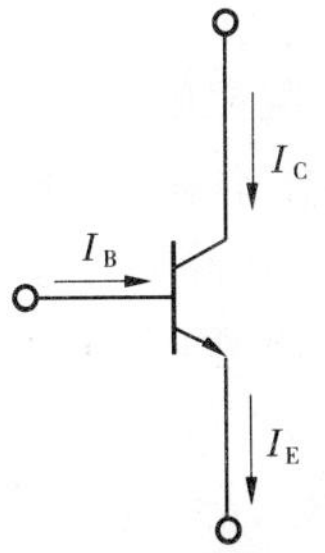

图 1-19　晶体管的电流关系

二、基尔霍夫电压定律

基尔霍夫电压定律(KVL),又称回路电压定律,是用来确定回路中各部分电压关系的定律,其内容是:沿任一闭合回路以顺时针(或逆时针)方向环行一周,在此方向上的电位降之和等于电位升之和。即

$$\sum U_f = \sum U_r \tag{1-20}$$

在图 1-17 中沿 $acbda$ 回路逆时针绕行一周,其电压方程为

$$E_1 + I_2R_2 = E_2 + I_1R_1$$

或

$$E_1 + I_2R_2 - E_2 - I_1R_1 = 0$$

即

$$\sum U = 0 \tag{1-21}$$

式中符号规定:若电压降的方向(可以是参考方向)与回路绕行方向一致,则取“+”号,反之取“-”号;若电动势的方向与回路绕行方向一致,则取“+”号,反之取“-”号。

【例 1-9】 如图 1-20 所示的电路中，已知 $R_1=10\text{k}\Omega$，$R_2=20\text{k}\Omega$，$E_1=6\text{V}$，$E_2=6\text{V}$，$U_{BE}=-0.3\text{V}$，试求电流 I_1、I_2 和 I_B。

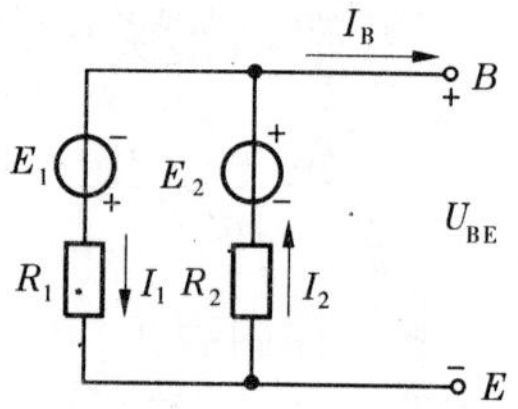

图 1-20 例 1-9 图

解：对于图 1-20 中的右回路列出 KVL 方程得：

$$E_2-I_2R_2-U_{BE}=0$$

$$6\text{V}-(20\text{k}\Omega)I_2-(-0.3\text{V})=0$$

故 $$I_2=0.315\text{mA}$$

对于左回路列出 KVL 方程得：

$$E_2-I_2R_2-I_1R_1+E_1=0$$

$$6\text{V}-20\text{k}\Omega\times0.315\text{mA}-(10\text{k}\Omega)I_1+6\text{V}=0$$

故 $$I_1=0.57\text{mA}$$

应用基尔霍夫电流定律列出：

$$I_2-I_1-I_B=0$$

$$0.315\text{mA}-0.57\text{mA}-I_B=0$$

故 $$I_B=-0.255\text{mA}$$

第六节 电路的基本分析方法

一、电阻的连接

在电路中，电阻的连接形式多种多样，其中最简单及最常用的连接形式是串联与并联。

（一）电阻的串联

电路中有两个或两个以上的电阻顺序相连，且各个电阻中通过同一电流，这种连接方式称为电阻的串联，如图 1-21（a）所示，图 1-21（b）是它的等效电路图。

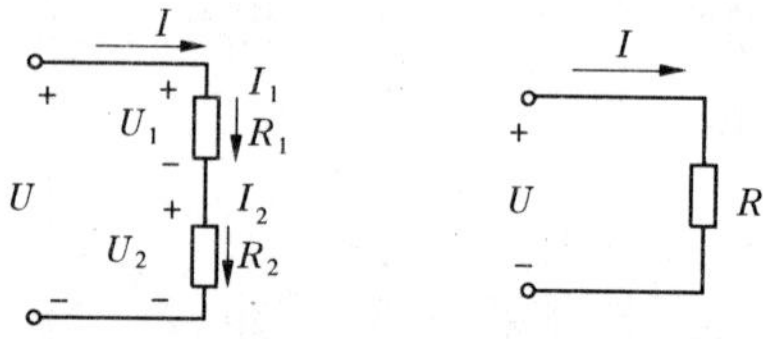

(a)两个电阻的串联 (b)等效电路

图 1-21 电阻的串联

串联电路具有以下特点：

$$U=U_1+U_2$$

$$I=I_1=I_2$$

$$R=R_1+R_2$$

$$\left.\begin{aligned}U_1=IR_1=\frac{R_1}{R_1+R_2}U\\U_2=IR_2=\frac{R_2}{R_1+R_2}U\end{aligned}\right\}\qquad(1\text{-}22)$$

式（1-22）称为分压公式。

（二）电阻的并联

电路中有两个或两个以上的电阻连接在两个公共的节点之间，这种连接方式称为电阻的并联。图 1-22（a）为两个电阻并联的电路，图 1-22（b）为等效电路图。

并联电路具有以下特点：

$$I = I_1 + I_2$$

$$U = U_1 = U_2$$

$$\left.\begin{aligned} \frac{1}{R} &= \frac{1}{R_1} + \frac{1}{R_2} \\ R &= \frac{R_1 R_2}{R_1 + R_2} \end{aligned}\right\} \quad (1\text{-}23)$$

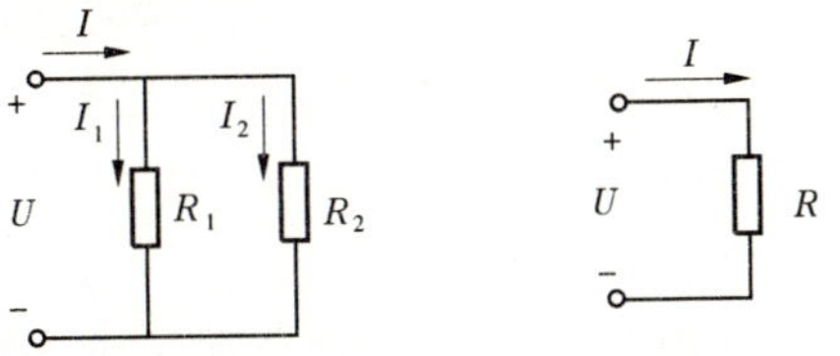

(a)两个电阻的并联　　(b)等效电路

图 1-22　电阻的并联

$$\left.\begin{aligned} I_1 &= \frac{U}{R_1} = \frac{IR}{R_1} = \frac{R_2}{R_1 + R_2} I \\ I_2 &= \frac{U}{R_2} = \frac{IR}{R_2} = \frac{R_1}{R_1 + R_2} I \end{aligned}\right\} \quad (1\text{-}24)$$

并联电阻起分流作用，电阻愈大，分得电流愈小；反之愈大。式(1-24)称为分流公式。

二、支路电流法

含有两个或两个以上节点且不能用串、并联求等效电阻的电路称为复杂电路。对于复杂电路，目前已有很多简化计算方法，支路电流法是分析计算复杂电路的一个基本方法。

当具有 m 个节点 n 条支路的电路中所有电动势和电阻均为已知时，以各支路的电流为未知数，根据基尔霍夫定律列出所需方程，联立求解的方法称为支路电流法，其解题步骤为：

(1)设定各支路电流的参考方向及所需回路的绕行方向。

(2)根据基尔霍夫电流定律列出 $(m-1)$ 个独立的节点电流方程。

(3)根据基尔霍夫电压定律列出 $[n-(m-1)]$ 个回路(通常选择网孔)电压方程。

(4)联立求解方程组，得出各支路电流，然后根据欧姆定律求出各段电压。

【例 1-10】　图 1-23 所示电路中，已知 $E_1 = 140\text{V}$、$E_2 = 90\text{V}$、$R_1 = 20\Omega$、$R_2 = 5\Omega$、$R_3 = 6\Omega$，求各支路电流 I_1、I_2 和 I_3。

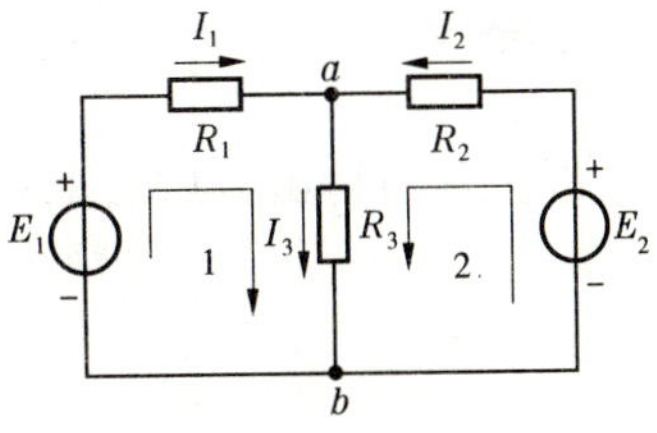

图 1-23　例 1-10 图

解：(1)各支路电流的参考方向及回路的绕行方向如图 1-23 所示。

(2)由 KCL 列出 $(2-1)=1$ 个节点电流方程，对节点 a：

$$I_1 + I_2 = I_3$$

(3)再根据 KVL 列出所需的网孔电压方程：

网孔 1　　$I_1R_1 + I_3R_3 = E_1$

网孔 2　　$I_2R_2 + I_3R_3 = E_2$

将已知数据代入，解联立方程

$$I_1 + I_2 - I_3 = 0$$

$$(20\Omega)I_1 + (6\Omega)I_3 = 140\text{V}$$

$$(5\Omega)I_2 + (6\Omega)I_3 = 90\text{V}$$

解得：$I_1 = 4\text{A}, I_2 = 6\text{A}, I_3 = 10\text{A}$。

三、节点电压法

在电路分析计算时，经常遇到一些节点较少、支路很多的电路，此时，使用支路电流法就会显得很麻烦，而利用节点电压法将会使电路的解题过程简化。

以各节点相对参考点的电压为未知量，再根据 KCL 列出独立节点的电流方程式求解的方法称为节点电压法。因节点对参考点的电压是节点的电位，所以又可称为节点电位法。

如图 1-24 所示的电路，其参考方向由 a 指向 b。各支路的电流可应用基尔霍夫电压定律或欧姆定律得出：

$$\left.\begin{aligned} U &= E_1 - R_1 I_1, I_1 = \frac{E_1 - U}{R_1} \\ U &= E_2 - R_2 I_2, I_2 = \frac{E_2 - U}{R_2} \\ U &= E_3 + R_3 I_3, I_3 = \frac{-E_3 + U}{R_3} \\ U &= R_4 I_4, I_4 = \frac{U}{R_4} \end{aligned}\right\} \tag{1-25}$$

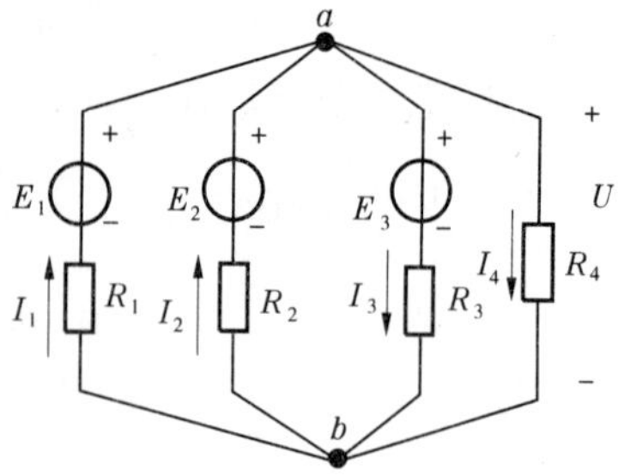

图 1-24 具有两个节点的电路

由式(1-25)可见，在已知电动势和电阻的情况下，只要先求出节点电压 U，就可计算各支路电流了。

计算节点电压的公式可用基尔霍夫电流定律得出。在图 1-24 中，对节点 a 有

$$I_1 + I_2 - I_3 - I_4 = 0$$

将式(1-25)代入上式，则得

$$\frac{E_1 - U}{R_1} + \frac{E_2 - U}{R_2} - \frac{-E_3 + U}{R_3} - \frac{U}{R_4} = 0$$

经整理后得出节点电压的公式

$$U = \frac{\frac{E_1}{R_1} + \frac{E_2}{R_2} + \frac{E_3}{R_3}}{\frac{1}{R_1} + \frac{1}{R_2} + \frac{1}{R_3} + \frac{1}{R_4}} = \frac{\sum \frac{E}{R}}{\sum \frac{1}{R}} \tag{1-26}$$

式(1-26)为两个节点的节点电压公式，分母为各支路电导 G(电导数值上等于电阻的倒数，单位为西[门子]“S”)之和，并且各项总为正；分子为实际电源流入或流出节点的电流值，因此有正、有负，电动势的方向与节点电压 U 的参考方向相反时取正号，相同时取负号，而与各支路电流的参考方向无关。

【例 1-11】 用节点电压法计算例 1-10。

解： 图 1-23 所示的电路有两个节点 a 和 b，则节点电压为：

$$U_{ab}=\frac{\frac{E_1}{R_1}+\frac{E_2}{R_2}}{\frac{1}{R_1}+\frac{1}{R_2}+\frac{1}{R_3}}=\frac{\frac{140\text{V}}{20\Omega}+\frac{90\text{V}}{5\Omega}}{\frac{1}{20\Omega}+\frac{1}{5\Omega}+\frac{1}{6\Omega}}=60\text{V}$$

各支路电流为：

$$I_1=\frac{E_1-U_{ab}}{R_1}=\frac{140\text{V}-60\text{V}}{20\Omega}=4\text{A}$$

$$I_2=\frac{E_2-U_{ab}}{R_2}=\frac{90\text{V}-60\text{V}}{5\Omega}=6\text{A}$$

$$I_3=\frac{U_{ab}}{R_3}=\frac{60\text{V}}{6\Omega}=10\text{A}$$

节点电压法通常用来分析多支路少节点的电路。

四、叠加原理

在图 1-25(a)所示的电路中有两个电源，各支路中电流是由这两个电源共同作用产生的。对于线性电路，任何一条支路中的电流，都可任意看成是由电路中各个电源(电压源或电流源)分别作用时，在此支路中所产生的电流的代数和，即图 1-25(a)产生的电流等于图 1-25(b)和图 1-25(c)产生的电流之和，这就是叠加原理。

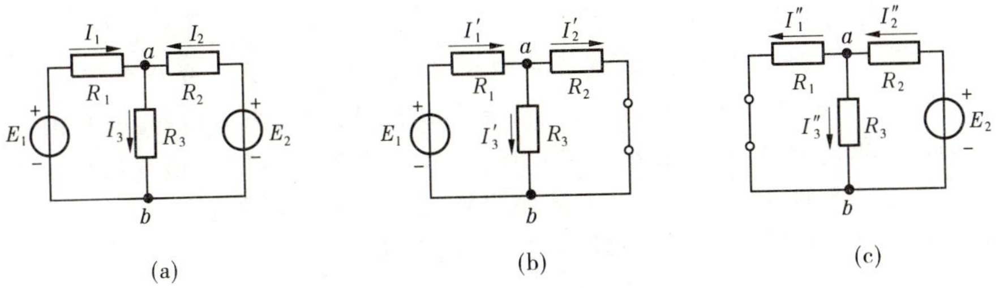

图 1-25　叠加原理

应当注意，这里的电源单独作用，是指一个电源作用时，其他电源都等于零。所谓电源等于零，即理想电压源短接，理想电流源开路。如图 1-25(a)所示是两个电源共同作用的电路，图 1-25(b)为 E_1 单独作用时的电路，图 1-25(c)为 E_2 单独作用时的电路。由叠加原理可得

$$I_1=I_1'-I_1'',I_2=-I_2'+I_2'',I_3=I_3'+I_3''$$

【例 1-12】　试用叠加定理计算例 1-10，即图 1-25(a)所示电路中支路电流 I_1、I_2 和 I_3。

解：根据叠加定理，将原电路转换为图 1-25(b)和图 1-25(c)电路。

在图 1-25(b)电路中：

$$I_1'=\frac{E_1}{R_1+\frac{R_2R_3}{R_2+R_3}}=\frac{140\text{V}}{20\Omega+\frac{5\Omega\times6\Omega}{5\Omega+6\Omega}}=6.16\text{A}$$

$$I_2'=\frac{R_3}{R_2+R_3}I_1'=\frac{6\Omega}{5\Omega+6\Omega}\times6.16\text{A}=3.36\text{A}$$

$$I_3' = \frac{R_2}{R_2 + R_3} I_1' = \frac{5\Omega}{5\Omega + 6\Omega} \times 6.16\text{A} = 2.80\text{A}$$

在图 1-25(c)电路中：

$$I_2'' = \frac{E_2}{R_2 + \dfrac{R_1 R_3}{R_1 + R_3}} = \frac{90\text{V}}{5\Omega + \dfrac{20\Omega \times 6\Omega}{20\Omega + 6\Omega}} = 9.36\text{A}$$

$$I_1'' = \frac{R_3}{R_1 + R_3} I_2'' = \frac{6\Omega}{20\Omega + 6\Omega} \times 9.36\text{A} = 2.16\text{A}$$

$$I_3'' = \frac{R_1}{R_1 + R_3} I_2'' = \frac{20\Omega}{20\Omega + 6\Omega} \times 9.36\text{A} = 7.20\text{A}$$

所以

$$I_1 = I_1' - I_1'' = 6.16\text{A} - 2.16\text{A} = 4\text{A}$$
$$I_2 = -I_2' + I_2'' = -3.36\text{A} + 9.36\text{A} = 6\text{A}$$
$$I_3 = I_3' + I_3'' = 2.80\text{A} + 7.20\text{A} = 10\text{A}$$

习　题

1-1　电路由哪几部分组成？各组成部分的作用是什么？

1-2　电压与电位有何异同？

1-3　如图 1-26 所示为变阻器调节负载电阻 R_L 两端电压的分压电路。已知 $R_L = 50\Omega$，$U = 220\text{V}$。中间环节是变阻器，其规格是 100Ω 3A，把它平分为四段，在图上用 a、b、c、d、e 点标出。求滑动点分别在 a、c、d、e 时，负载和变阻器各段所通过的电流及负载电压，并就流过变阻器的电流与其额定电流的比较说明使用时的安全问题。

1-4　电路如图 1-27 所示，应用欧姆定律求电阻 R 的大小。

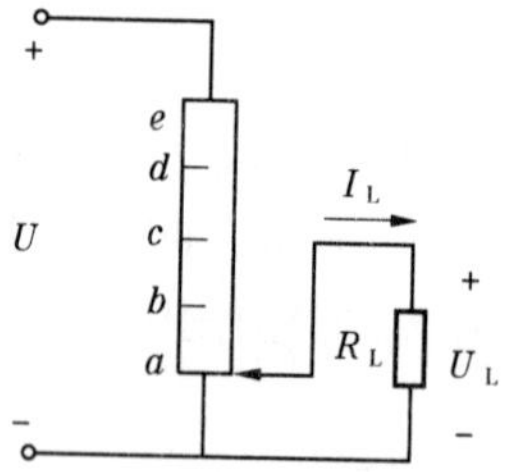

图 1-26

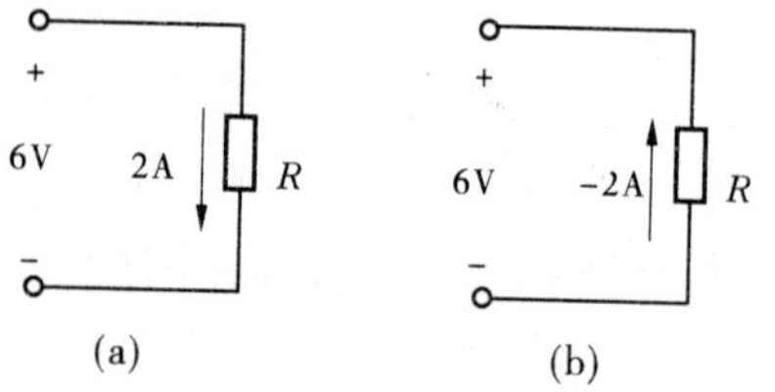

图 1-27

1-5　如图 1-28 所示电路中，计算开关 S 断开和闭合时 A 点的电位。

1-6　如图 1-29 所示电路中，计算 A 点的电位。

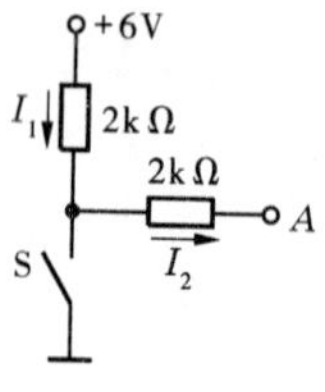

图 1-28

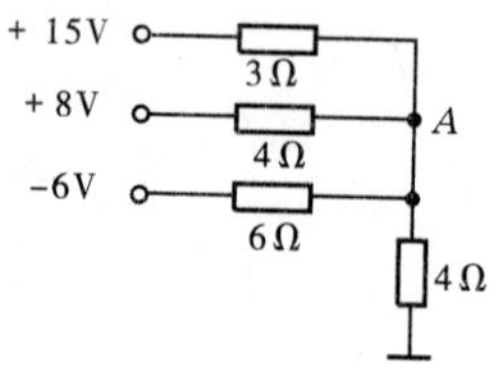

图 1-29

1-7　有两只碳膜电阻，一只 100W 1Ω，另一只 1 000W 0.25Ω，问它们的额定电流各等于多少？它们能否接在 30V 的直流电压下工作？

1-8　求图 1-30 所示各电路的等效电源。

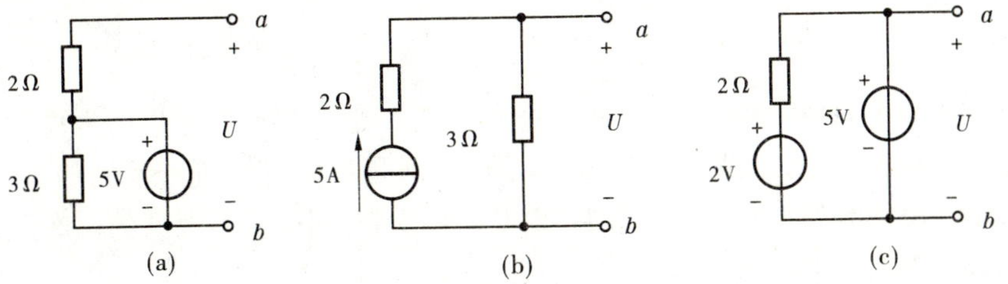

图 1-30

1-9　电路如图 1-31 所示，试用电压源与电流源等效变换的方法计算 2Ω 电阻中的电流 I。

1-10　用基尔霍夫定律计算图 1-32 所示电路中的电流 I_1、I_2和 I_3。

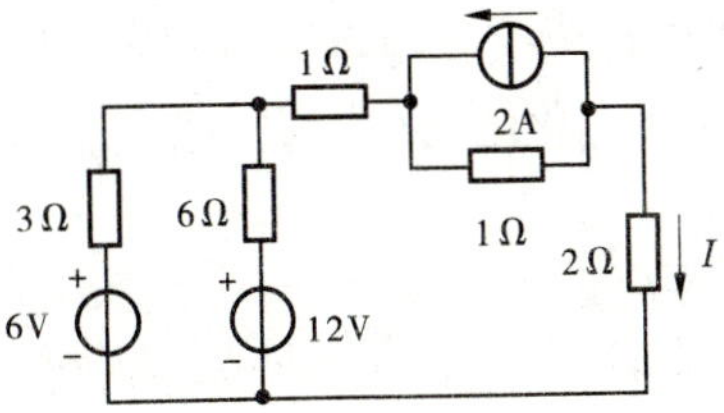

图 1-31

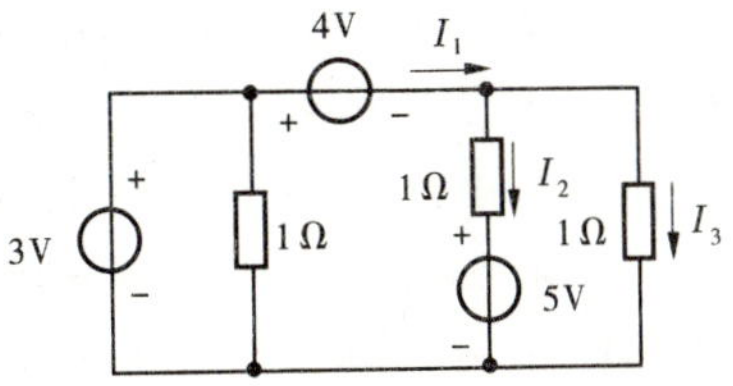

图 1-32

1-11　在图 1-33 中，已知 $R_1=1\Omega, R_2=2\Omega, R_3=3\Omega, R_4=4\Omega, E=35\text{V}, I_S=7\text{A}$，求 I_4。

1-12　试用节点电压法求图 1-34 所示电路中各支路电流。

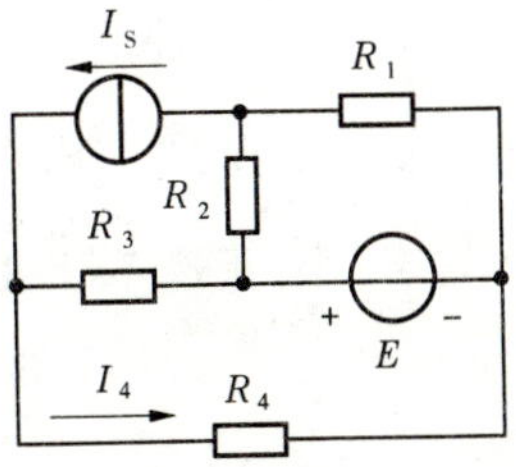

图 1-33

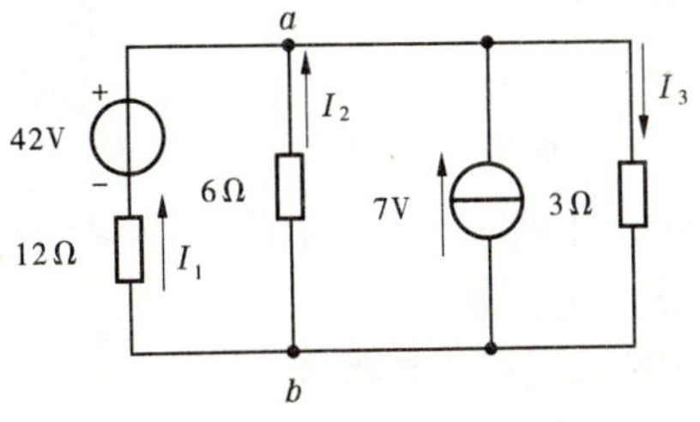

图 1-34

1-13　在图 1-35 中，已知 $E=10\text{V}, I_S=1\text{A}, R_1=10\text{W}, R_2=R_3=5\text{W}$，试用叠加原理求流过 R_2 的电流 I_2 和理想电流源 I_S 两端的电压 U_S。

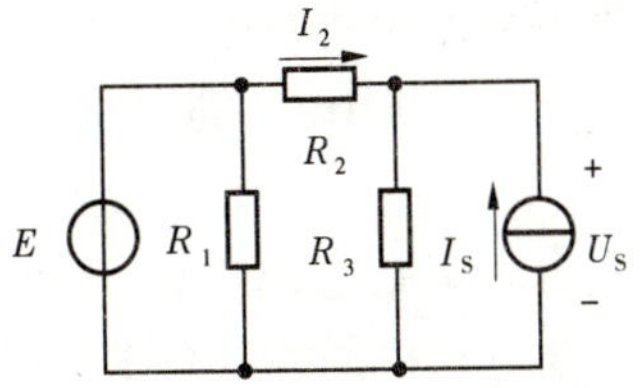

图 1-35

第二章　交流电路

第一章介绍了直流电路，这一章我们将介绍工农业生产和日常生活中应用最为广泛的交流电路。在汽车中，虽然电路都是直流电路，但是汽车发电机产生的却是交流电，经过整流供给蓄电池和各负载使用。而且在汽车维修企业中，很多大型的汽车维修检测设备都是用交流电作为电源的。

第一节　正弦交流电

一、交流电的概念

大小和方向随时间变化的电动势、电压和电流，称为交变电动势、电压和电流，统称为交流电，通常用 AC 表示。如果交流电是按正弦规律变化的，则称为正弦交流电。

正弦交流电是正弦量，可用正弦函数表示，即

$$e = E_m \sin(\omega t + \theta_e) \tag{2-1}$$

$$u = U_m \sin(\omega t + \theta_u) \tag{2-2}$$

$$i = I_m \sin(\omega t + \theta_i) \tag{2-3}$$

其波形图如图 2-1 所示。

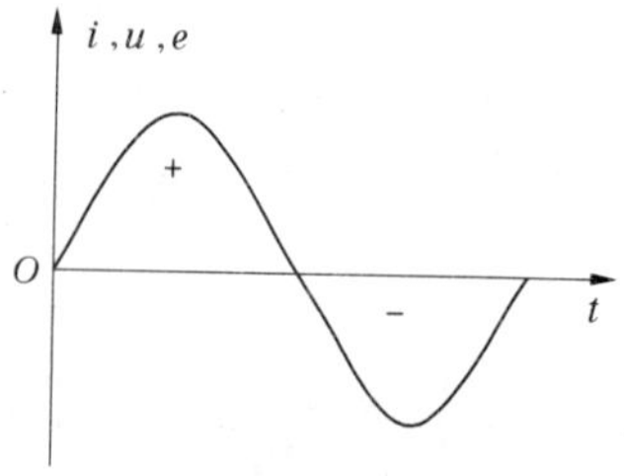

图 2-1　正弦交流电的波形

二、正弦交流电的三要素

正弦交流电的特征通常表现在变化的快慢、大小和初始值三个方面，而它们分别由频率（周期）、最大值（有效值）和初相位来确定。我们就把频率、最大值和初相位称为正弦交流电的三要素。这三个基本的物理量能够完整地描述正弦交流电。

（一）频率、周期和角频率

频率、周期和角频率都是描述交流电变化快慢的物理量。

1. 频率

频率是指交流电每秒所变化的次数，用 f 表示，单位为赫[兹]（Hz），简称赫。除赫[兹]外，还有千赫（kHz）和兆赫（MHz），它们之间的换算关系是：

$$1\text{kHz} = 10^3\text{Hz} \qquad 1\text{MHz} = 10^6\text{Hz}$$

我国电力用交流电的频率（简称工频）为 50Hz，通常的交流电动机和照明负载都是这种频率。高速电动机的频率是 150 ~ 2 000Hz，有线通信频率为 300 ~ 5 000Hz，无线通信频率为 30kHz ~ 3×10^4MHz。通常收音机中波段的频率是 530 ~ 1 600kHz，短波段是 2.3 ~ 23MHz。

2. 周期

周期是指交流电变化一周所需要的时间，用符号 T 表示，单位为秒（s），如图 2-2 所示。

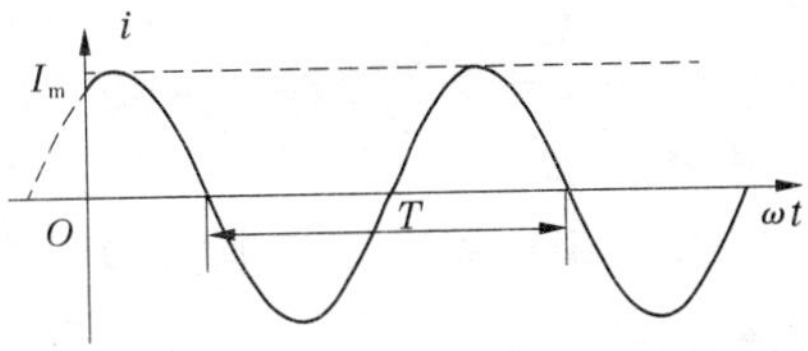

图 2-2　正弦交流电的周期和最大值

由定义可知，周期和频率为倒数关系，即

$$f = \frac{1}{T} \tag{2-4}$$

3. 角频率

角频率是指交流电每秒所变化的电角度，用 ω 表示，单位是弧度/秒（rad/s）。

交流电一个周期经历了 2π 弧度（如图 2-2 所示），所以

$$\omega = 2\pi f = \frac{2\pi}{T} \tag{2-5}$$

（二）最大值和有效值

1. 瞬时值

交流电在任一时刻所对应的数值称为瞬时值。用小写字母表示，如 e、u 和 i。

2. 最大值

最大的瞬时值称为最大值，又称峰值或幅值。用带下标 m 的大写字母表示，如：E_m、U_m 和 I_m 表示，如图 2-2 所示。

3. 有效值

在计量交流电大小时，由于瞬时值是随时间变化的变量，而幅值在一个周期内只出现两次，这两个量都不能用来计量交流电的大小。为了解决对交流电的计量问题，我们引入有效值这个概念。交流电的有效值实际上就是在热效应方面同它相当的直流值。

以电流为例来分析：让交流电流和直流电流分别通过两个数值相同的电阻，如图 2-3 所示，如果在相同的时间内产生的热量相等，那么这个直流电流便是交流电流的有效值，在相同的时间 T 内

$$Q_{直} = I^2RT, Q_{交} = \int_0^T i^2R\mathrm{d}t$$

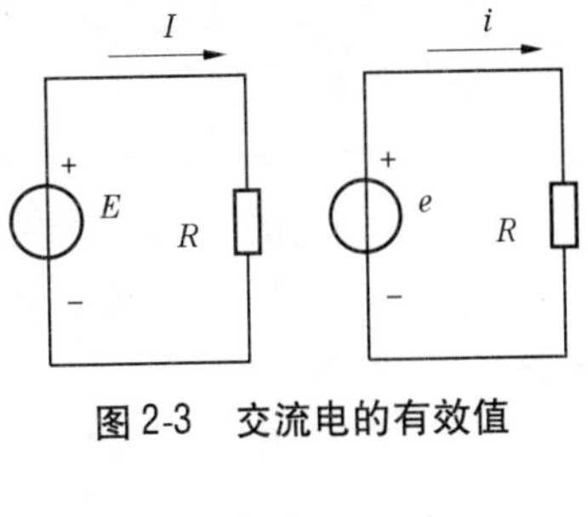

图 2-3　交流电的有效值

如果 $Q_{直} = Q_{交}$，则电流 I 的值就是交流电 i 的有效值。理论和实践证明，正弦交流电的有效值等于最大值的 $\frac{1}{\sqrt{2}}$，即

$$I = \frac{I_m}{\sqrt{2}} \tag{2-6}$$

同理可得电动势和电压有效值和最大值的关系

$$E = \frac{E_m}{\sqrt{2}}, U = \frac{U_m}{\sqrt{2}} \tag{2-7}$$

在工程应用中常用有效值表示交流电的大小。我们常说的交流电压、电流的读数，就是被测物理量的有效值。有效值用大写的字母表示，如电流的有效值用大写字母 I 表示，电动势和电压的有效值用 E 和 U 表示。

如平常我们说电灯的额定值“220V 40W”，其中“220V”指的就是有效值。电机铭牌上的“380V”也是指电压的有效值。

【例 2-1】 如图 2-4 所示，若购得一台耐压为 300V 的电器，是否可用于 220V 的线路上？

解：220V 为电源电压的有效值，其最大值为

$$U_m = \sqrt{2}U = 220V \times \sqrt{2} = 311V$$

而该电器的耐压值为 300V，低于电源电压的最大值，所以不能用。

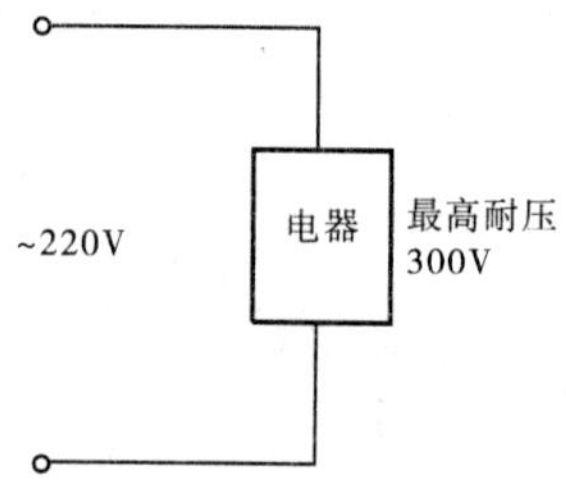

图 2-4 例 2-1 图

（三）初相位

要确定一个交流电，不但要确定其频率、最大值，而且还要确定其变化的起点。两个正弦量的电量，尽管它们的频率相等、最大值一样，但变化的起点不同，则它们在各个时刻的瞬时值和变化的步调均不一致。交流电变化起点的先后是由初相位决定的，所以需对它作进一步的分析。

1. 相位

式(2-1) ~ 式(2-3)中的电角度($\omega t + \theta_e$)、($\omega t + \theta_u$)和($\omega t + \theta_i$)称为相位角，简称相位。它是反映正弦量变化的进程的物理量。

2. 初相位

初相位是指 $t = 0$ 时的相位角，用 θ 表示。例如式(2-3)中的 θ_i，如图 2-5 所示。

3. 相位差

相位差是指两个交流电的相位之差，用 φ 表示。

对于式(2-2)和式(2-3)，如果电压 u 和电流 i 的频率相同，则其相位差为

$$\varphi = (\omega t + \theta_u) - (\omega t + \theta_i) = \theta_u - \theta_i \tag{2-8}$$

即两个频率相同的交流电的相位差等于其初相位之差。

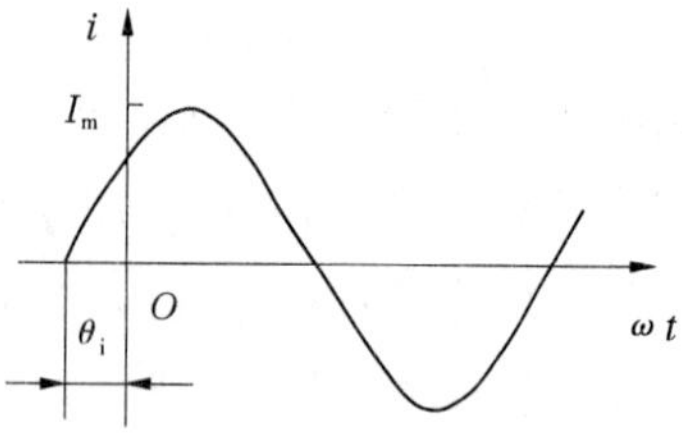

图 2-5 交流电的初相位

根据两个同频率交流电的相位差，可以确定它们之间的关系（见图 2-6）。

当 $\varphi = 0$ 时，电压 u 和电流 i 同相位，如图 2-6(b)所示。

当 $\varphi > 0$ 时，电压 u 超前电流 i 角度 φ，如图 2-6(a)所示。$\varphi = \frac{\pi}{2}$ 时，电压 u 和电流 i 正交，如图 2-6(d)所示。$\varphi = \pi$ 时，电压 u 和电流 i 反相，如图 2-6(c)所示。

当 $\varphi < 0$ 时，电压 u 滞后电流 i 角度 φ。

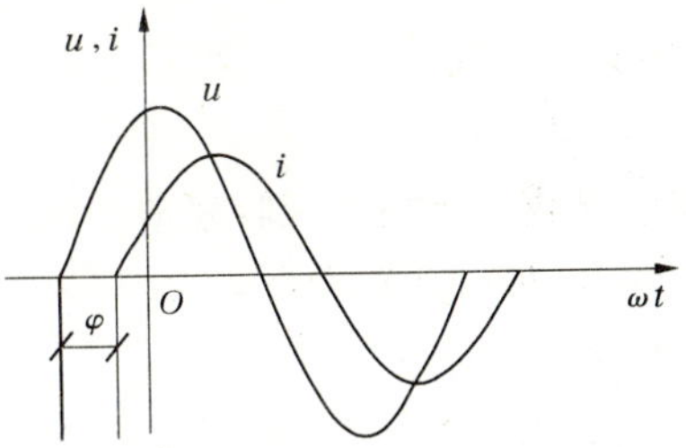

(a)电压 u 超前电流 i

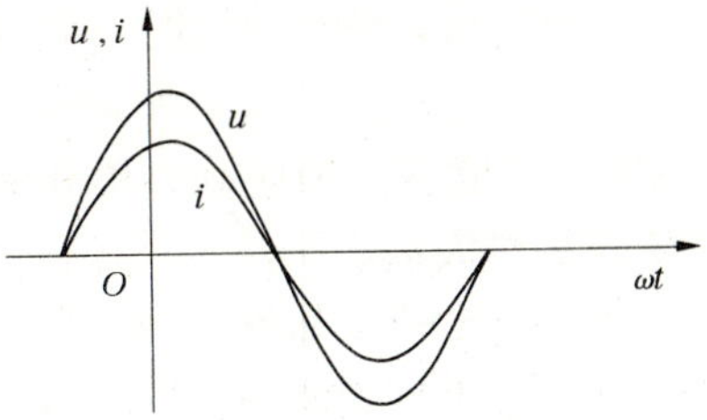

(b)电压 u 和电流 i 同相位

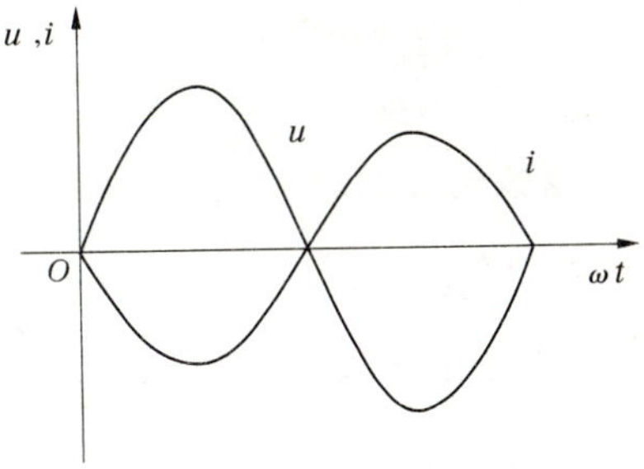

(c)电压 u 和电流 i 反相

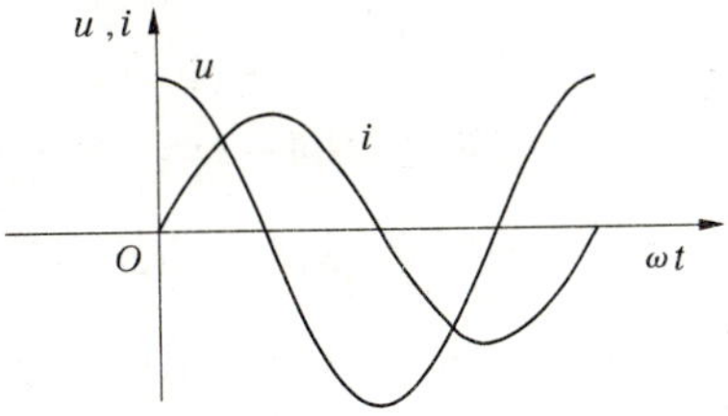

(d)电压 u 和电流 i 正交

图 2-6　交流电的相位关系

三、正弦交流电的相量表示法

前面我们已经介绍了正弦交流电的两种表示方法，一种是用三角函数表示，称之为解析法，如式(2-1)等；一种是用波形图表示，称之为曲线法，如图 2-1 所示。

此外，正弦交流电还可以用旋转矢量法和相量法表示。

(一)旋转矢量法

设某正弦电压为 $u = U_m \sin(\omega t + \theta_u)$，用旋转矢量法表示，如图 2-7 所示，在直角坐标系中画一旋转矢量，规定其长度等于交流电最大值 U_m，开始计时时，该矢量与 x 轴的夹角即为初相位 θ_u。旋转矢量以角速度 ω 逆时针方向旋转，则此旋转矢量任意时刻在 y 轴上的投影即为交流电的瞬时值。

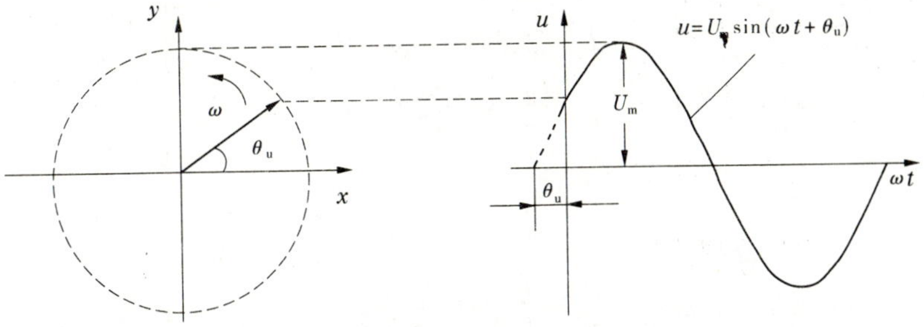

图 2-7　正弦交流电的旋转矢量表示法

（二）相量法

正弦交流电可用旋转有向线段表示，而有向线段可用复数表示，所以正弦交流电也可用复数表示。

用复数表示的正弦交流电称为相量，为了与一般的相量相区别，规定正弦相量用上方加“·”的大写字母表示。

例如正弦电压 $u=U_m\sin(\omega t+\theta_u)$ 的最大值相量可表示为

$$\begin{aligned}\dot{U}_m &= a+\mathrm{j}b \\ &= U_m\cos\theta_u+\mathrm{j}U_m\sin\theta_u \quad (\text{代数形式}) \\ &= U_m e^{\mathrm{j}\theta_u} \quad (\text{指数形式}) \\ &= U_m\angle\theta_u \quad (\text{极坐标形式})\end{aligned}$$

式中：$a=U_m\cos\theta_u$ 为复数的实部；$b=U_m\sin\theta_u$ 为复数的虚部。$U_m=\sqrt{a^2+b^2}$ 为复数的模；$\theta_u=\arctan\dfrac{a}{b}$ 为复数的辐角。

表示相量的图形称为相量图，如图 2-8 所示，在相量图中，可直观地表示各正弦量的相位超前与滞后情况。

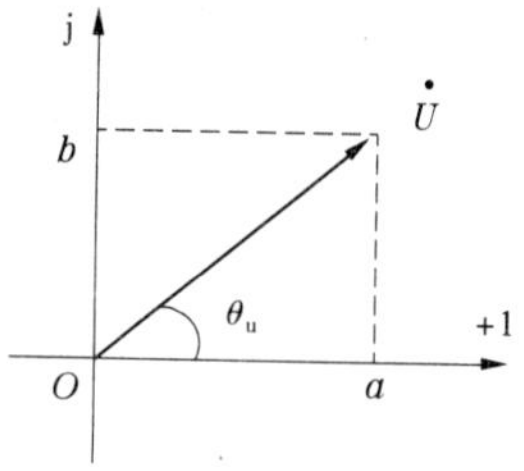

图 2-8　交流电的相量表示法

注意：

（1）相量的四则运算，遵从复数的四则运算法则。

（2）只有同频率的相量才能画在同一相量图上，并可用相量图进行加减乘除运算。

（3）相量和正弦量是不相等的。

【例 2-2】　正弦交流电压和正弦交流电流的瞬时值表达式分别为

$$u=311\sin(314t-\frac{\pi}{3})\,\mathrm{V}$$

$$i=2.828\sin(314t+\frac{\pi}{6})\,\mathrm{A}$$

试求 u 和 i 的最大值、有效值、频率、初相位、相位差及有效值相量。

解：电压的最大值　$U_m=311\mathrm{V}$

电压的有效值　$U=\dfrac{U_m}{\sqrt{2}}=\dfrac{311\mathrm{V}}{1.414}=220\mathrm{V}$

电流的最大值　$I_m=2.828\mathrm{A}$

电流的有效值　$I=\dfrac{I_m}{\sqrt{2}}=\dfrac{2.828\mathrm{V}}{1.414}=2\mathrm{A}$

它们的频率　$f=\dfrac{\omega}{2\pi}=\dfrac{314}{2\times3.14}=50\mathrm{Hz}$

初相位分别为　$\theta_u=-\dfrac{\pi}{3},\theta_i=\dfrac{\pi}{6}$

相位差为　$\varphi=\theta_u-\theta_i=-\dfrac{\pi}{3}-\dfrac{\pi}{6}=-\dfrac{\pi}{2}$

有效值相量分别为 $\dot{U}=220\angle-\frac{\pi}{3}\text{V},\ \dot{I}=2\angle\frac{\pi}{6}\text{A}$

第二节　单一参数的交流电路

单一参数的交流电路是指由纯电阻、电感、电容等理想元件组成的单一电路。实际生活中,负载是多样的,有纯电阻、纯电感、纯电容组成的单一电路,也有这几种元件组合而构成的串并联电路。

一、纯电阻电路

日常生活中所使用的荧光灯管、白炽灯泡、电炉、电烙铁、电热水器等,都可以看作是纯电阻负载,如图2-9(a)所示。

(一)电压与电流的关系

电压 u 和电流 i 的方向为关联参考方向,如图2-9(a)所示,两者的关系可由欧姆定律确定,即

$$u = Ri$$

设流过电阻的电流为

$$i = I_m\sin\omega t$$

则

$$u = Ri = RI_m\sin\omega t = U_m\sin\omega t \tag{2-9}$$

从式(2-9)可以看出,在纯电阻电路中,电流和电压是同相位的,其波形如图2-9(c)所示。

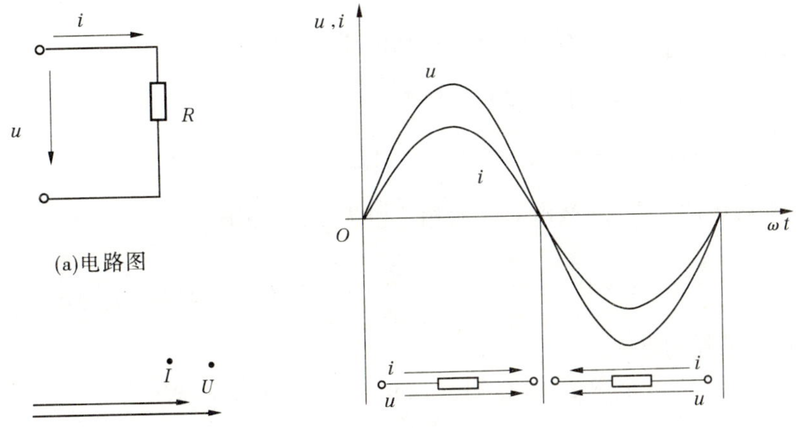

(a)电路图

(b)电压与电流的相量图

(c)电压与电流的正弦波形

图2-9　纯电阻电路

在式(2-9)中

$$U_m = RI_m$$

即

$$\frac{U_m}{I_m} = \frac{U}{I} = R \tag{2-10}$$

在纯电阻电路中，电压最大值（或有效值）与电流最大值（或有效值）的比值，就是电阻 R。

如采用正弦相量表示电压和电流，则电压和电流的相量图如图 2-9（b）所示。如果采用正弦相量表示电压和电流，则有

$$\dot{U} = R\dot{I} \tag{2-11}$$

（二）功率

在任意瞬间，电压瞬时值与电流瞬时值的乘积称为瞬时功率，用小写字母 p 来表示，即

$$p = ui = U_m I_m \sin^2 \omega t \tag{2-12}$$

其波形图如图 2-10 所示。

从图 2-10 中可以看出，瞬时功率都是正值，这表示电阻各个时刻均从电源取用电能转化为热量。由于瞬时功率是时刻变动的，不便计算，因而通常都是计算一个周期内取用功率的平均值，称为平均功率，用大写字母 P 来表示，单位为瓦[特]（W）。在纯电阻电路中，平均功率为

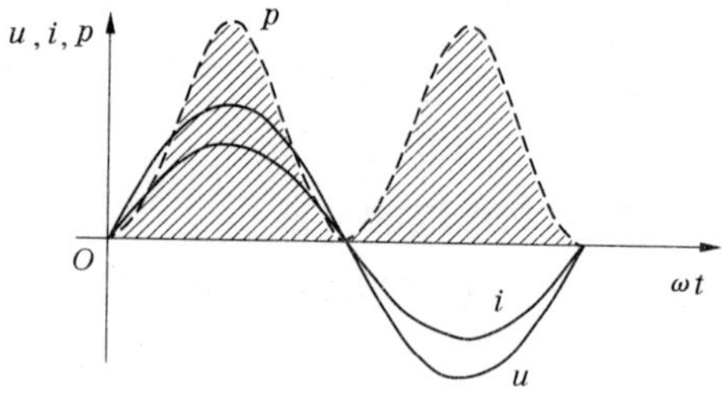

图 2-10　纯电阻电路的功率波形

$$P = UI = I^2R = \frac{U^2}{R} \tag{2-13}$$

【例 2-3】 一个 220V 100W 的电熨斗接于 220V 50Hz 的电源上，试求：

（1）通过电熨斗的电流有效值 I，如假设电源电压的初相位为 $\frac{\pi}{6}$，写出电流的瞬时值表达式；

（2）若电熨斗平均每天使用 0.5h，每月消耗的电能为多少？（每月按 30d 计算）

解：（1）

$$I = \frac{P}{U} = 100\text{W}/220\text{V} = 0.45\text{A}$$

$$\omega = 2\pi f = 2 \times 3.14 \times 50 = 314\text{rad/s}$$

如电压初相位为 $\frac{\pi}{6}$，那么电流的初相位也为 $\frac{\pi}{6}$，所以有

$$i = \sqrt{2} \times 0.45\sin(314t + \frac{\pi}{6})\text{A} = 0.64\sin(314t + \frac{\pi}{6})\text{A}$$

（2）每月消耗的电能

$$W = Pt = 0.1\text{kW} \times 0.5\text{h} \times 30 = 1.5\text{kW}\cdot\text{h}$$

二、纯电感电路

（一）电感元件

电感线圈的电路如图 2-11 所示。如果线圈有 N 匝，当它的磁通发生变化时，就会产生感应电动势。由实验可知，感应电动势的大小等于磁链的变化率，习惯上规定

$$e_L = -N\frac{d\phi}{dt} \tag{2-14}$$

通常磁链或磁通是由通过线圈的电流 i 产生的，有

$$\psi = N\phi = Li \tag{2-15}$$

式中：ϕ 称为磁通；ψ 称为磁链，是各匝线圈的磁通总和；L 称为线圈的电感，也常称为自感，是电感元件的参数。电感的 SI 单位为亨[利]，符号为 H，通常还用毫亨(mH)和微亨(μH)作为其单位，它们与亨的换算关系为

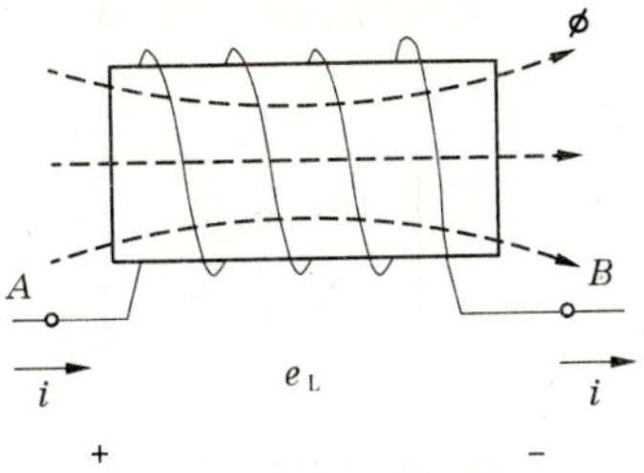

图 2-11　电感线圈

$$1\text{mH} = 10^{-3}\text{H}, 1\mu\text{H} = 10^{-6}\text{H}$$

将式(2-15)代入式(2-14)可得

$$e_L = -N\frac{\mathrm{d}\phi}{\mathrm{d}t} = -L\frac{\mathrm{d}i}{\mathrm{d}t} \tag{2-16}$$

(二)纯电感电路

实际应用中，电感元器件由线圈等材料构成，当其自身电阻很小时，电阻可忽略不计，该元件就可抽象为纯电感元件。只有电感元件的电路，称为纯电感电路，如荧光灯的镇流器，假设电阻为零，可以认为是纯电感线圈；理想变压器空载运行时，可以认为是纯电感电路，如图 2-12 所示。

1. 电压和电流的关系

当电感线圈中通过交流电流 i 时，就会产生与电压方向相反的自感电动势 e_L，设电流、电动势的方向如图 2-12(a)所示。

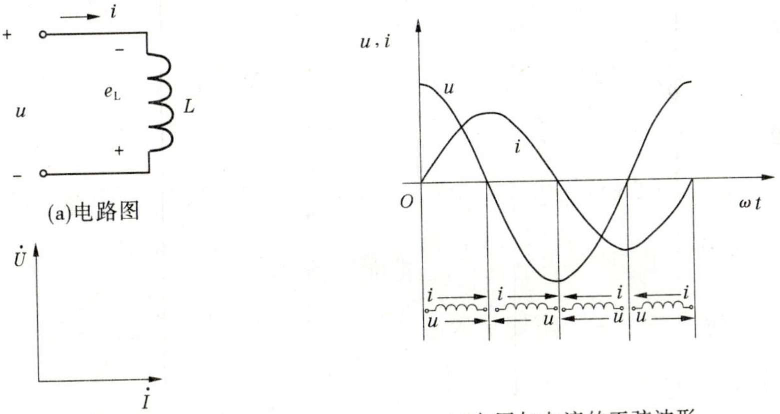

(a)电路图

(b)电压与电流的相量图

(c)电压与电流的正弦波形

图 2-12　纯电感电路

由图 2-12 可得

$$u = -e_L = L\frac{\mathrm{d}i}{\mathrm{d}t}$$

设电流 $i = I_m \sin\omega t$，则

$$u = L\frac{\mathrm{d}(I_m \sin\omega t)}{\mathrm{d}t} = \omega L I_m \cos\omega t = \omega L I_m \sin\left(\omega t + \frac{\pi}{2}\right) = U_m \sin\left(\omega t + \frac{\pi}{2}\right) \tag{2-17}$$

从式(2-17)可知：在纯电感的交流电路中，在相位上电压比电流超前$\frac{\pi}{2}$。其波形如图2-12(c)所示。

由式(2-17)可得

$$U_m = \omega L I_m$$

即

$$\frac{U_m}{I_m} = \frac{U}{I} = \omega L \tag{2-18}$$

式中，ωL称为感抗，用X_L表示，单位为欧[姆](Ω)，它表示电感线圈对交流电的阻碍作用。

$$X_L = \omega L = 2\pi f L \tag{2-19}$$

由此可见，交流电的频率越大，线圈对其的阻碍作用越大。对直流电路而言，频率为零，因此感抗为零，电感可视为短路。

注意：感抗只是电压与电流的最大值或有效值之比，而不是它们的瞬时值之比。这与纯电阻电路是不一样的。

如果用相量表示，则

$$\dot{I} = I\angle 0°, \dot{U} = U\angle 90°$$

则

$$\dot{U} = \mathrm{j}\dot{I}X_L \tag{2-20}$$

其相量图如图2-12(b)所示。

式(2-20)表明，在纯电感电路中，电压有效值等于电流有效值与感抗的乘积，而在相位上电压超前电流90°。

2. *功率*

在纯电感交流电路中，瞬时功率为

$$p = ui = U_m I_m \sin\omega t \sin(\omega t + \frac{\pi}{2}) \tag{2-21}$$

其波形如图2-13所示，可以看出第一、三个$\frac{1}{4}$周期p为正，从电源取用能量；第二、四个$\frac{1}{4}$周期p为负，电感处于供电状态，它把能量还给电源。

所以，电感线圈在一个周期内的平均功率

$$P = 0$$

也就是说，在纯电感电路中，没有能量的消耗，只有电源与电感元件的能量互换。为了衡量这种能量交换的程度，我们引入了无功功率的概念，用Q表示，单位为乏(var)，还有千乏(kvar)。

$$Q = UI = I^2 X_L \tag{2-22}$$

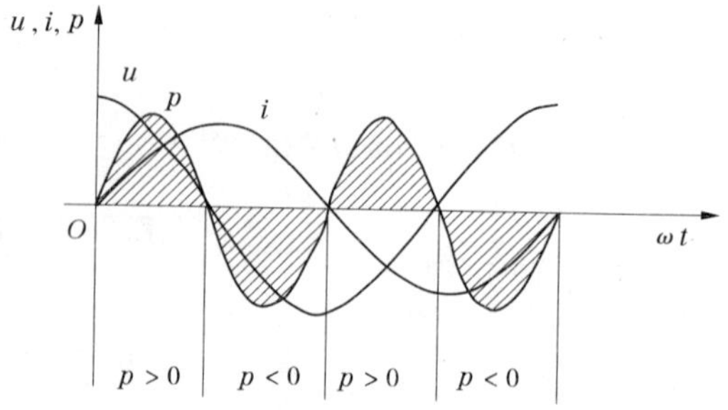

图2-13 纯电感电路的功率波形

从这个意义上讲，平均功率也可称有功功率。

【例 2-4】 把一个 0.1H 的电感接到频率为 50Hz，电压有效值为 220V 的电源上，试求通过该电感的电流为多少？其消耗的无功功率为多少？如果电源的电压有效值不变，频率调为 100Hz，则通过该电感的电流又为多少？其消耗的无功功率又为多少？

解：当 $f=50\text{Hz}$ 时

$$X_L = 2\pi fL = 2 \times 3.14 \times 50\text{Hz} \times 0.1\text{H} = 31.4\Omega$$

$$I = \frac{U}{X_L} = \frac{220\text{V}}{31.4\Omega} = 7\text{A}$$

$$Q = UI = 220\text{V} \times 7\text{A} = 1\ 540\text{var}$$

当 $f=100\text{Hz}$ 时

$$X_L = 2\pi fL = 2 \times 3.14 \times 100\text{Hz} \times 0.1\text{H} = 62.8\Omega$$

$$I = \frac{U}{X_L} = \frac{220\text{V}}{62.8\Omega} = 3.5\text{A}$$

$$Q = UI = 220\text{V} \times 3.5\text{A} = 770\text{var}$$

由此可见，在纯电感电路中，频率越小，电感线圈对交流的阻碍作用越小。

三、纯电容的交流电路

（一）电容元件

图 2-14 所示为一电容器。当电容器的两个极上加上电压时，就会在这两个极板上带上等量的异种电荷，其电量 q 与电容器两端电压 u 成正比，即

$$q = Cu \tag{2-23}$$

式中，C 称为电容，是电容元件的参数，它反映了电容器存储电荷的能力。电容的 SI 单位为法[拉]，符号为 F，常采用微法（μF）和皮法（pF）作为其单位，其换算关系如下：

$$1\mu\text{F} = 10^{-6}\text{F}, 1\text{pF} = 10^{-12}\text{F}$$

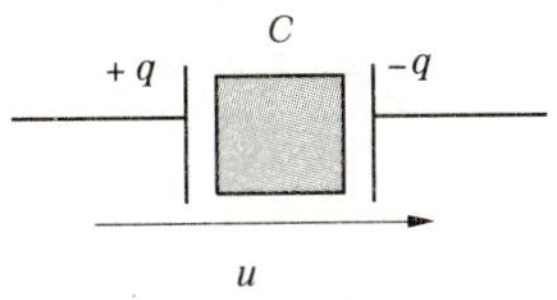

图 2-14 电容元件

在图 2-14 中，当极板上的电荷量 q 或电压 u 发生变化时，在电路中就要引起电流的变化。

$$i = \frac{\text{d}q}{\text{d}t} = C\frac{\text{d}u}{\text{d}t} \tag{2-24}$$

由式（2-24）可知，当电容器两端加恒定电压时，$i=0$，电容元件可视作开路。

（二）纯电容电路

电容器的种类繁多，汽车上就用到了相当多的电容器，比如交流电动机电容器等。由电容器作为负载组成的交流电路就可近似看成纯电容电路。

图 2-15 为纯电容交流电路。

1. 电压和电流的关系

电路中的电流和电容器两端电压的参考方向如图 2-15 所示。

由上面所学知识可知，流过电容器的电流随其两端电压的变化而变化。

$$i = \frac{\text{d}q}{\text{d}t} = C\frac{\text{d}u}{\text{d}t}$$

设加在电容器两端的电压为

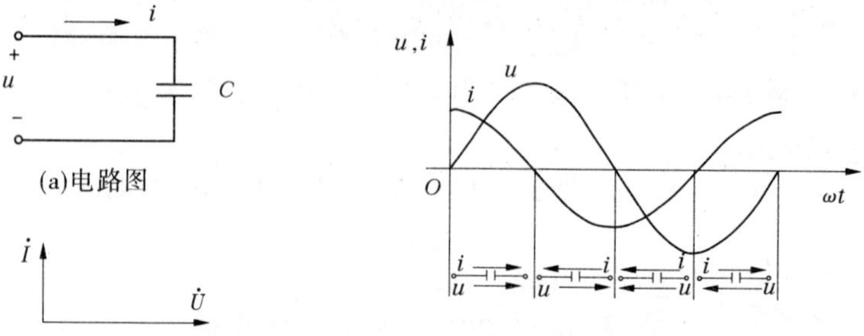

(a)电路图

(b)电压与电流的相量图

(c)电压与电流的正弦波形

图 2-15　纯电容交流电路

$$u = U_m \sin\omega t$$

则

$$i = C\frac{\mathrm{d}(U_m \sin\omega t)}{\mathrm{d}t} = \omega C U_m \cos\omega t = \omega C U_m \sin\left(\omega t + \frac{\pi}{2}\right) = I_m \sin\left(\omega t + \frac{\pi}{2}\right) \quad (2\text{-}25)$$

由式(2-25)可知,在纯电容的交流电路中,在相位上,电压滞后电流$\frac{\pi}{2}$。

在式(2-25)中

$$I_m = \omega C U_m$$

即

$$\frac{U_m}{I_m} = \frac{U}{I} = \frac{1}{\omega C} \quad (2\text{-}26)$$

式中,$\frac{1}{\omega C}$称为容抗,用 X_C 表示,单位为欧[姆](Ω)。

$$X_C = \frac{1}{\omega C} = \frac{1}{2\pi f C} \quad (2\text{-}27)$$

容抗反映了电容器对交流电的阻碍作用,从式(2-27)可以看出,频率越大,容抗越小,电容器对交流电的阻碍就越小。

对于直流电路而言,$f=0$,X_C 为无穷大,相当于开路,因此电容具有“通交流阻直流”的作用。选择不同容量的电容可以传递不同频率的交流电,电容常用于滤波电路。

如果用相量表示电压与电流的关系,则为

$$\dot{U} = U\angle 0°, \dot{I} = I\angle 90°$$

$$\dot{U} = -\mathrm{j}\dot{I}X_C \quad (2\text{-}28)$$

式(2-28)表明电压有效值等于电流有效值与容抗的乘积,而在相位上电压比电流滞后了 90°。相量图如图 2-15(b)所示。

2. 功率

纯电容电路的瞬时功率

$$p = ui = U_m I_m \sin\omega t \sin\left(\omega t + \frac{\pi}{2}\right) \quad (2\text{-}29)$$

其波形图如图 2-16 所示。

可以看出，在第一、三个$\frac{1}{4}$周期，电容充电，从电源取用电能而储存在它的电场中，p 为正；在第二、四个$\frac{1}{4}$周期，电容放电，把储存的电能还给电源，p 为负。

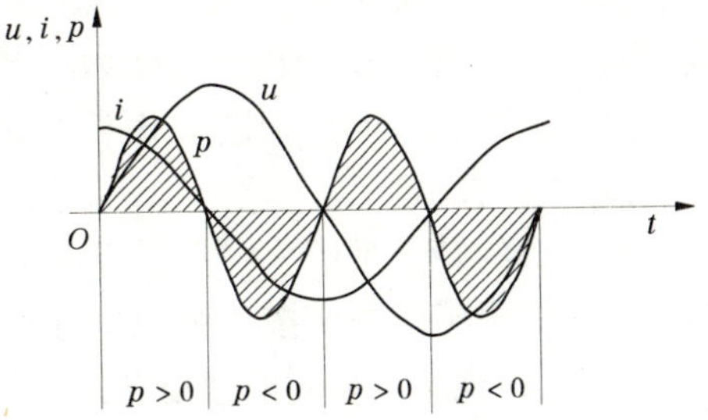

图 2-16　纯电容电路的功率波形

所以，在一个周期内的平均功率

$$P = 0$$

这说明，电容元件是不耗能量的，它只是与电源进行能量的交换。我们同样用无功功率 Q 来衡量这种能量交换的程度

$$Q = UI = I^2 X_C \qquad (2\text{-}30)$$

【例 2-5】　把一个 100μF 的电容接到频率为 50Hz、电压有效值为 9V 的正弦电源上，求流过的电流为多少？如果电源电压不变，频率变为 500Hz，则流过的电流为多少？

解：当 $f = 50\text{Hz}$ 时

$$X_C = \frac{1}{2\pi fC} = \frac{1}{2 \times 3.14 \times 50\text{Hz} \times 100 \times 10^{-6}\text{F}} = 31.8\Omega$$

$$I = \frac{U}{X_C} = \frac{9\text{V}}{31.8\Omega} = 0.28\text{A}$$

当 $f = 500\text{Hz}$ 时

$$X_C = \frac{1}{2\pi fC} = \frac{1}{2 \times 3.14 \times 500\text{Hz} \times 100 \times 10^{-6}\text{F}} = 3.18\Omega$$

$$I = \frac{U}{X_C} = \frac{9\text{V}}{3.18\Omega} = 2.8\text{A}$$

结论：电压有效值一定时，频率越高，通过电容元件的电流有效值越大。

四、应用

动手用万用表交流电压挡检测荧光灯电路，分别测一下灯管和镇流器上的电压，算一算等不等于电源电压 220V，想一想为什么。

第三节　三相电路

三相电路一般由频率、幅值相等，相位互差 120°的三个对称的交变电动势供电。三相电路在生产上应用最广泛，比如交流电动机多数是三相的，但三相电路在汽车本身的用处并不多，主要是在汽车维修检测企业中应用很普遍，大型汽车检测设备多数是由三相交流电动机驱动的。

一、三相交流电

（一）三相交流电动势的产生

三相交流电动势由交流电动机产生。发电机的结构如图 2-17 所示。

在发电机的定子中嵌入三个完全相同,但空间位置相隔120°的绕组,每个绕组称为一相,合称三相绕组,三相绕组的始端分别用A、B和C表示,末端分别用X、Y和Z表示。

发电机的转子是产生一对磁极的电磁铁。定子和转子之间的磁感应强度按正弦规律分布。当转子匀速转动时,三相绕组以相同的速度切割磁感线,就得到三个频率、幅值相等,相位互差120°的交变电动势。三个电动势依次称为A相、B相和C相,若选A相为参考方向,则

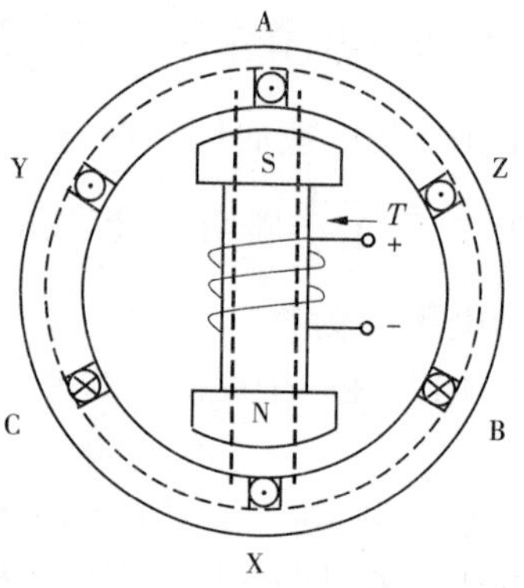

图2-17 三相交流发电机的原理图

$$\left.\begin{aligned}e_A &= E_m\sin\omega t\\ e_B &= E_m\sin(\omega t - \frac{2\pi}{3})\\ e_C &= E_m\sin(\omega t + \frac{2\pi}{3})\end{aligned}\right\} \qquad (2\text{-}31)$$

用相量表示为

$$\dot{E}_A = E\angle 0° = E$$

$$\dot{E}_B = E\angle -120° = E(-\frac{1}{2} - j\frac{\sqrt{3}}{2})$$

$$\dot{E}_C = E\angle 120° = E(-\frac{1}{2} + j\frac{\sqrt{3}}{2})$$

对应的波形图和相量图如图2-18所示。

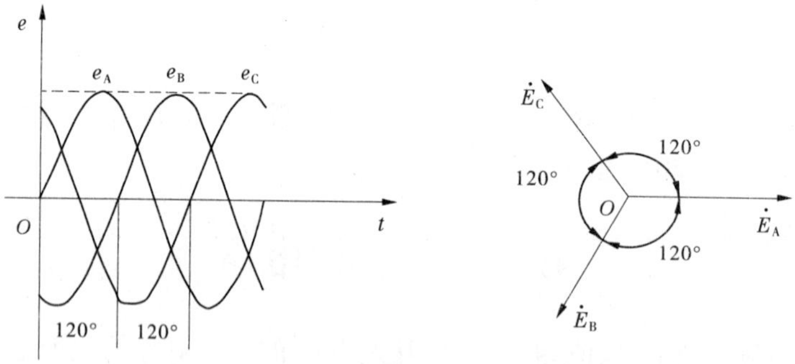

图2-18 表示三相电动势的正弦波形和相量图

从图2-18中可以看出,三相电动势达到最大值(或零值)时具有一定的次序,这种先后次序叫作三相交流电的相序。相序有顺相序和逆相序两种,按A→B→C的次序循环下去的称为顺相序,按A→C→B的次序循环下去的称为逆相序。相序由旋转方向来决定,通常都采用顺相序。

由于三相交流电的幅值相等、频率相同、彼此间的相位差也相同,所以可以得到它们的瞬时值或相量的和为零,即

$$e_A + e_B + e_C = 0$$

$$\dot{E}_A + \dot{E}_B + \dot{E}_C = 0$$

(二)三相绕组的连接

发电机三相绕组有星形(Y 形)连接和三角形(△形)连接两种接法。

1. 三相绕组的星形连接

将发电机三相绕组的末端 X、Y、Z 接成一个公共点的连接方式,称为三相绕组的星形接法。

如图 2-19 所示,这个公共点称为中性点或零点,用 N 表示。从中性点引出的导线叫中性线或零线。若中性点和大地相连就称为地线。从三个始端 A、B、C 分别引出三根接负载的导线,称为相线,俗称火线。

相线和中性线之间的电压称为相电压,用 u_A、u_B、u_C 表示,这三个值相等,可用 u_P 表示。参考方向如图 2-19所示,相位互差 120°,相量图如图 2-20 所示。

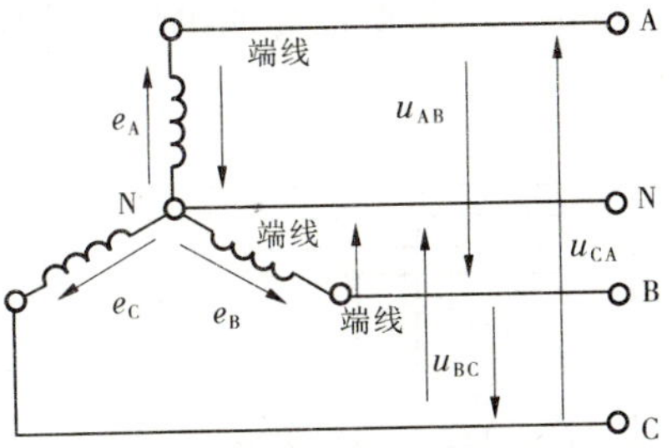

图 2-19　发电机绕组的星形连接

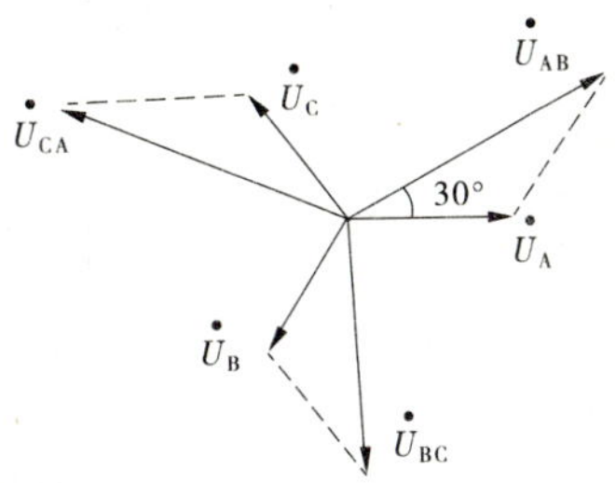

图 2-20　发电机绕组星形连接相电压和线电压的相量图

相线和相线之间的电压称为线电压,用 u_{AB}、u_{BC}、u_{CA} 表示,这三个值也相等,可用 u_L 表示。其参考方向如图 2-19 所示。相位也互差 120°,相量图如图 2-20 所示。

从相量图上可以看出,绕组星形连接时相电压和线电压之间的关系为

$$u_L = \sqrt{3}u_P \tag{2-32}$$

在相位上,线电压比对应的相电压超前 30°。

三相交流发电机接成星形连接输电时,有中性线的连接方式称为三相四线制,如图 2-19所示,没有中性线的连接方式称为三相三线制。在三相四线制中,可以供给负载两种电压:线电压和相电压;通常在低压配电系统中相电压为 220V,线电压为 380V。

2. 三相绕组的三角形连接

将三相发电机每相绕组的末端和相邻绕组的始端依次连接起来构成一个三角形闭合回路,从三个连接点分别引出三根导线向外输电的连接方式称为三相绕组的三角形接法,如图 2-21 所示。

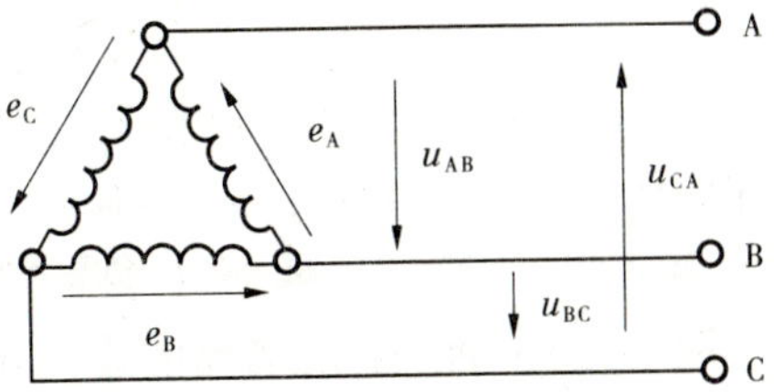

图 2-21　发电机绕组的三角形连接

三角形连接时线电压和对应的相电压相

等。三相绕组作三角形连接时容易产生环流,因而在实际中很少用。

【做一做】

(1)在老师的指导下,拿电笔测测日常用的电源哪根是火线,哪根是零线。想想怎么判断。

(2)用万用表测火线和零线之间的电压、火线和火线之间的电压。

二、三相电路中的负载连接

实际中三相负载有两类,一类是在三相电压下才能工作的负载,如三相电动机;一类是使用单相电压的负载,如日常照明系统等。

三相负载有两种接法:星形(Y 形)连接和三角形(△形)连接。

(一)三相负载的星形(Y 形)连接

1. 三相四线制

如图 2-22 所示,三组电灯的连接方式即为三相四线制。三组电灯分别接在相线和中性线之间,各组电灯的功率可以不相等,也可以不同时使用,所以照明电路使用这种连接方式最多。

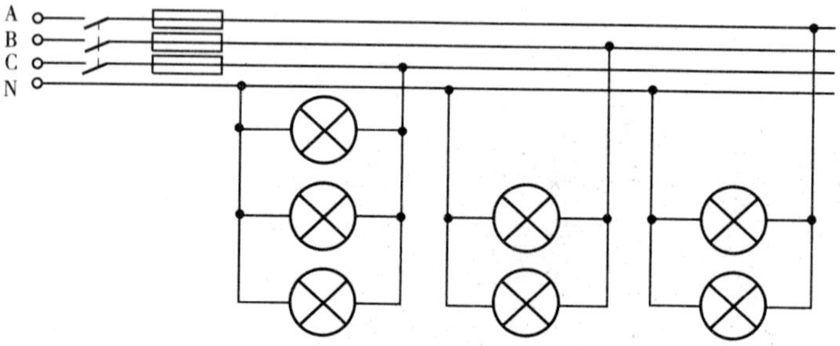

图 2-22 电灯的星形连接电路

例如,教室中的电灯就是采用三相四线制。图 2-23 为三相负载星形连接的一般线路图,其中,负载可以对称,也可以不对称,可以是电阻,也可以是容性负载和感性负载。

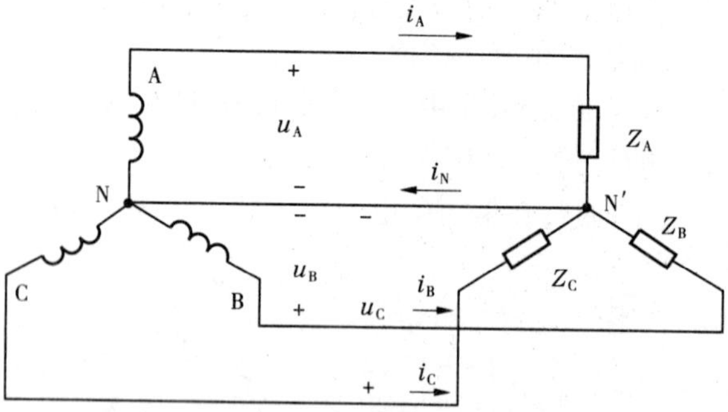

图 2-23 负载星形连接的三相四线制电路

从图 2-23 中可以看出,若略去连接导线的电压降不计,则加在各相负载两端的电压就分别等于电源相电压。

通过各相负载的电流称为相电流,分别用 i_a、i_b、i_c 表示,其正方向应与相电压的正方向一致。

通过每根相线的电流称为线电流，分别用 i_A、i_B、i_C 表示，其正方向规定是从电源流向负载。

通过中性线的电流称为中线电流，用 i_N 表示，其正方向规定为从负载中点流向电源中点。

显然，星形连接采用三相四线制时：

(1)各相负载所承受的电压为对称的电源相电压。

(2)线电流等于负载的相电流。

2. 三相三线制

在三相四线制中，如果各相负载对称，则每相电流的大小及其与电压间的相位差均相同，即三个相电流是对称的，此时，中性线中没有电流流过，这样，中性线就不需要了，图 2-23的连接方式就可变为图 2-24 的连接方式。

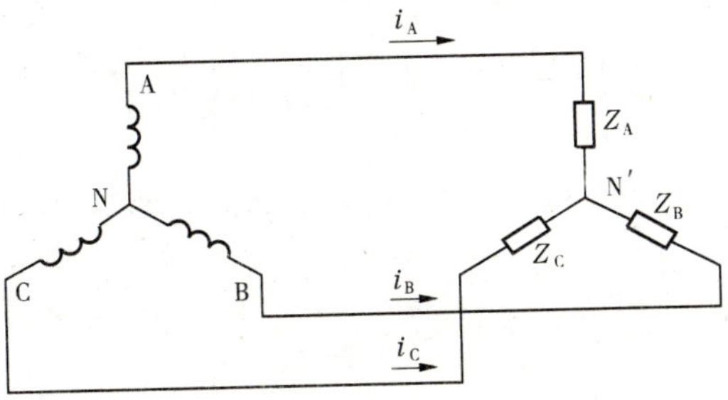

图 2-24　负载星形连接的三相三线制电路

生产上的三相负载(通常所见的三相电动机)一般都是对称的，所以三相三线制电路应用极为广泛。如图 2-24 所示为电动机连接方式。

注意：在三相不对称负载的星形连接中，中性线的作用在于能使三相负载成为三个互不影响的独立电路，中性线不能断开，也不允许接入熔断器或闸刀开关。

(二)三相负载的三角形连接

负载三角形连接的三相电路一般可用图 2-25 所示的电路来表示。电压和电流的参考方向都已经在图中标出。

从图 2-25 中可以看出，各相负载都是直接接在电源的线电压上，负载的相电压与电源的线电压相等。但负载的相电流和线电流不一样。

对于对称负载

$$I_{线} = \sqrt{3} I_{相} \tag{2-33}$$

相位上，线电流比相应的相电流滞后 30°，相量图如图 2-26 所示。

三相电动机的绕组可接成星形，也可接成三角形。

目前，在我国的低压配电系统中，线电压大多为 380V，相电压为 220V。

【想一想】

当三相异步电动机的额定电压为 220V 时，应采用哪种连接方式？当额定电压为 380V 时，应采用哪种连接方式？

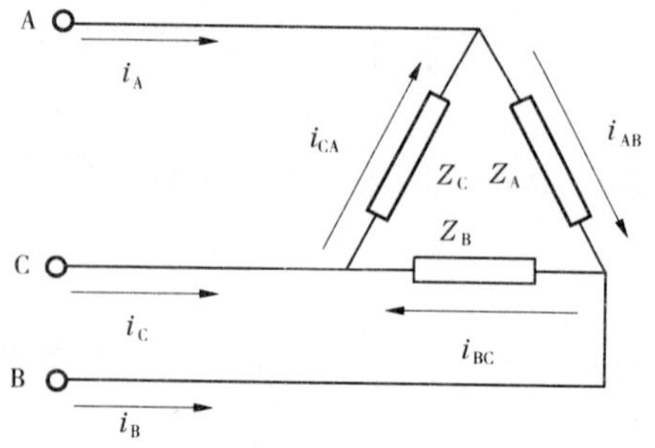

图 2-25　负载三角形连接的三相电路

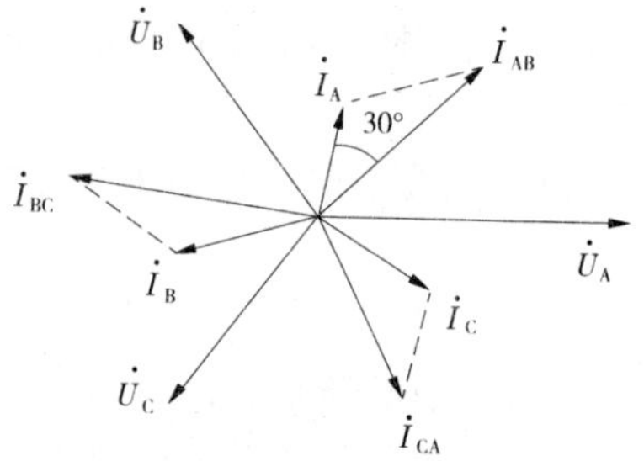

图 2-26　对称负载三角形连接时电压与电流的相量图

【做一做】

观察学校教学楼电灯、电风扇的连接方式。观察电机线圈的连接方式。

第四节　安全用电常识

电能已经成为工业、农业、国防、交通及科研等各部门的主要动力源。但是，在它给人们带来诸多便利的同时，也存在着不少隐患，每年都有不少人因触电而受伤甚至死亡。因此，人们要学会安全用电，从思想上高度重视。

一、触电

触电是指电流通过人体时，对人造成生理和病理方面的伤害，主要是电热所致的灼伤和强烈的肌肉痉挛。

根据伤害的性质，可分为电击和电伤两种。

电击是指电流通过人体，使内部器官组织受到损伤，如果受害者不能迅速摆脱带电体，最后会造成死亡事故。电伤是指在电弧作用下或熔丝熔断时，对人体外部的伤害。一般会造成烧伤、金属溅伤等。

人体触电受到的伤害程度，取决于通过身体的电流，电流越大、持续时间越长，通过要害部位（心脏、中枢神经、呼吸系统）时，身体受到的伤害就越大。如果通过人体的电流在0.05A 以上，就会有生命危险。一般说，接触 36V 以下的电压时，通过人体的电流不致超过 0.05A，故把 36V 的电压作为安全电压值。但在非常潮湿的场所或容易大面积触电的场所，如坑道内、锅炉内作业，应采用 12V 的安全电压。

触电的方式有直接触电和间接触电。直接触电又可分为单相触电和两相触电。两相触电非常危险，单相触电在电源中性点接地的情况下也是很危险的。间接触电主要有跨步电压触电和接触电压触电。虽然危险程度不如直接触电的情况，但也应尽量避免。触电方式如图 2-27 所示。

二、安全用电措施

安全用电的基本原则是不接触低压带电体，不靠近高压带电体。

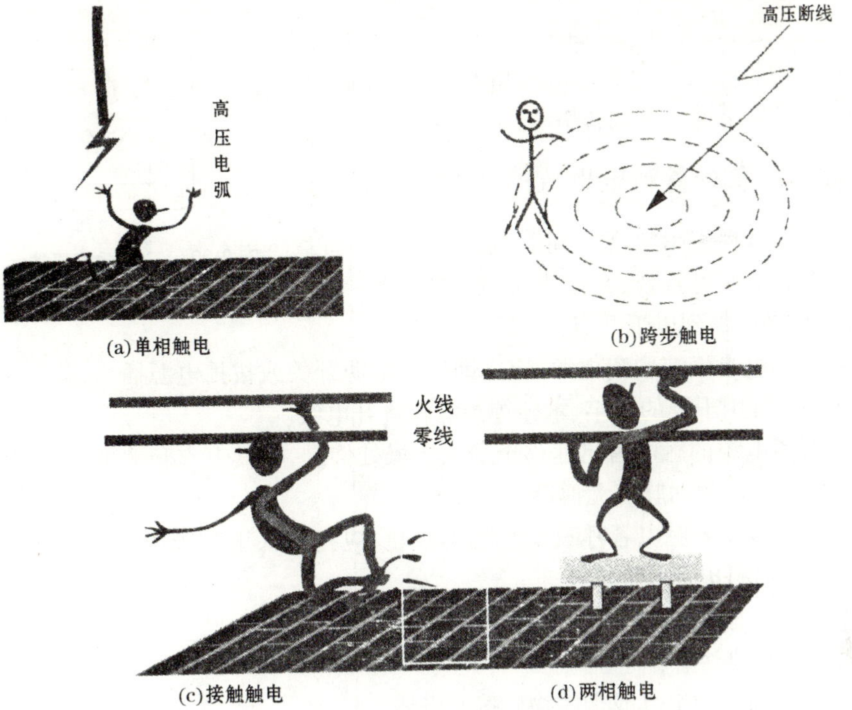

图 2-27　触电方式

在实际操作中应做到：

(1)不要超负荷用电。空调、烤箱等大容量用电设备应使用专用线路。

(2)要选用合格的电器,不要贪便宜购买使用假冒伪劣电器、电线、线槽、开关、插头、插座等。

(3)不要私自或请无资质的装修队及人员铺设电线和接装用电设备,安装、修理电器用具要找有资质的单位和人员。

(4)对规定使用接地的用电器具的金属外壳要做好接地保护(见图 2-28(a)),在 1 000V以下中性点接地系统中,应该采取如图 2-28(b)所示的保护接零。

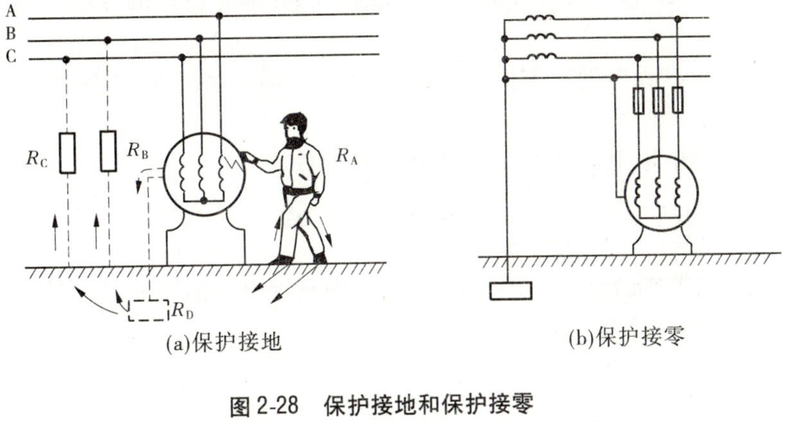

图 2-28　保护接地和保护接零

(5)不要忘记给三眼插座安装接地线(见图2-29)，不要随意把三眼插头改为二眼插头。

(6)要选用与电线负荷相适应的熔断丝,不要任意加粗熔断丝,严禁用铜丝等代替熔断丝。

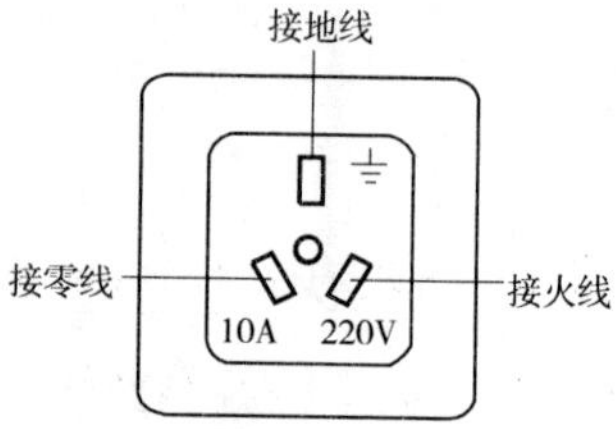

图2-29 三眼插座接线示意图

三、如何应急处置触电事故

触电会影响到呼吸中枢及心脏,引起呼吸抑制或心跳骤停,严重电击伤可致残,甚至直接危及生命。一旦遇到触电事故必须做到以下几点:

(1)要使触电者迅速脱离电源,应立即拉下电源开关或拔掉电源插头,若无法及时找到或断开电源,可用干燥的竹竿、木棒等绝缘物挑开电线。

(2)将脱离电源的触电者迅速移至通风干燥处仰卧,将其上衣和裤带放松,观察触电者有无呼吸,摸一摸颈动脉有无搏动。

(3)施行急救。若触电者呼吸及心跳均停止,应在做人工呼吸的同时实施心肺复苏抢救,另外要及时打电话呼叫救护车。

(4)尽快送往医院,途中应继续施救。

同时,操作时应注意:

(1)切勿用潮湿的工具或金属物质拨开电线。

(2)切勿用手触及带电者。

(3)切勿用潮湿的物件搬动带电者。

四、汽车安全用电

汽车安全用电主要与维护蓄电池时的安全有关,着手维护蓄电池或在蓄电池旁边作业之前,必须掌握安全预防措施。

(1)连接蓄电池电缆时要注意极性,正负极不能接反,要后接负极电缆。拆蓄电池电缆时要先拆负极(搭铁)电缆。

(2)蓄电池充电场所要有良好的通风,充电器接通后就不要再拆接充电器的连接导线。

(3)维护蓄电池时,不要戴首饰或手表,这些东西都有良好的导电性能,一旦触电会造成严重的烧伤。

(4)千万不可在蓄电池上方传递工具,如碰巧跌落在两极桩上,造成蓄电池短路会引起爆炸。

(5)严禁在蓄电池附近吸烟,进行电焊或气焊作业。

五、节约用电

今天,我们的生活已经离不开电了,但在合理利用电能的同时也要学会节约用电,努力营造一个节约型的社会。

习　题

2-1　在某电路中，正弦电流 $i=100\sqrt{2}\sin(3\ 140t-\frac{\pi}{6})$ mA，试指出它的频率、周期、角频率、幅值、有效值及初相位。

2-2　正弦电流 $i=14.1\sin(\omega t-\frac{\pi}{4})$ A，试求 $f=50$Hz、$t=0$ 时的瞬时值，该正弦电流 i 能否和题 2-1 中的正弦电流 i 比较相位差？为什么？

2-3　试写出下列正弦电压的相量：

(1) $u=220\sqrt{2}\sin314t$ V；

(2) $u=220\sqrt{2}\sin(314t-\frac{2\pi}{3})$ V；

(3) $u=10\sqrt{2}\sin(\omega t+\frac{\pi}{6})$ V；

(4) $u=10\sqrt{2}\sin(\omega t+\frac{\pi}{2})$ V。

2-4　已知：一理想的电感元件 $L=35$mH，外加电压 $u=110\sqrt{2}\sin(314t+\frac{\pi}{6})$ V，如图 2-30 所示。试求：感抗 X_L、电流 i 及有功功率和无功功率。

2-5　已知：一理想的电容元件 $C=10\mu$F，通过的电流 $i=0.1\sqrt{2}\sin(100t+\frac{\pi}{3})$ A，如图 2-31 所示。试求：容抗 X_C、电压 u_C 及有功功率和无功功率。

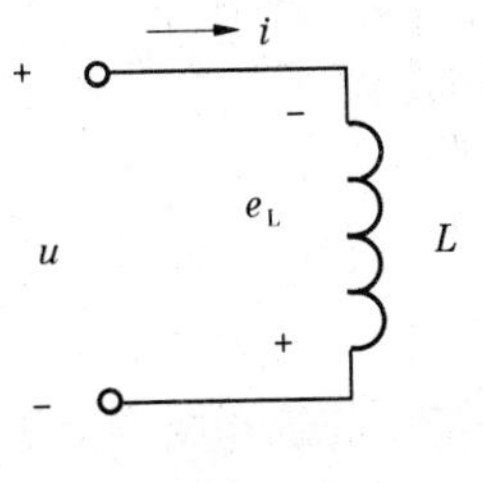

图 2-30

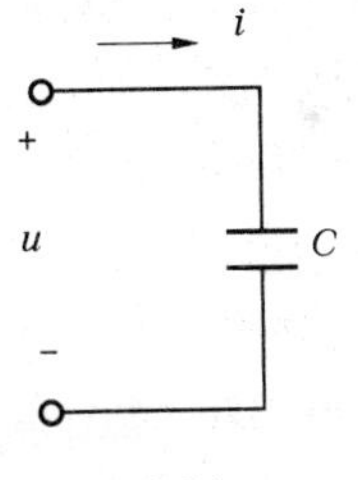

图 2-31

2-6　已知通过线圈的电流 $i=10\sqrt{2}\sin314t$ A，线圈的电感 $L=50$mH（电阻忽略不计），设电源电压 u、电流 i 及感应电动势 e_L 的参考方向如图 2-30 所示，试分析在 $t=\frac{T}{12}$、$t=\frac{T}{4}$ 和 $t=\frac{T}{2}$ 瞬间，电流和电压的大小。

2-7　在电容为 6μF 的电容器两端加以正弦电压 $u=220\sqrt{2}\sin314t$ V，设电压和电流的参考方向如图 2-31 所示。试计算在 $t=\frac{T}{12}$、$t=\frac{T}{4}$ 和 $t=\frac{T}{2}$ 瞬间，电流和电压的大小。

2-8　三相电源星形连接时，已知 $u_A=U_m\sin(\omega t-\frac{\pi}{6})$，试写出 u_B、u_C 的表达式。

2-9　什么叫三相四线制？什么叫三相三线制？

第三章　磁路及电磁器件

第一节　磁场及磁路

一、磁场的基本物理量

磁场的基本性质与特性可用磁感应强度 B、磁通 Φ、磁导率 μ、磁场强度 H 等物理量来描述。

（一）磁感应强度 B

磁感应强度 B 是表示磁场内某点磁场强弱及方向的物理量。B 的大小等于通过垂直于磁场方向单位面积的磁感线数目，B 的方向用右手螺旋定则确定，其大小可用 $B = F/(IL)$ 来衡量，单位是特[斯拉]（T）。

（二）磁通 Φ

均匀磁场中的磁通 Φ 等于磁感应强度 B 与垂直于磁场方向的面积 S 的乘积，单位是韦[伯]（Wb）。

$$\Phi = BS \tag{3-1}$$

（三）磁场强度 H

磁场强度只与产生磁场的电流以及这些电流的分布有关，而与磁介质的磁导率无关，单位是安/米（A/m），是为了简化计算而引入的辅助物理量。

$$H = \frac{B}{\mu} \tag{3-2}$$

（四）磁导率 μ

实验表明，通电导体产生的磁场，其磁感应强度除与通电导体的形状、电流的大小以及相对位置有关外，还与磁场中的物质有关。例如，在同一通电螺旋管里放入不同的物质（如铜、铁等），在同一点所得到的磁感应强度不相同。

磁导率 μ 是用来衡量物质的导磁能力的物理量，其国际单位为亨/米（H/m）。物质按导磁性能的不同分为铁磁物质（铁、钴及其合金）和非铁磁物质两类。非铁磁物质的磁导率与真空极为接近，通常认为两者相同。实验测得真空的磁导率 $\mu_0 = 4\pi \times 10^{-7}$ H/m，且为一常数。

铁磁物质的磁导率 μ 要比真空的磁导率 μ_0 大许多倍（几百至几万倍不等）。为了比较各种物质的导磁能力，通常把某种物质的磁导率 μ 和真空的磁导率 μ_0 的比值叫作该物质的相对磁导率，用 μ_r 表示。即

$$\mu_r = \frac{\mu}{\mu_0} \tag{3-3}$$

对于非铁磁物质来说，$\mu_r \approx 1$；而铁磁物质的 μ_r 很高。

二、磁路及铁芯线圈

(一)磁路的形成

实际电路中，大量电感元件的线圈中有铁芯。线圈通电后铁芯就构成磁路，磁路又影响电路。因此，电工技术不仅有电路问题，同时也有磁路问题。

电机、变压器、电磁铁等很多电气设备，都用铁磁性材料做成各种形状的闭合铁芯。这是由于铁磁性材料具有很高的磁导率，铁芯线圈中只要通以较小的电流，便能得到较强的磁场或较大的磁通。

由于存在高磁导率铁芯，电流产生的磁通或磁感线基本都被约束在铁芯的闭合路径中，周围弱磁性物质中的磁场则很微弱，这种限定在铁芯范围内的磁通路径称为磁路。因此，电机等电气设备中既有电路，又有磁路。图 3-1 是几种常见的磁路。

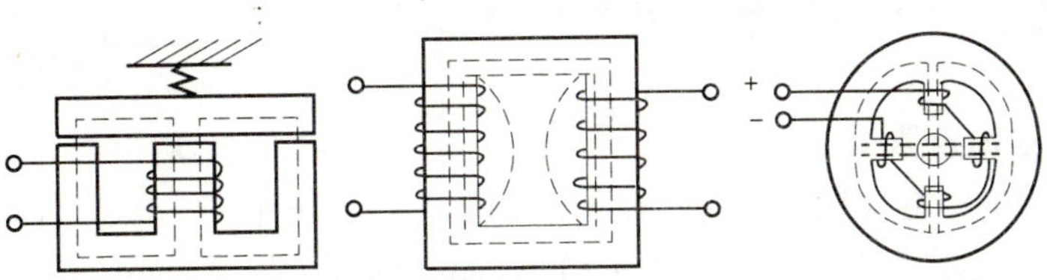

(a)电磁铁的磁路　　(b)变压器的磁路　　(c)直流电机的磁路

图 3-1　几种常见的磁路

如图 3-1 所示，绝大部分磁通通过闭合的磁路(包含空气隙)，叫作主磁通；少数穿出铁芯，经过磁路周围弱磁性物质而闭合的磁通，叫作漏磁通。由于漏磁通只占总磁通的很小一部分，所以在磁路分析和计算中一般略去不计。

(二)铁芯线圈磁路

铁芯线圈分为两种，直流铁芯线圈通直流电来励磁，交流铁芯线圈通交流电来励磁。分析直流铁芯线圈比较简单，因为励磁电流是直流，产生的磁通是恒定的，在线圈和铁芯中不会感应出电动势来。当线圈中通有交流电时，它所产生的磁通也是交变的。在交流铁芯线圈中，除线圈电阻上有功率损耗(铜损)外，铁芯中也有功率损耗(铁损)。磁滞损耗要引起铁芯发热。为了减小磁滞损耗，应选用磁滞损耗较小的磁质材料制造铁芯。硅钢就是变压器和电机中常见的铁芯材料。

汽车点火系统、启动电动机、充电系统和继电器等的工作原理都是基于电磁感应原理。任何含有线圈的电器部件或电机中都会遇到自感应作用，因为任何汽车都少不了随时通、断的电感器件，自感应电动势会阻碍线圈中电流的变化，从而会在开关上产生拉弧现象。要减少高压电弧，可以在电路上接电容器或钳位二极管，电容器能吸收接通或断开感应电路产生的高压。

对磁路进行分析与计算，要用到一些基本的定律，下面对磁路的基本定律作一介绍。

三、磁路基本定律

(一)全电流定律

全电流定律又叫安培环路定律。它表明:在磁路中,沿任意闭合路径 l 的磁场强度 H 的线积分,等于包围在这闭合路径内各电流 I 的代数和。其数学表示式为

$$\oint H \cdot \mathrm{d}l = \sum NI \tag{3-4}$$

式中,N 为线圈的匝数,当电流 I 的正方向与闭合路径内磁场强度 H 的方向符合右手螺旋定则时,NI 取正号,相反时则取负号。如果闭合路径上各点磁场强度 H 的大小处处相等,且其方向与路径上各对应点的切线方向一致,如图 3-2 所示,可化简为

$$Hl = \sum NI \tag{3-5}$$

式(3-5)虽然是全电流定律的特殊形式,但在多数情况下,我们可以忽略一些次要因素,利用这个简单式子进行估算,很方便。

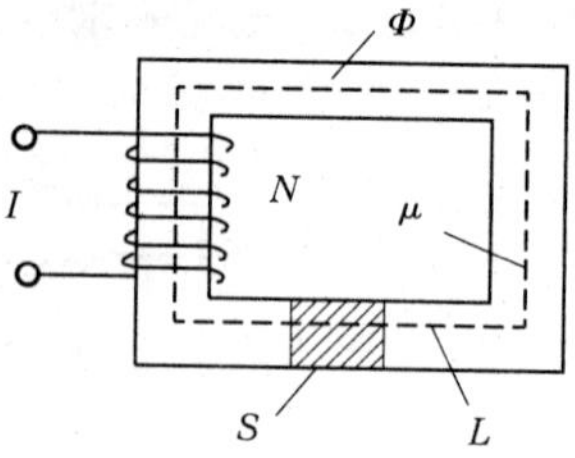

图 3-2　无分支的磁路

(二)磁路欧姆定律

根据磁通的连续性原则,在一个无分支的磁路中处处都应有相同的磁通,如图 3-2 所示,由式(3-1)、式(3-2)可推得

$$\Phi = \mu HS$$

又因 $Hl = \sum NI$,得 $H = \dfrac{\sum NI}{l}$,所以

$$\Phi = \mu S \frac{\sum NI}{l} = \sum NI \frac{\mu S}{l} \tag{3-6}$$

若令 $F_{\mathrm{m}} = \sum NI$,$R_{\mathrm{m}} = \dfrac{l}{\mu S}$,则式(3-6)可写成

$$\Phi = \frac{F_{\mathrm{m}}}{R_{\mathrm{m}}} \tag{3-7}$$

式(3-7)就是所谓的磁路欧姆定律。式(3-7)中,F_{m} 称为磁路中的磁动势,R_{m} 称为磁阻,表示磁路对磁通的阻碍作用。因铁磁物质的磁阻 R_{m} 不是常数,它会随励磁电流 I 的改变而改变,因而通常不能用磁路的欧姆定律直接计算,但可以用于定性分析很多磁路问题。不难看出,磁路的欧姆定律与电路的欧姆定律有相似之处。

(三)电磁感应定律

线圈中感应电动势的大小与线圈中磁通的变化率(即变化的快慢)和线圈的匝数成正比。其数学表达式为

$$e = -N\frac{\mathrm{d}\Phi}{\mathrm{d}t} \tag{3-8}$$

式中,N 为线圈匝数。感应电动势的方向可以由$\dfrac{\mathrm{d}\Phi}{\mathrm{d}t}$的符号与感应电动势的参考方向对比而确定。当$\dfrac{\mathrm{d}\Phi}{\mathrm{d}t}>0$,即穿过线圈的磁通增加时,$e<0$,这时感应电动势的方向与参考方向相

反，表明感应电流产生的磁场要阻止原磁场的增加；当$\frac{d\Phi}{dt}<0$，即穿过线圈的磁通减少时，$e>0$，这时感应电动势的方向与参考方向相同，表明感应电流产生的磁场要阻止原磁场的减少。

四、霍尔效应

霍尔效应属于电磁、热磁效应的一种，是物理学家霍尔于1879年发现的。它在技术应用中非常重要，如利用霍尔效应制造的转速传感器、汽车点火信号发生器等。

霍尔效应的原理如图3-3所示。将霍尔元件（即半导体基片）置于磁场中，并通入一电流，电流方向与磁场方向垂直，则在垂直于电流和磁场的霍尔元件的横向侧面两侧会产生一个与电流和磁感应强度成正比的电压。这种现象即叫作霍尔效应。霍尔电压 U_H 可用下式表示

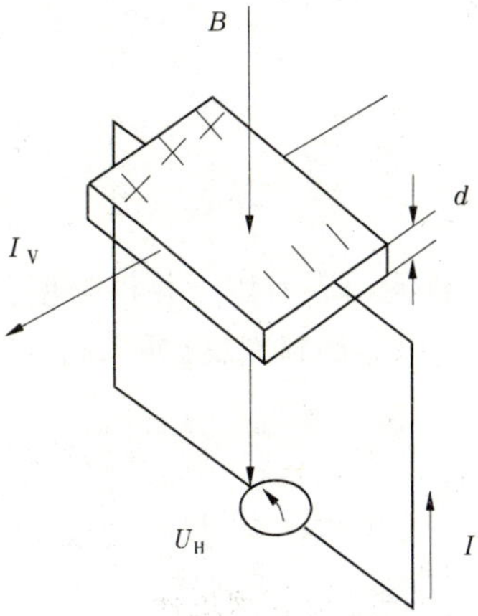

图 3-3　霍尔效应的原理

$$U_H = \frac{R_H}{d} I_V B \tag{3-9}$$

式中　R_H——霍尔常数；

d——半导体基片的厚度；

I_V——电源电流；

B——磁感应强度。

霍尔效应不只在半导体材料中产生，在金属导体、导电流体（导离子体）中也会产生。但是因为半导体材料中的载流子便于控制，所以实用的霍尔元件多用半导体材料做成四端元件，其中两个端子为提供电流的电流端，另外两个端子为引出霍尔电压 U_H 的电压端。

从式(3-9)可知，改变 I_V 和 B 都可以使霍尔电压 U_H 发生变化。如果使通过霍尔元件的电流恒定不变，则可用改变磁感应强度大小来改变输出脉动的电压信号去检测转速或发出点火信号等。

第二节　铁磁材料的磁性能

前面已提到铁磁物质具有高导磁性能，这一性能使铁磁材料在电工技术中有重要的应用。此外，铁磁材料还具有磁饱和与磁滞性能，这些性能可通过它的磁化曲线（见图3-4）来表示。

(1)高导磁性：磁导率可达 $10^2 \sim 10^4$，由铁磁材料组成的磁路磁阻很小，在线圈中通入较小的电流即可获得较大的磁通。

(2)磁饱和性：B 不会随 H 的增强而无限增强，H 增大到一定值时，B 不能继续增强。

(3)磁滞性:铁芯线圈中通过交变电流时,H 的大小和方向都会改变,铁芯在交变磁场中反复磁化,在反复磁化的过程中,B 的变化总是滞后于 H 的变化。

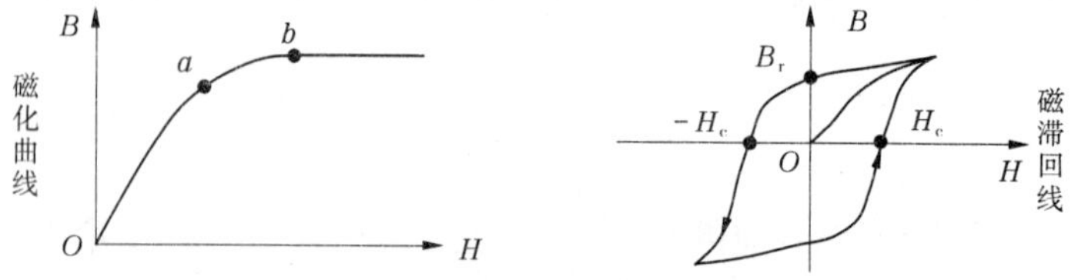

图 3-4　磁化曲线和磁滞回线

铁磁材料有以下几种类型:

(1)软磁材料:磁导率高,磁滞性不明显,矫顽力和剩磁都小,磁滞回线较窄,磁滞损耗小。

(2)硬磁材料:剩磁和矫顽力均较大,磁滞性明显,磁滞回线较宽。

(3)矩磁材料:只要受较小的外磁场作用就能磁化到饱和,当外磁场去掉,磁性仍保持,磁滞回线几乎成矩形。

第三节　变压器

变压器是一种静止的电气设备。它利用电磁感应原理,可把某一数值的交变电压变换为同频率的另一数值的交变电压。为了提高远距离输电的经济性,需要变压器升压;为了提高配电的安全性和满足各类电器不同额定电压的要求,需要变压器降压。所以,变压器在电气的测量、控制等方面有广泛的应用,如仪用互感器、控制变压器等特殊变压器。汽车上使用的点火线圈也相当于变压器。

一、变压器的基本结构和工作原理

尽管变压器的种类较多,但基本结构和工作原理是相同的,下面以单相变压器为例进行分析。

(一)变压器的基本结构

变压器由铁芯和绕在铁芯上的绕组两个基本部分组成。铁芯是变压器的磁路部分,为了提高铁芯导磁性能,减少铁芯损耗,铁芯通常用厚度为 0.35 ~0.5mm 的硅钢片叠装而成,片间彼此绝缘。按铁芯的构造,变压器可分为芯式和壳式两种,如图 3-5 所示。芯式变压器的绕组包围着铁芯,如图 3-5(a)所示。这种变压器的结构较简单,绕组和铁芯的绝缘处理比较方便,多用于容量较大的变压器。壳式变压器的铁芯包围着绕组,如图 3-5(b)所示。这种变压器的机械强度好,铁芯散热容易,但外层绕组的用铜量较多,制造较复杂,小型干式(即空气冷却式)变压器多采用这种结构形式。

绕组是变压器的电路部分,一般由绝缘铜线或铝线绕制而成。一般的变压器都有两个或两个以上的绕组,其中接在交流电源侧的绕组称为一次绕组(或称原边绕组、初级绕组),接有负载的绕组称为二次绕组(或称副边绕组、次级绕组)。

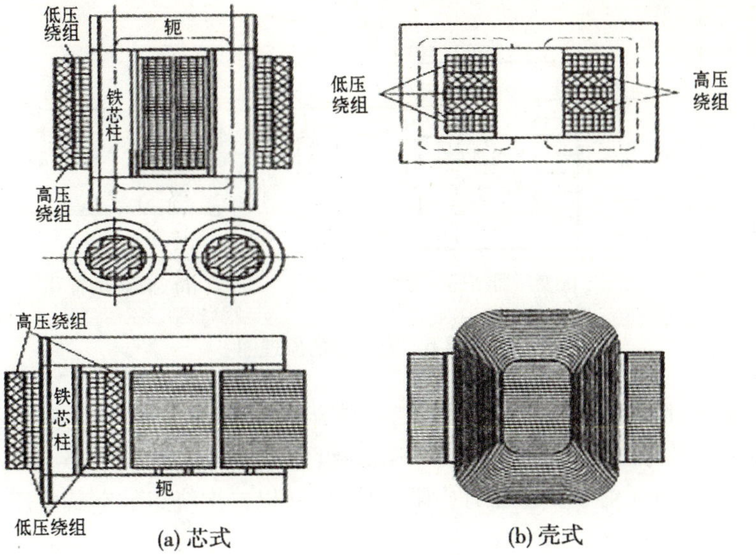

(a) 芯式　　(b) 壳式

图 3-5　变压器的结构

(二) 变压器的工作原理和特性

如图 3-6 所示为变压器的原理图。为了便于分析,将高压绕组分别画在两边。接电源的为一次绕组(或称初级绕组),匝数为 N_1;接负载的为二次绕组(或称次级绕组),匝数为 N_2。当一次绕组接上交流电压时,一次绕组中便有电流 i_1 通过。i_1 在一次绕组中产生的磁动势为 $N_1 i_1$,此磁动势产生一个与一次、二次绕组交链的主磁通 Φ。由于主磁通 Φ 是按电源频率交变的,所以主磁通 Φ 在一次、二次绕组中产生感应电动势 e_1、e_2。此外,磁动势 $N_1 i_1$ 还产生少部分漏磁通 $\Phi_{\sigma1}$,环链着一次绕组并经空气隙闭合,从而在一次绕组中产生漏磁电动势 $e_{\sigma1}$,在二次绕组上也有漏磁电动势 $e_{\sigma2}$产生。在电动势 e_2 的作用下,二次电路出现电流 i_2。当二次绕组接入负载有电流 i_2 流过时,也要产生漏磁通 $\Phi_{\sigma2}$,并引起漏磁电动势 $e_{\sigma2}$。通常一次、二次绕组的漏磁通以及漏磁电动势极小,并且一次、二次绕组本身匝数也极少,可以忽略不计。其中

$$e_1 = -N_1 \frac{\mathrm{d}\Phi}{\mathrm{d}t}, e_2 = -N_2 \frac{\mathrm{d}\Phi}{\mathrm{d}t}, e_{\sigma1} = -N_1 \frac{\mathrm{d}\Phi_{\sigma1}}{\mathrm{d}t}$$

下面,在理想情况下(暂不计其他能量损耗),讨论变压器的电压变换、电流变换及阻抗变换。

1. 电压变换

一次、二次绕组的电压之比为 k,称为变压器的变比,亦即一次、二次绕组的匝数比。当电源电压 u_1 一定时,只要改变匝数比 k,就可得到不同的输出电压 u_2。一次、二次绕组的电压之比为

$$\frac{U_1}{U_2} = \frac{N_1}{N_2} = k \tag{3-10}$$

式(3-10)表明,变压器一次、二次绕组的电压与一次、二次绕组的匝数成正比。变比

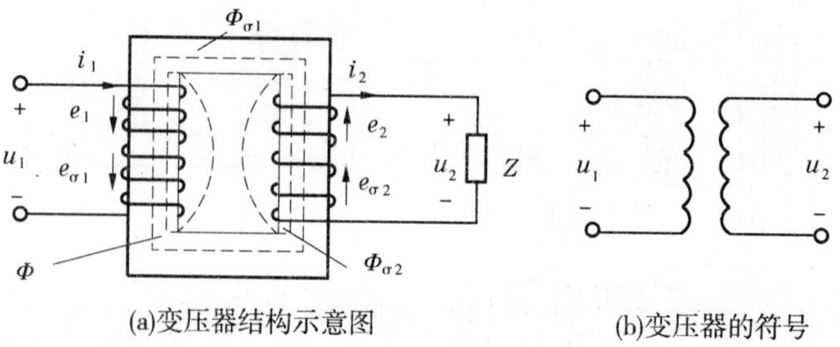

(a)变压器结构示意图　　(b)变压器的符号

图 3-6　变压器的原理图

在变压器的铭牌上注明，它表示一次、二次绕组的额定电压之比。例如 6 000V/400V ($k=15$)，表示一次绕组的额定电压(即一次绕组上应加的电压) $U_1=6\ 000$V，二次绕组的额定电压 $U_2=400$V。由于变压器有内阻抗压降，所以二次绕组的空载电压一般应较满载时的电压高 5% ~10%。

2. 电流变换

当电源电压和频率不变时，铁芯中主磁通的最大值在变压器空载或有负载时是基本恒定的。因此，有负载时产生主磁通的一次、二次绕组的合成磁动势和空载时产生主磁通的一次绕组的磁动势基本相等，此时，变压器一次、二次绕组的电流之比近似等于它们的匝数比的倒数。可见，变压器中的电流虽然由负载的大小确定，但是一次、二次绕组中电流的比值是基本不变的。

$$\frac{I_1}{I_2}=\frac{N_2}{N_1}=\frac{1}{k} \tag{3-11}$$

式(3-11)表明，变压器一次、二次绕组的电流与一次、二次绕组的匝数成反比。这是变压器的另一个基本关系，即变压器具有电流变换功能。

3. 阻抗变换

在电子线路中常常对负载阻抗的大小有要求，以使负载可以获得较大的功率。但是，一般情况下负载阻抗很难达到匹配的要求，因此在电子线路中常利用变压器进行阻抗变换。只要适当选择变压器的变比，就可以使负载与电源进行匹配，获得较高的输出功率。

在图 3-7 中，负载阻抗模 $|Z_L|$ 接在变压器副边，而图中的虚线框部分可以用一个阻抗模 $|Z_L'|$ 来等效代替。所谓等效，就是输入电路的电压、电流和功率不变。就是说，直接接在电源上的阻抗模 $|Z_L'|$ 和接在变压器副边的负载阻抗模 $|Z_L|$ 是等效的。两者的关系可通过下面式子得到。

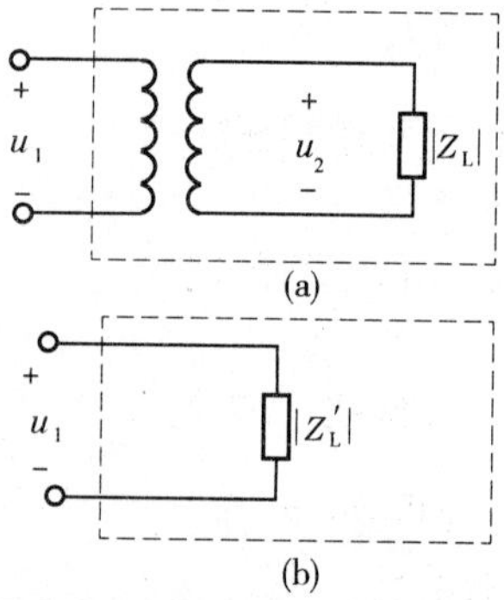

图 3-7　变压器的阻抗变换

在图 3-7(a)中接入的负载阻抗为 $|Z_L|$，则其阻抗值

$$|Z_L|=\frac{U_2}{I_2}$$

而对电源来讲，图3-7（a）可以等效为图3-7（b）所示电路，则

$$|Z_L'| = \frac{U_1}{I_1}$$

所以

$$|Z_L'| = \frac{U_1}{I_1} = \frac{kU_2}{I_2/k} = k^2|Z_L| \tag{3-12}$$

匝数比不同，负载阻抗模折算到（反映到）原边的等效阻抗模也不同。我们可以采用不同的匝数比，把负载阻抗模变换为所需要的、比较合适的数值。这种做法通常称为阻抗匹配。

4. 频率特性

用于传输信号的变压器，由于信号具有一定的频率宽度，通常要求变压器对不同频率分量的信号电压均匀而且不失真地传输。但实际上由于变压器一次电感和漏感的影响，对不同频率分量传输能力并不一样，使得信号产生失真。一次电感越小，信号的低频分量幅度就越小；漏感越大，高频分量幅度就越小。

5. 损耗与效率

和交流铁芯线圈一样，变压器的功率损耗包含铁芯的铁损和绕组上的铜损两部分。铁损的大小与铁芯内磁感应强度的最大值有关，与负载大小无关，铜损与负载的大小（正比于电流平方）有关。

变压器的效率为变压器的输出功率与输入功率之比。

变压器的功率损耗很小，所以效率很高，通常在95%以上。在一般电力变压器中，当负载为额定负载的50%～75%时，效率达到最大值。

【例3-1】 有一台单相变压器，一次绕组匝数为550匝，接220V电压，二次绕组接入一个36V 36W的灯泡，试求一次绕组电流 I_1、二次绕组匝数 N_2。

解：因为 $$\frac{U_1}{U_2} = \frac{N_1}{N_2}$$

所以二次绕组匝数 $$N_2 = \frac{N_1U_2}{U_1} = \frac{550\text{匝} \times 36\text{V}}{220\text{V}} = 90\text{匝}$$

二次绕组的电流 $$I_2 = \frac{P}{U_2} = \frac{36\text{W}}{36\text{V}} = 1\text{A}$$

一次绕组的电流 $$I_1 = \frac{1}{k}I_2 = \frac{N_2}{N_1}I_2 = \frac{90\text{匝}}{550\text{匝}} \times 1\text{A} = 0.16\text{A}$$

【例3-2】 某晶体管收音机，输出阻抗为64Ω，负载是阻抗为4Ω的扬声器。为使扬声器输出功率最大，问需要在收音机的输出端和扬声器之间接入变比为多大的变压器？若已知一次绕组匝数为320匝，那它的二次绕组匝数为多少？

解：设扬声器经变压器变换后的等效阻抗值为 $|Z_L'|$，由题意可知 $|Z_L'| = 64\Omega$ 时可获得最大的功率。

因为 $$|Z_L'| = k^2|Z_L|$$

所以 $$k=\sqrt{\frac{|Z'_L|}{|Z_L|}}=\sqrt{\frac{64\Omega}{4\Omega}}=4$$

二次绕组匝数 $$N_2=\frac{N_1}{k}=\frac{320\text{ 匝}}{4}=80\text{ 匝}$$

二、变压器的类型和变压器的同名端

下面简单介绍一下变压器的类型和变压器的同名端。

(一)自耦变压器

如图 3-8 所示的是一种自耦变压器,其结构特点是二次绕组是一次绕组的一部分,一次、二次绕组电压之比和电流之比成反比。

特点:副边绕组是原边绕组的一部分,原、副边绕组不但有磁的耦合,也有电的联系。

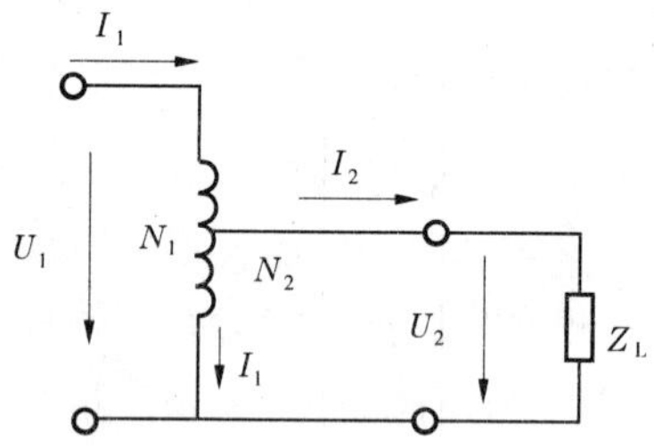

图 3-8 自耦变压器

$$\frac{I_1}{I_2}=\frac{N_2}{N_1}=\frac{1}{k},\frac{U_1}{U_2}=\frac{N_1}{N_2}=k$$

实验室中常用的调压器就是一种可改变副边绕组匝数的自耦变压器,其外形和电路如图 3-9 所示。

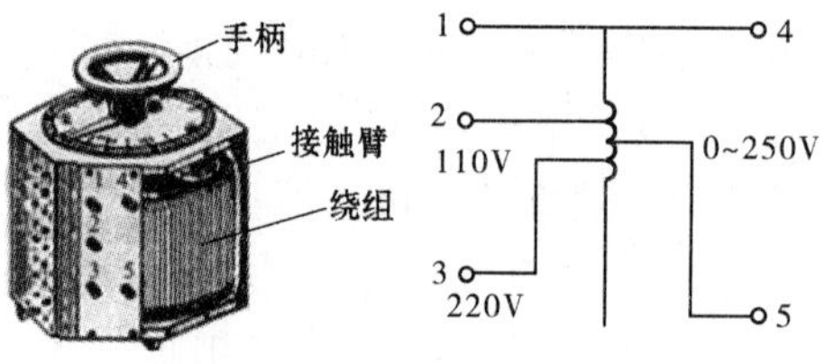

图 3-9 调压器的外形和电路

(二)电流互感器

电流互感器是根据变压器的原理制成的。它主要用来扩大测量交流电流的量程,因为要测量交流电路的大电流时(如测量容量较大的电动机、工频炉、焊机等的电流时),通常电流表的量程是不够的。

此外,使用电流互感器也是为了使测量仪表与高压电路隔开,以保证人身与设备的安全。

电流互感器的接线图如图 3-10 所示。一次绕组的匝数很少(只有一匝或几匝),它串联在被测电路中。二次绕组的匝数较多,它与电流表或其他仪表及继电器的电流线圈相连接。利用电流互感器可将大电流变换成小电流。通常电流互感器二次绕组的额定电流都规定为 5A 或 1A 。

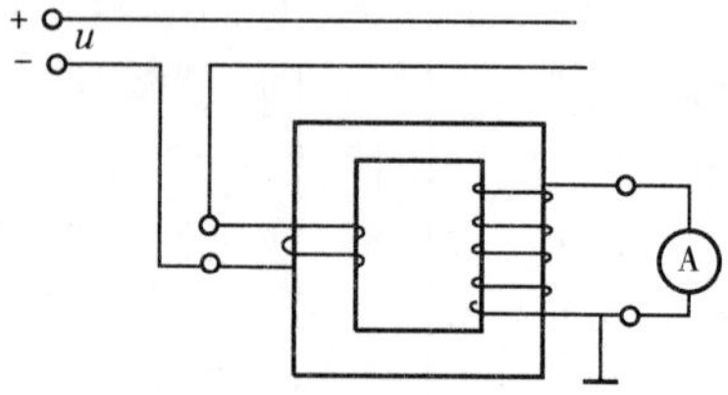

图 3-10 电流互感器

原边绕组线径较粗,匝数很少,与被测电路负载串联;副边绕组线径较细,匝数很多,与电流表及功率表、电度表、继电器的电流线圈串联。用于将大电流变换为小电流,使用时副边绕组电路不允许开路。

(三)变压器的同名端

如图 3-11 所示电流从 1 端或 3 端流入(或流出)时,产生的磁通方向相同,两个绕组中的磁感应电动势的极性也相同,1 和 3 两端,标以记号“·”,称为同名端。当然,2 和 4 两端也是同名端。如果连接错误,譬如串联时如图 3-11(b)所示将 2 和 4 两端连在一起,将 1 和 3 两端接电源,这样,铁芯中两个磁通互相抵消,两个感应电动势也互相抵消,接通电源后,绕组中将流过很大的电流,将变压器烧毁。因此,必须清楚同名端才能正确连接。绕组的同名端一般可用图 3-11(c)的图形所示。

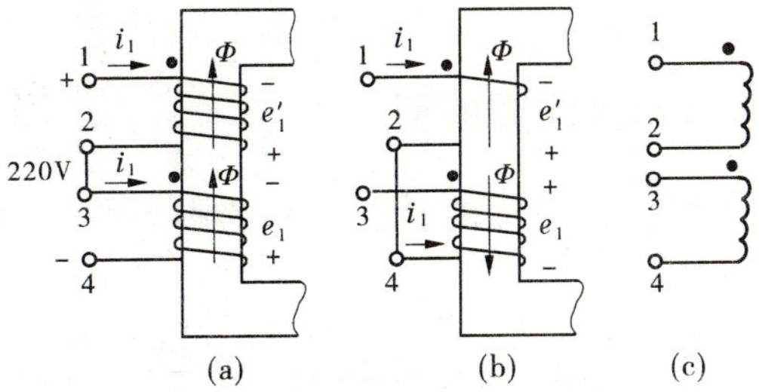

图 3-11 变压器绕组的同极性端

三、汽车上使用的变压器

汽车上最常用的变压器就是点火线圈,它能将汽车电源系统提供的低压变为高达几千伏甚至上万伏的高压,用于点燃发动机内的汽油混合气,这部分内容将在下一节介绍。

除点火线圈外,现在汽车上还安装有基于变压器原理的传感器。下面以可变电感式进气压力传感器来说明。

如图 3-12 所示,当振荡器输出的交流电通过一次线圈时,由于互感作用,二次线圈产生输出电压,其大小取决于两线圈的耦合情况。耦合越紧,输出电压越大。因此,当铁芯向两线圈中间移动时,输出信号就会增强。

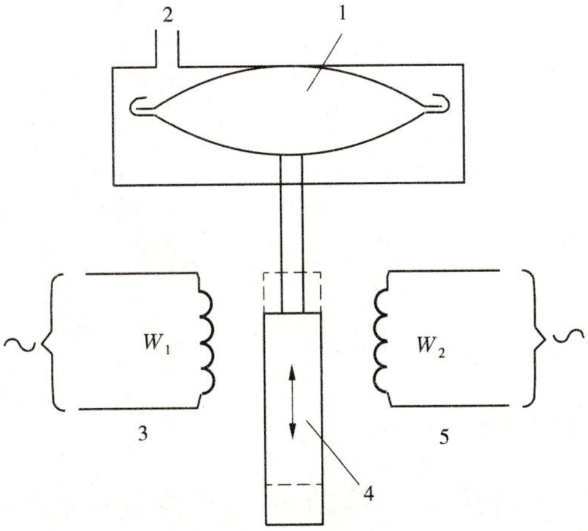

1—膜盒;2—进气歧管;3—一次线圈;4—铁芯;5—二次线圈

图 3-12 可变电感式进气压力传感器示意图

在可变电感式进气压力传感器中,铁芯与线圈的相对位置由膜盒控制。进气歧管绝对压力升高时,膜盒收缩,使铁芯向线圈中部移动,这时输出信号增强。

第四节　点火线圈

一、点火线圈的型号

根据《汽车电气设备产品型号编制方法》(QC/T 73—93)的规定,点火线圈的型号组成如下:

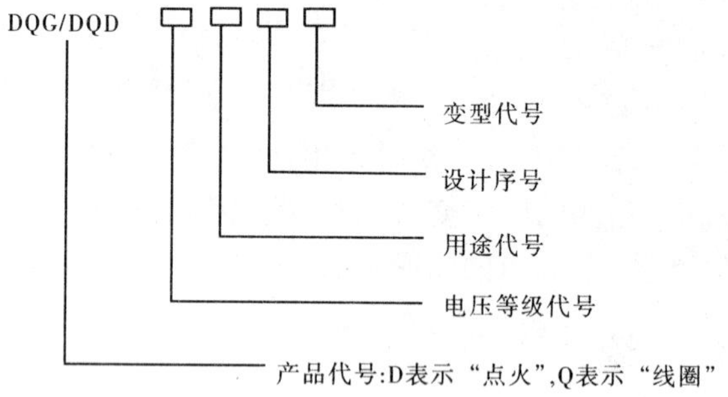

DQG 表示干式点火线圈, DQD 表示点火系统用点火线圈,第三个字母 G 和 D 分别表示“干”和“电”。

电压等级代号:1～12V。

用途代号如下:

1——单、双缸发动机;

2——四、六缸发动机;

3——四、六缸发动机(带附加电阻);

4——六、八缸发动机(带附加电阻);

5——六、八缸发动机;

6——八缸以上发动机;

7——无触点分电器;

8——高能;

9——其他(包括三、五、七缸)。

二、开磁路式点火线圈

开磁路式点火线圈的结构如图 3-13 所示,点火线圈的上端装有胶木盖,其中央突出部分为高压接线柱,其他的接线柱为低压接线柱。根据低压接线柱的数目不同,点火线圈有两接线柱式和三接线柱式之分。

为了减少涡流和磁滞损耗,铁芯由硅钢片叠成,包在硬纸板套内,其上绕有二次绕组,它用直径为 0.06～0.10mm 的漆包线,绕 1 100～2 600 匝(如东风 EQ1090 型汽车用 DQ125 点火线圈,用线径为 0.08mm 的漆包线,绕 2 320 匝)。一次绕组在二次绕组的外边，以利于散热。一次绕组用直径为 0.5 ~ 1.0mm 的漆包线，绕 230 ~ 370 匝（DQ125 型点火线圈用直径为 0.75mm 的漆包线，绕 290 匝）。绕组绕好后，在真空中浸以石蜡和松香的混合物，以增强绝缘。绕组和外壳之间，装有导磁用的钢片，用来加强磁通，外壳的底部有瓷杯，以防高压电击穿二次绕组的绝缘向铁芯和外壳放电。为加强绝缘和防止潮气浸入，在外壳内填满沥青或变压器油，前者称为干式点火线圈，后者称为油浸式点火线圈。

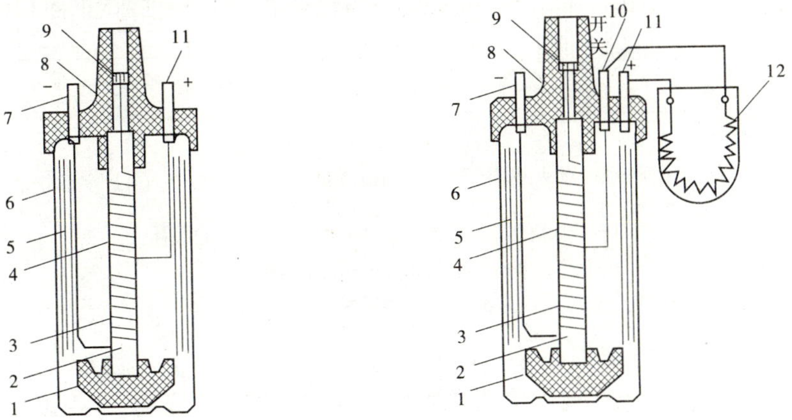

(a)两接线柱式　　　　(b)三接线柱式

1—瓷杯；2—铁芯；3—一次线圈；4—二次线圈；5—钢片；6—外壳；7—“ − ”接线柱；
8—胶木盖；9—高压接线柱；10—开关接线柱；11—“ + ”接线柱；12—附加电阻

图 3-13　开磁路式点火线圈

当一次电流流过一次绕组时，铁芯磁化，其磁路如图 3-14 所示。由于磁路的上、下部分都是从空气中通过的，铁芯未构成闭合磁路，所以称为开磁路式点火线圈。

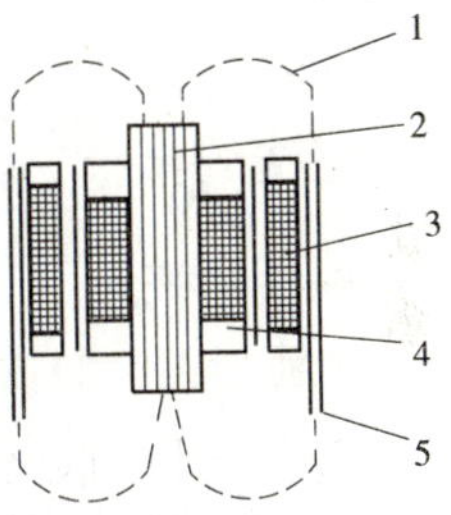

1—磁感线；2—铁芯；3—一次绕组；
4—二次绕组；5—导磁铜片

图 3-14　开磁路式点火线圈的磁路

两接线柱式点火线圈的低压接线柱上分别标有“ + ”、“ − ”的标记。三接线柱点火线圈与两接线柱式的主要区别是外壳上装有一个附加电阻，为固定电阻，又增加了一个低压接线柱。附加电阻就接在标有“开关”和“ + ”的接线柱 10 和 11 上（见图 3-13）。

附加电阻可由低碳钢丝、木铬丝或纯木丝制成，具有受热时电阻迅速增大，而冷却时电阻迅速降低的特性。因此，在发动机工作时，可自动调节一次电流，改善高速时的点火特性。

三、闭磁路式点火线圈

闭磁路式点火线圈的结构如图 3-15 所示，在日字形铁芯内绕有一次绕组，在一次绕组的外面绕有二次线圈。

由图 3-15 可知，磁感线经铁芯构成闭合磁路。闭磁路式点火线圈的优点是漏磁少、

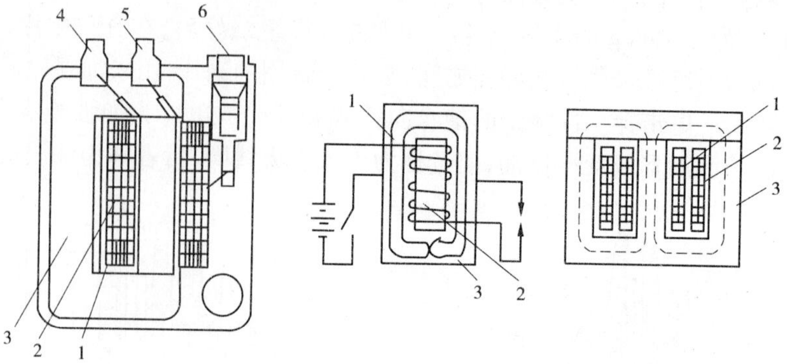

(a)闭磁路式点火线圈　　(b)口字形铁芯　　(c)日字形铁芯

1—一次绕组;2—二次绕组;3—铁芯;4—“+”接线柱;
5—“-”接线柱;6—高压线插孔

图 3-15　闭磁路式点火线圈

磁路的磁阻小,因而能量损失小,能量变换率可高达 75%(开磁路式点火线圈只有 60%)。并且闭磁路式点火线圈采用热固性树脂作为绝缘填充物,外壳以热熔性塑料成型,其绝缘性、密封性均优于开磁路式点火线圈。

闭磁路式点火线圈体积小,可直接装在分电器盖上,不仅结构紧凑,而且省去了点火线圈与分电器之间的高压导线,并可使二次电容减少,所以在电子点火系统中广泛使用。

第五节　电磁铁

一、电磁铁的概念、结构

(一)电磁铁的概念

电磁铁是利用通电的铁芯线圈吸引衔铁或保持某种机械零件、工件于固定位置的一种电器。衔铁的动作可使其他机械装置发生联动。当电源断开时,电磁铁的磁性随之消失,衔铁或其他零件即被释放。

(二)电磁铁的组成与结构

电磁铁可分为线圈、铁芯及衔铁三部分。它的结构形式通常有如图 3-16 所示的几种。

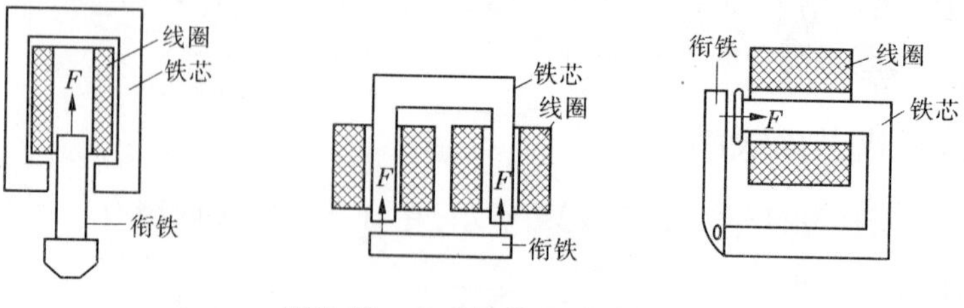

图 3-16　电磁铁的几种结构

电磁铁在生产中的应用极为普遍，如图 3-17 所示的例子是用它来制动机床和起重机。当接通电源时，电磁铁动作而拉开弹簧，把抱闸提起，于是电动机便可自由转动。当电源断开时，电磁铁的衔铁落下，弹簧便把抱闸压在制动轮上，于是电动机就被制动。在起重机中采用这种制动方法，还可避免由于工作过程中的断电而使重物滑下造成事故。

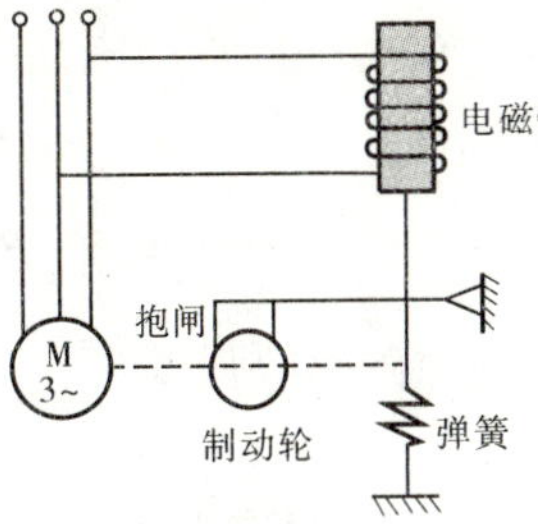

图 3-17　电磁铁应用一例

在机床中也常用电磁铁操纵气动或液压传动机构的阀门和控制变速机构。电磁吸盘和电磁离合器都是电磁铁应用的具体例子。此外还可应用电磁铁起重以提放钢材。在各种电磁继电器和接触器中，电磁铁的任务是开闭电路。

二、电磁铁的类型

电磁铁广泛应用在继电器、接触器及自动装置中。电磁铁分为直流和交流两种。

（一）直流电磁铁

当励磁线圈通以电流时，便产生磁场，铁芯和衔铁都被磁化，衔铁受到电磁力的作用而被吸向铁芯。磁路中的空气隙随衔铁的吸合而减小。

1. 直流电磁铁的吸力

电磁吸力 F 是电磁铁的重要参数之一。吸力大小和两个磁极的磁性强弱有关，而每一个磁极的磁性强弱则和磁极间的磁感应强度成正比。因此，衔铁所受到的电磁吸力 F 与两极间的磁感应强度 B_0 的平方成正比。此外，在 B_0 为一定值的情况下，若磁极的面积 S_0 增大，则吸力也随之增大。经过计算，作用在衔铁上的电磁吸力为

$$F = \frac{10^7}{8\pi}B_0^2 S_0 \tag{3-13}$$

式中　F——吸力，N；

B_0——气隙中的磁感应强度，T；

S_0——衔铁和铁芯吸合处截面面积，m^2。

2. 直流电磁铁的特点

直流电磁铁中既有电路（励磁线圈回路），又有磁路（闭合铁芯磁路）。对于电路，由于是直流励磁，铁芯中的磁通是恒定的，线圈中无感应电动势，所以线圈的电流决定于电源电压和线圈的内阻。当电源电压和线圈内阻一定时，励磁电流就恒定不变，磁动势也就不变。

对于磁路，当衔铁刚吸合时，衔铁和铁芯之间的空气隙最大，此时磁路中磁阻最大，由于磁动势一定，磁通和磁感应强度最小，吸力也最小。当衔铁吸合后，空气隙最小，磁路中磁阻最小，则磁通和磁感应强度最大，吸力也最大。

所以，在直流电磁铁中，当电源电压和线圈电阻一定时，励磁电流恒定不变，与空气隙大小无关（磁路不影响电路），但衔铁吸力随衔铁吸合过程逐渐增大。

【例 3-3】　如图 3-18 所示直流电磁铁，铁芯和衔铁均用铸钢制造成，其上绕有 1 000

匝的线圈，铁芯截面面积相同，$S=2cm^2$。铁芯加衔铁的总长度为30cm，空气隙长度 $l_0=0.1cm$。在图示位置产生60N的吸力，试求产生多大的气隙磁场强度。

解：将 $F=60N, S_0=2S=2\times2\times10^{-4}m^2$ 代入式(3-13)，得。

$$60N=\frac{10^7}{8\pi}B_0^2\times2\times2\times10^{-4}m^2$$

所以，气隙磁感应强度

$$B_0=0.614T$$

气隙磁场强度

$$H_0=\frac{B_0}{\mu_0}=\frac{0.614T}{4\pi\times10^{-7}}A/m=4.89\times10^5A/m$$

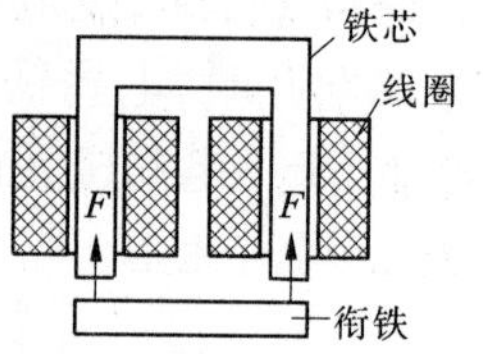

图3-18　例3-3图

(二)交流电磁铁

交流电磁铁也是一种电磁器件，结构形式与直流电磁铁类似，在工业部门应用极为广泛。如冶金工业中用于提放钢材的电磁吊车，夹持工件的电磁工作台，传递动力的电磁离合器，液压传动中的电磁阀，交流接触器等。

1. 交流电磁铁的吸力

交流电磁铁的吸力仍然由式(3-13)计算，但此时是随时间变化的。设正弦交流电磁铁的磁感应强度为 $B_0=B_m\sin\omega t$，则吸力的瞬时值为

$$f=\frac{10^7}{8\pi}B_m^2S_0\sin^2\omega t=\frac{10^7}{8\pi}B_m^2S_0\left(\frac{1-\cos2\omega t}{2}\right)=F_m\left(\frac{1-\cos2\omega t}{2}\right) \tag{3-14}$$

式中，$F_m=\frac{10^7}{8\pi}B_m^2S_0$，为电磁吸力的最大值。

电磁吸力在一周内的平均值为

$$F=\frac{1}{T}\int_0^T f\mathrm{d}t=\frac{1}{2}F_m=\frac{10^7}{16\pi}B_m^2S_0 \tag{3-15}$$

由式(3-14)可知，交流电磁铁吸力的瞬时值随时间变化的情况如图3-19所示，f 在零与最大值 F_m 之间以电源频率的两倍脉动。这种忽大忽小的吸力会引起衔铁的颤动，产生噪声，也会导致机械磨损，降低电磁铁的寿命。为了减轻这种现象，可在铁芯的部分端面嵌入一闭合铜环，称为短路环或分磁环，如图3-19(b)所示。由于磁通的交变，在短路环中产生一个感应电流，并阻碍这部分磁通的变化，使得在铁芯端面两部分磁通之间产生一个相位差，于是两部分磁通产生的吸力就不会同时为零，从而减弱了衔铁的颤动。

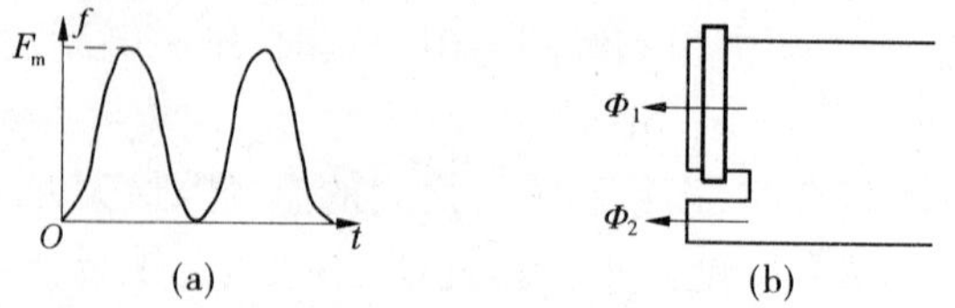

图3-19　交流电磁铁的吸力变化图和分磁环

2. 交流电磁铁的特点

交流电磁铁的衔铁在吸合过程中励磁电流和吸力情况与直流电磁铁有很大的区别。

在吸合过程中，随着气隙的减小，磁阻减小，线圈的电感和感抗增大，因而交流电磁铁的励磁电流有效值逐渐减小。同时由于受到阻抗的限制，磁动势的减小速度小于磁阻的减小速度，于是磁通、磁感应强度随着气隙的减小反而逐渐增大，使得吸力平均值逐渐增大。所以，要特别注意，当线圈通电后，防止衔铁受阻卡住或吸合不紧的情况发生，否则会由于电流过大而烧毁线圈。另外，在交流电磁铁中，为了减少铁损，它的铁芯是由硅钢片叠装而成的。

三、电磁铁在汽车上的应用

利用电磁铁的特点，可制成许多控制部件或执行部件应用到汽车上，其中比较典型的应用就是触点式电压调节器和汽车喇叭。触点式电压调节器利用电磁铁在不同电流下的磁力变化使衔铁触点断开或吸合，控制发电机励磁电路的闭合与断开，达到调节发电机输出的目的。电喇叭利用衔铁触点控制电磁铁电路的通断，使电磁铁不断吸合和断开，产生振荡，发出鸣叫声。下面分别说明。

（一）触点式电压调节器

现以配装在东风 EQ140 汽车上的 FT－61 型双极触点式电压调节器为例进行说明，其结构原理如图 3-20 所示。动触点在两个静触点中间形成一对动断的低速触点 K_1，另一对动合的高速触点 K_2 能调节两极电压，故称为双极触点式。高速静触点与金属底座直接搭铁。对外只有点火（或火线，电枢，A，S，＋）和磁场（或 F）两个接线柱。

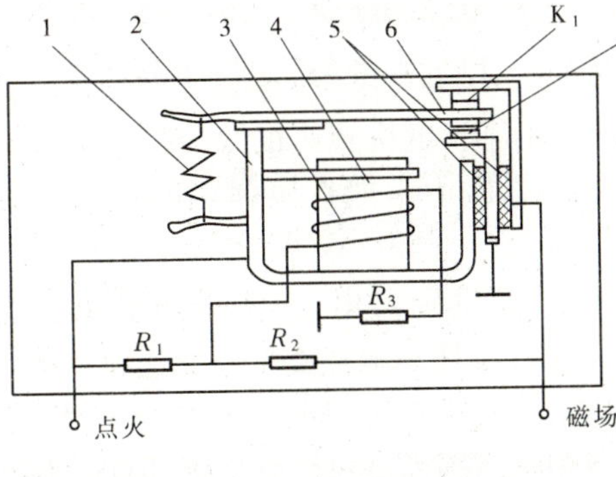

1—弹簧；2—磁轭；3—电磁线圈；4—电磁铁芯；5—绝缘板；6—动臂；

K_1—低速触点；K_2—高速触点；R_1—加速电阻；R_2—调节电阻；R_3—温度补偿电阻（13Ω）

图 3-20　FT－61 型双级触点式电压调节器原理图

低速触点 K_1 和加速电阻 R_1、调节电阻 R_2 并联；高速触点 K_2 与发电机励磁绕组并联；温度补偿电阻 R_3 串入磁化线圈电路中。另外，还有电磁铁芯、磁化线圈、活动触点臂衔铁、拉力弹簧等。

硅整流三相同步交流发电机相电压有效值的变化规律前面已叙述过，硅整流发电机输出电压的高低，取决于转子的转速和磁极磁通。保持电压恒定的调控原理，只能在转速升高时，相应减弱磁通，而减弱磁通只能通过减小励磁电流来实现。

FT－61 型双级触点式电压调节器就是通过控制硅整流发电机励磁电流的大小来控制发电机输出电压的。现将稳压过程简述如下。

FT－61 型双级触点式电压调节器与发电机的接线如图 3-21 所示。

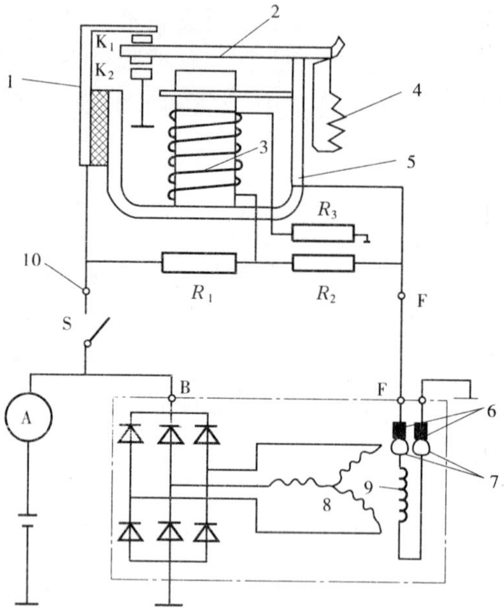

1—低速触点支架；2—活动触点臂；3—电磁线圈；4—拉力弹簧；5—磁轭；6—电刷；7—滑环；8—励磁绕组；9—三相定子绕组；10—点火接线柱；S—点火开关；F—磁场接线柱；R_1—加速电阻；R_2—调节电阻；R_3—温度补偿电阻

图 3-21 FT－61 调节器和发电机接线图

(1)闭合点火开关 S，此时，由于发电机转速很低，调节器点火接线柱对地的电压小于 14V，电流流入电磁线圈产生的电磁力不能克服弹簧的拉力。所以，低速触点 K_1 仍然闭合。

此时，由蓄电池向励磁绕组提供励磁电流，励磁电流回路为：蓄电池正极→电流表 A→点火开关 S→调节器点火接线柱→触点支架→低速触点 K_1→衔铁→磁轭→调节器磁场接线柱 F→发电机 F 接线柱→电刷和滑环→励磁绕组→滑环和电刷→发电机"－"接线柱→搭铁→蓄电池负极。发电机低速运转时，由于磁场电流由蓄电池供给，使转子磁场增强，于是电压很快升高。

(2)发电机转速升高，使发电机电压高于蓄电池电压时，则磁场电流和电磁线圈中的电流均由发电机供给。发电机自身向励磁绕组提供励磁电流，励磁电流由发电机 A 端输出。

(3)随着发电机转速的升高，当发电机电压达到一级工作电压 14V 时，电磁线圈的电磁力增强，克服弹簧拉力，将衔铁吸下，使 K_1 打开，处于中间悬空位置。

此时励磁电流回路为：发电机正极→点火开关→调节器点火接线柱→加速电阻 R_1→调节电阻 R_2→调节器 F 接线柱→发电机 F 接线柱→励磁绕组→搭铁。

由于电路中串入了 R_1、R_2 使磁场电流减小，发电机电压降低。

当发电机电压下降而略低于工作电压 14V 后，通过电磁线圈 3 的电流减小，电磁吸力减弱，K_1 在弹簧作用下重又闭合，R_1、R_2 被短路，使磁场电流增加，发电机电压再度升高。

当发电机电压升至略高于工作电压14V时，K_1 又被打开，处于悬空位置，发电机电压又降低。如此重复，K_1 不断振动，使发电机电压保持在一级调压值14V上工作。

(4)发电机高速运转时，即使 K_1 打开，串入 R_1、R_2，因其数值很小，发电机电压仍会继续升高，此时若电压升高到二级调压值14.5V，因电磁吸力远远大于弹簧弹力，K_2 闭合。磁场绕组的两端均搭铁而短路，于是发电机电压急剧下降。与此同时，电磁线圈吸力减小，衔铁又使活动触点处于悬空位置，K_1、K_2 均打开，磁场电路又串入 R_1、R_2，电压重又升高。如此重复，K_2 不断振动开闭，使发电机电压保持在二级调压值14.5V上稳定工作。

(二)电喇叭

为了警告行人和来往车辆，保证安全行车，汽车上都装有电喇叭。汽车电喇叭按外形不同可分为螺旋形、筒形和盆形等，目前国产汽车使用的多为螺旋形和盆形喇叭。两种电喇叭结构和工作原理基本相同，不同之处是扬声筒形不同。

汽车电喇叭靠电磁原理使膜片振动而发出声音警报信号。电喇叭由电磁铁、可动的衔铁、膜片和常闭的触点等构成，如图3-22(a)所示。触点与电磁线圈串联，其中一个触点依附于衔铁。

当电流流过电磁线圈时，线圈便建立起吸引可动衔铁的磁场，周边被固定的膜片随着衔铁移动，从而触点打开(见图3-22(b))，断开电路，膜片回到它的原来位置，触点再次闭合而重复上述动作。这便引起膜片以每秒数次的频率来回振动。膜片振动，引起喇叭里面的空气柱振动，从而发出声音。

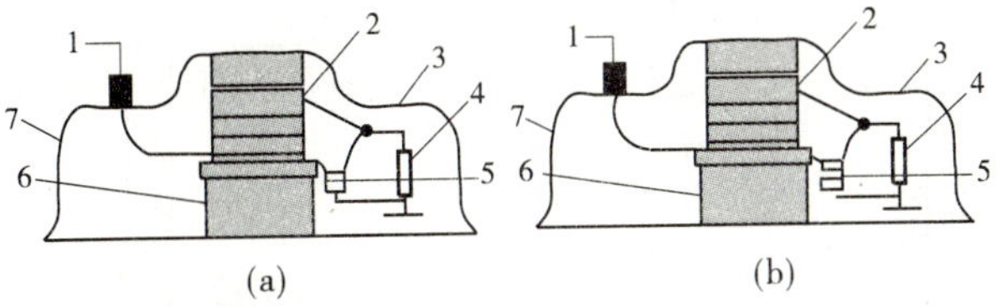

1—蓄电池正极;2—电磁线圈;3—外壳;4—内装电阻;5—触点;6—衔铁;7—膜片

图3-22 电喇叭结构示意图

第六节 继电器

一、概 述

继电器是一种自动和远距离操纵用的电器，广泛地应用于自动控制系统、遥控监测系统、电力保护系统以及通信系统中，起着遥控、检测、保护和调节的作用，是现代电气装置中最基本的器件之一。它根据某种输入信号(如电压、电流、压力、温度等)的变化来接通或断开所控制的电路。在工业控制中使用的中间继电器、热继电器等体积较大，线圈通过的电流或承受的电压较大，触点允许通过的电流较大。在汽车电气系统中所使用的继电器体积较小，触点控制的电流也较小，属于小型继电器。本节主要讨论小型继电器。

二、继电器的类型、结构、符号和主要参数

（一）继电器的类型

继电器的种类很多，常用的有电磁式和干簧式两种。电磁式继电器成本较低，便于控制电路，故经常采用。干簧式继电器反应灵敏，多作为信号采集使用。汽车控制电路大多采用电磁式继电器作为控制执行部件，采用干簧式继电器作为传感器。

（二）继电器的结构

1. 电磁式继电器

电磁式继电器是以电磁系统为主体构成的，图 3-23 为电磁式继电器的结构和符号。当继电器线圈通以电流时，在磁铁、轭铁、衔铁和工作气隙中形成磁回路，从而使衔铁受到电磁铁吸力的作用而吸向铁芯，带动支杆而将板簧推开，使一组或几组动断触点断开（也可以使动合触点接通）。当切断继电器线圈的电流时，电磁力失去，衔铁在板簧的作用下恢复原位，触点又闭合。

2. 干簧式继电器

干簧式继电器与电磁式继电器的主要区别在于，干簧式继电器的触点是一个或几个干簧管，如图 3-24所示为干簧式继电器的结构，它的符号与电磁式继电器一样。当继电器线圈通以电流时，在线圈中心工作气隙中形成磁通回路，从而使干簧管的一对触点吸合。

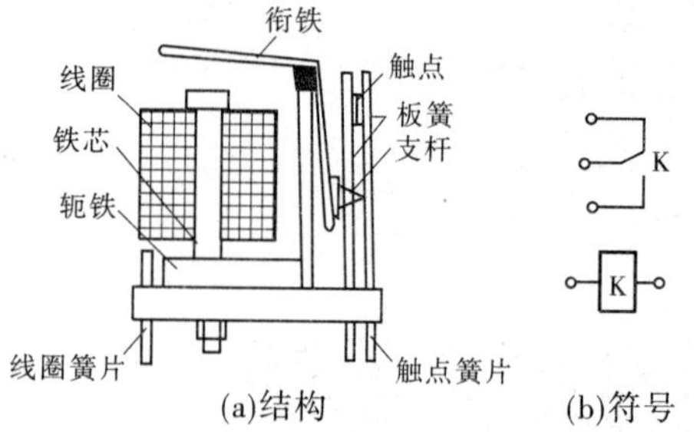

图 3-23　电磁式继电器结构和符号

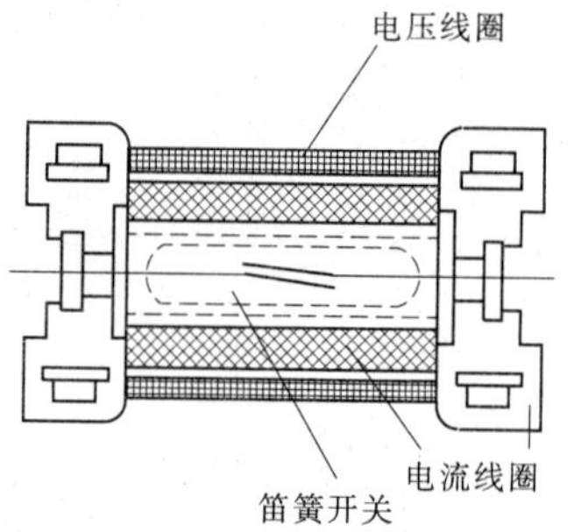

图 3-24　干簧式继电器的结构示意图

除电磁式继电器和干簧式继电器外，随着电子技术的不断发展，电子继电器越来越多地应用到汽车上，电子继电器相当于一个大电流的开关，其结构和原理在半导体器件中讨论。另外，在有些汽车电路中还应用到一些结构和原理比较简单的双金属继电器，这里就不进行讨论了。

（三）继电器的符号

1. 继电器的一般符号

在电路中，表示继电器时只要画出它的线圈和与控制电路有关的触点组就可以了。继电器的线圈用一个长方框符号表示，同时在长方形框内或框旁标上这个继电器的文字符号“K”。表 3-1 中列出了继电器的常用符号和三种触点的符号。

操作规范：一般在电路中，只画出继电器线圈不通电时触点组的原始状态。

继电器的触点有两种表示方法：一种是把它直接画在长方框的一侧，这样比较直观。另一种是按电路连接的需要，把各个触点分别画在各自的控制电路中（汽车电路中就采取这样的画法），这样对分析和理解电路是有利的，但必须同时在属于同一继电器的线圈和触点旁边注上相同的文字符号，并把触点组编号。

表 3-1　继电器的常用符号和三种触点的符号

继电器线圈符号	继电器触点符号	
K_1	K_{1-1}	动合触点(常开触点)
	K_{1-2}	动断触点(常闭触点)
	K_{1-3}	切换触点(转换触点)
K_2	K_{2-1}　K_{2-2}　K_{2-3}	
K_3	K_{3-1}　K_{3-2}	

在用三极管控制继电器的线圈电流通、断时，继电器线圈必须并联一个二极管作为保护二极管，又称续流二极管。由于继电器线圈的电感在断电的瞬间，两端将产生较高的反向电压，这个电压与电源电压叠加，加在三极管上，很可能超过三极管的最大反向击穿电压，使三极管击穿损坏，二极管的作用就是消除这个反向电压的影响，保护电路的正常工作。

2. 汽车用继电器的图形符号与接线柱标记

如图 3-25 所示为汽车常见的继电器图形符号。表 3-2 所列的是汽车用继电器的接线柱标记。

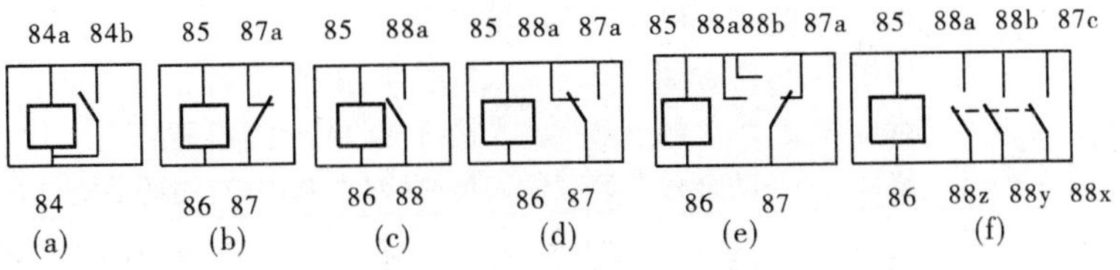

(a)绕组与触点共用一个接线柱；(b)一个动断触点；(c)一个动合触点；
(d)一组转换触点；(e)两组转换触点；(f)三个动合触点

图 3-25　汽车用继电器图形符号

(四)继电器的主要电气参数

(1)线圈电源和功率，是指继电器使用的是直流电还是交流电，以及线圈消耗的额定电功率。如 JZC－21F 型继电器，它的线圈电源为直流，线圈消耗的额定功率为 0.36W。

(2)线圈电压，是指继电器正常工作时线圈的电压值。一种型号的继电器的构造大体是相同的，为了使一种型号的继电器能适应不同的电路，它有多种额定工作电压或额定工作电流以供选择，并用规格号加以区别。如型号为“JZC – 21F/006 – 1Z”的继电器，其中“006”即为规格号，表示额定工作电压为6V。如“JZC –21F/048 – 1Z” 的继电器，其中“048”是规格号，表示额定工作电压为48V。

(3)线圈电阻，是指线圈的电阻值。有时，手册中只给出继电器额定工作电压和线圈电阻，这时可根据欧姆定律求出额定工作电流。例如“JZX – 21F/006 – 1Z”继电器的电阻为100Ω，则额定工作电流 $I = U/R = 6V/100\Omega = 60mA$。同样，根据线圈电阻和额定工作电流也可以求出线圈的额定工作电压。

表 3-2 继电器的接线柱标记

电器	接线柱标记		接线柱标记的含义	接线图上应用实例
	基本标记	下标		
继电器	84		继电器上，绕组始端和触点共同输入接线柱	图 3-25 (a)
		a	继电器上，绕组末端输出接线柱	
		b	继电器上，触点输出接线柱	
	85		继电器上，绕组末端输出接线柱	
	86		继电器上，绕组始端输入接线柱	
	87		继电器上，动断触点和转换触点输入接线柱	图 3-25 (b) ~ (f)
		a	继电器上，动断触点第一输出接线柱(转换触点在动断触点一侧)	
		b	继电器上，动断触点第二输出接线柱(转换触点在动断触点一侧)	
		c	继电器上，动断触点第三输出接线柱(转换触点在动断触点一侧)	
		z	继电器上，动断触点和转换触点第一输入接线柱(单独电流回路)	
		y	继电器上，动断触点和转换触点第二输入接线柱(单独电流回路)	
		x	继电器上，动断触点和转换触点第三输入接线柱(单独电流回路)	
	88		继电器上，动合触点输入接线柱	图 3-25 (c) ~ (f)
		a	继电器上，动合触点第一输出接线柱	
		b	继电器上，动合触点第二输出接线柱	
		c	继电器上，动合触点第三输出接线柱	
		z	继电器上，动合触点第一输入接线柱(单独电流回路)	
		y	继电器上，动合触点第二输入接线柱(单独电流回路)	
		x	继电器上，动合触点第三输入接线柱(单独电流回路)	

(4)寿命(触点负荷)，是指触点的负荷能力，有时也称为触点的容量。继电器的触点在切换时能承受一定的电压和电流，例如“JRX – 13F”型继电器的寿命(触点负荷)是1A × 28V(DC)，它表示这种继电器的触点在工作时的电压和电流不超过该值时，可正常工作 1×10^6 次，否则会影响甚至损坏触点。一般同一型号继电器的寿命(触点负荷)值都是相同的。

其他参数，如继电器触点的吸合、释放时间，继电器的使用环境、安装形式、绝缘强度、触点寿命等，在正规设计时需要考虑，而一般使用时不必考虑它。

选用继电器时，一般应注意以下几点：

(1)继电器的额定工作电压应小于控制电路(继电器线圈所在电路)的工作电压。当继电器是用三极管或集成电路来驱动时，还应计算一下继电器额定工作电流是否在三极管或集成电路的输出电流范围之内，必要时应增添一只中间继电器。

(2)触点负荷的选择。加在触点上的电压和电流值不应超过该继电器的触点负荷。

(3)触点的数量和种类，同一型号的继电器一般有多种触点的形式可供选用，使用时应先充分利用各组触点。

(4)继电器的体积应合乎电路的要求。

(5)查阅有关手册，找出合乎要求的继电器。在电参数和体积都满足的情况下，应选用性能价格比高的产品。

三、汽车继电器的典型应用

汽车上许多电气部件需要开关进行控制。由于汽车电气系统电压较低，具有一定功率的电气部件的工作电流较大，大的电流如果直接用开关或按键进行通断控制，开关或按键的触点将因无法承受大电流的通过而烧毁。继电器是一种用小电流控制大电流的器件，所以在汽车上经常利用开关控制继电器的吸合与断开，利用继电器的触点控制电气部分的通断。在汽车上常用的继电器有启动继电器、喇叭继电器、闪光(转向)继电器、刮水继电器等。下面将对启动继电器和喇叭继电器作简单的介绍。

(一)启动继电器

在采用电磁啮合式启动机的启动电路中，启动开关常与点火开关制成一体，由于通过启动机电磁开关(吸引线圈和保持线圈)的电流很大(大功率启动机可达 30 ~ 40A)，而使点火开关早期损坏。为此，在有些汽车上，点火开关和启动机电磁开关之间装有启动继电器，如图 3-26 所示。

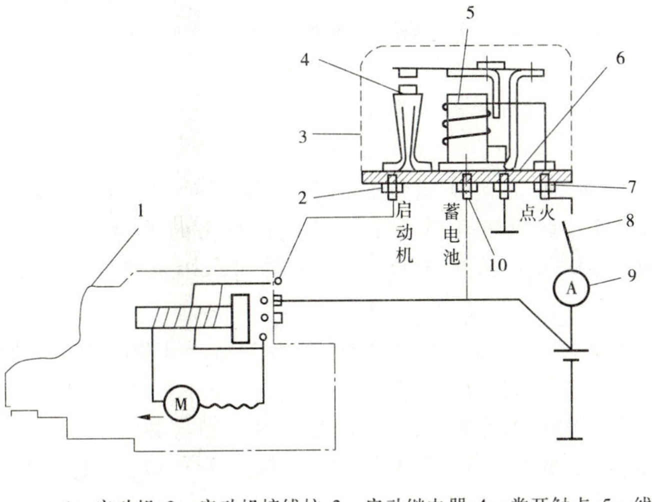

1—启动机；2—启动机接线柱；3—启动继电器；4—常开触点；5—线圈；
6—搭铁接线柱；7—点火开关接线柱；8—点火开关；9—电流表；10—蓄电池接线柱

图 3-26　电磁啮合式启动机的控制电路

当点火开关转到启动位置时，启动继电器线圈中有电流通过，铁芯磁化，常开触点闭合，接通了从蓄电池到启动机电磁开关的电路，吸引线圈和保持线圈通电。其电路为：蓄电池正极 →蓄电池接线柱→衔铁→常开触点→启动机接线柱→启动机电磁开关接线柱，启动机开始工作，使发动机启动。

发动机启动后，切断启动开关（点火开关的启动挡），启动机才停止工作。由于通过启动继电器线圈的电流较小，从而保护了启动开关。

提示：这种启动继电器应用在东风 CA141 载货汽车、北京 BJ212 吉普车的启动电路中。

（二）喇叭继电器

如图 3-27 所示为继电器在喇叭电路中的应用。蓄电池电压加至继电器线圈的一端，另一端接喇叭按钮。喇叭按钮是常开式开关，其一端搭铁。因此，只要按下喇叭按钮便接通电路。电路接通，继电器线圈得电，线圈建立磁场，磁场将触点吸合，蓄电池电压便加至喇叭（喇叭的另一端是搭铁的）。控制电路只需 0.25A 电流流过，而喇叭发声需要 20～30A 以上的电流，对于此种用法，喇叭继电器变成了促使喇叭发声的大电流的控制器，而控制电路只需通过很小的电流，可以用很细的导线。

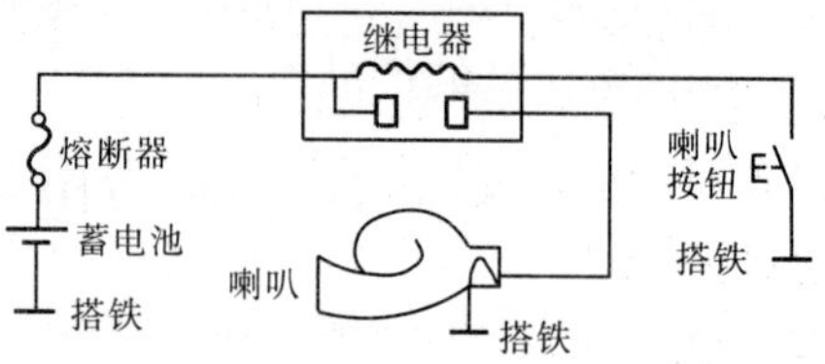

图 3-27　喇叭继电器的应用示意图

注意：当汽车喇叭继电器损坏后，不能直接将喇叭按钮直接接在喇叭电路中，那样将烧毁喇叭按钮。

习　题

3-1　由铸铁制成的闭合铁芯线圈，其铁芯的横截面面积为 15cm^2，平均长度为 100cm，要在铁芯中产生 $\Phi = 1.5 \times 10^{-3}\text{Wb}$ 的磁通，问需多大的磁动势？若线圈的匝数为 200，励磁电流应为多少？

3-2　直流电磁铁的两个磁极的面积 $S_1 = S_2 = 1\text{cm}^2$，磁通为 $\Phi_m = 1 \times 10^{-4}\text{Wb}$，求吸合后的磁吸力。

3-3　有一交流电磁铁，铁芯两个磁极的面积均为 1cm^2，励磁线圈的额定电压 U = 220V，匝数 $N = 1 \times 10^4$，所接电源频率 $f = 50\text{Hz}$，求电磁吸力的平均值。

3-4　有台电压为 110V/36V 的变压器，有人想得到二次电压 72V，把它接到同频率 220V 电源上，结果如何？为什么？

3-5　有一台变压器额定电压为 220V/110V，匝数为 $N_1 = 1\,000$，$N_2 = 500$，有人为了节省铜线，将匝数减少为 400 和 200，可行不？为什么？

3-6　变压器运行中有哪些基本损耗？它们与哪些因素有关？

3-7　单相变压器一次侧电压是 220V，二次侧有两个绕组，其电压分别是 110V 和 44V，如一次绕组匝数为 440，分别求二次侧两个绕组的匝数。设在 110V 的二次电路中接入 110V 100W 的电灯 11 盏，分别求此时的一、二次电流值。

3-8　接触器主要由哪几个部分组成？它们的作用是什么？

3-9　电磁式继电器主要由哪几部分组成？它们的作用是什么？

第四章　电动机

电动机是一种能量转换设备,它能够将电能转换成机械能,带动设备运转。电动机在很多电气设备中是主要器件,广泛地应用在家用电气设备(如电风扇、洗衣机、吸尘器、抽油烟机、剃须刀、电吹风、电唱机、录音机、录像机、电冰箱、空调器、计算机等)、汽车电子设备(除启动发动机的启动机外,其余都是微型电动机,如 ABS(制动防抱死)系统、电控悬挂系统、电控助力方向机、电子油门、雨刮器、挡风玻璃洗涤器、水箱冷却风扇、自动天线、电动车门车窗及座椅等)、工业电气设备(如轧钢机、车床等)中。

第一节　电动机的种类

磁场中的导线获得电流有两种方法:第一种方法是将导线与电池或其他电源组成一个回路,由该电源直接向磁场中的导线供给电流,如图 4-1(a)所示;第二种方法是将磁场中的导线 *A* 自成闭合回路产生感应电流,如图 4-1(b)所示。根据磁场中导线产生电流的两种方法,电动机可以相应地归纳为两种基本形式。

第一种是按图 4-1(a)的原理制作的电动机,它的转子线圈与电源相连。这种电动机必须具备碳刷与换向器,以便将电流导入旋转的转子线圈中,所以这种电动机叫作换向器式电动机。直流电动机和交、直流两用的通用电动机均采用这种形式。

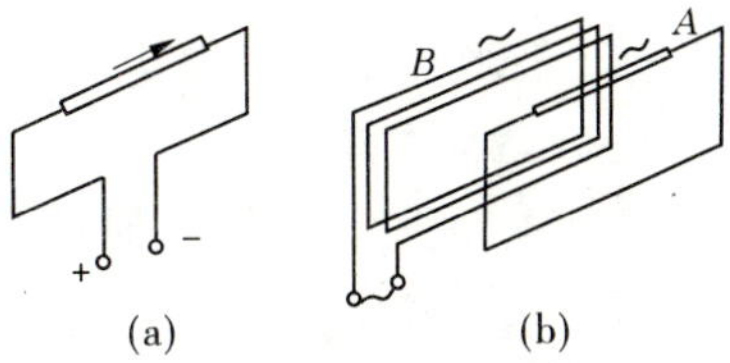

图 4-1　磁场中导线产生电流

第二种是按图 4-1(b)的原理制作的电动机,它的转子不与电源直接连接,转子中的电流靠电磁感应产生,所以这种电动机叫感应电动机,又称为异步电动机。家用电器中所用的电动机大部分是单相交流异步电动机。

电动机的具体分类如图 4-2 所示。

- 电动机
  - 换向器式电动机
    - 直流电动机
      - 永磁式
      - 激磁式
        - 串激式
        - 并激式
        - 复激式
    - 交、直流通用电动机(单相串激式)
  - 感应式交流电动机
    - 罩极式
    - 分相式
    - 电容式
      - 电容启动式
      - 电容运转式
      - 电容启动电容运转式

图 4-2　电动机的分类

一、直流电动机

直流电动机有永磁式和激磁式两种。

（一）永磁式电动机

这种电动机用永久磁铁作定子。它和交流电动机相比，有结构复杂、制造成本高、运行维护工作量大等缺点。但是，由于它具有良好的启动性能、体积小巧、效率高、便于携带和可用干电池供电等优点，广泛用于电唱机、录音机、电动剃须刀、微型吸尘器、按摩器、电子玩具等低压小功率家用电器中。它的转速随电源电压和负载力矩的变化而改变，因此转速稳定时需用调速器控制速度。

（二）激磁式电动机

激磁式电动机用电磁铁作定子。根据激磁方式的不同，它又分为串激式、并激式和复激式三种。

二、交流电动机

交流电动机一般采用铸铝鼠笼式转子。单相电动机因不能产生旋转磁场，所以没有启动转矩，不能自行启动，必须采取辅助措施来启动。根据启动方式不同，单相电动机又可分为罩极式、分相式、电容启动式、电容运转式和电容启动电容运转式几种。

单相异步电动机只需要单相电源供电，使用方便，结构简单，体积较小，维修方便，价格低廉，但其转速受负载和电源频率的影响较大。50Hz 电源频率下，两极异步电动机的转速低于3 000r/min，四极电动机最高转速低于 1 500r/min。

（一）罩极式电动机

这种电动机结构简单，制造容易，成本低廉，坚固可靠，噪声小，对无线电设备没有干扰。但是它不容易实现速度变换和旋转方向的改变。另外，由于它启动转矩很小，故不能迅速启动和满载启动，效率和功率因数也很低，功率一般为几瓦至几百瓦。这种电动机以前较普遍地应用在电风扇、电吹风、鼓风机及电唱机等家用电器中，但现在一般很少应用。

（二）分相式电动机

它具有结构比较简单、成本低廉、转速稳定等优点。但是启动电流大，过载能力差，功率因数和效率较低，功率一般为几十瓦至几百瓦。这种电动机较普遍地应用在电冰箱、空调器等家用电器中。

（三）电容启动式电动机

它的结构和分相式电动机基本相同，但启动电流比分相式电动机要小得多，启动转矩也比较大。缺点是空载电流较大，功率因数和效率较低。这种启动方式多用在小功率电动机上。

（四）电容运转式电动机

它的效率和过载能力都比前三种单相异步电动机高，运转噪声也较小。又由于电容器参加运行，这种电动机的功率因数较高，而且省掉了启动装置，因而结构比电容启动式简单，成本低廉，可靠性也高。在材料同样多的情况下，这种电动机可以获得较大的功率。但是与电容启动式电动机比较，它的启动转矩较小。

（五）电容启动电容运转式电动机

这种电动机兼备电容启动式和电容运转式两种电动机的优点，既有较大的启动转矩，又具有良好的运行特性。缺点是结构较为复杂，维修不方便。

（六）同步电动机

上述几种电动机的转速总是要受电源电压、负载以及其他运行条件的影响，不能稳定工作，而交流同步电动机的转速则完全决定于电源频率，基本上不受电源电压、负载、温度等变化的影响。同步电动机中最常用的是磁滞式同步电动机，多用于电子钟和高级录音机、电唱机等需要恒速的电器中。

三、交、直流通用电动机

交、直流通用电动机又称单相串激电动机，它既可以用交流供电，又可以用直流供电。它的结构和直流串激电动机相似。这种电动机转速可以调整，一般功率较小，但它可以产生高达 20 000r/min 的转速和很大的启动转矩（额定转矩的 3～4 倍）。所以，它与功率相同的单相异步电动机相比，体积小，效率高。这种电动机和激磁直流电动机的缺点一样，在使用中，换向器和碳刷不可避免地受到磨损，寿命较短。这种电动机常用于需要启动力矩大、转速高而且每次使用时间较短的家用电器中，例如吸尘器、食品搅拌器和电动缝纫机等。

第二节　直流电动机

一、基本原理

由图 4-3（a）可见，靠近 N 极的导线 *ab* 中的电流从 *a* 流向 *b*，靠近 S 极的导线 *cd* 中的电流是从 *c* 流向 *d*。根据左手定则判断，*ab* 边受力的方向是向上，而 *cd* 边则是向下。由于磁场是均匀的，导体中流过的又是相同的电流，因而 *ab* 和 *cd* 边所受电磁力的大小相等且方向相反。这样，两根导线就会在电磁力的作用下按顺时针方向转动起来。

当两根导线所构成的平面达到与磁力线垂直的位置时（这一位置叫作中性位置或中性面），如图 4-3（b）所示，上下两根导线所受的力是一对垂直于磁力线方向的反向力（向外），它的转矩是零。在这种情况下，两根导线有可能靠惯性冲过这个垂直位置。但是冲过去以后，两根导线的位置发生了变化，*ab* 在下，*cd* 在上，而导线中电流方向并未改变。由左手定则可知，这时两根导线所受的磁场力将迫使导线逆转，最终迫使两根导线停止在中性面上而不能继续旋转。如何使导线靠惯性冲过中性面的瞬间立刻改变导线中的电流方向，亦即改变电源的极性？改变电流方向的设备叫作换向机构，它由换向片（也叫整流子）和电刷组成，如图 4-4 所示。

装上换向器以后，两根导线组成的一匝线圈转过半周之后，虽然 *ab* 与 *cd* 的位置调换了，但是，由于换向器的作用，转到 N 极边的 *cd* 导线中的电流方向也变了，从 *d* 流向 *c*，在 S 极侧的 *ab* 边中的电流则是从 *b* 流向 *a*。因此，*cd* 导线的运动方向变为向上，而 *ab* 导线则向下，故线圈受力仍然按顺时针方向转动。这就是直流电动机的基本工作原理。

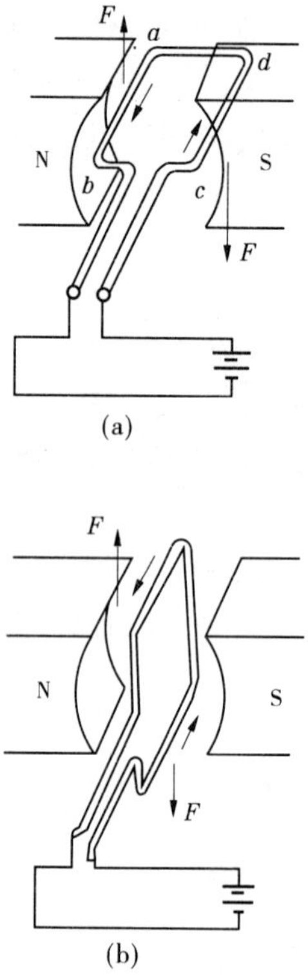

图 4-3 直流电动机基本原理

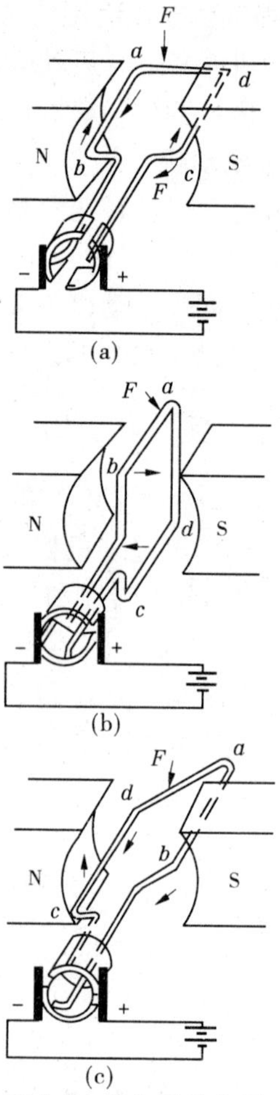

图 4-4 换向器的作用

当然实际应用的直流电动机绝非如此简单。为了取得足够的转动力矩，转动部分（转子）也绝不只是 *abcd* 一个线圈，而是由许多线圈串联且在线圈中嵌入铁芯。

二、直流永磁电动机

（一）结构

直流永磁电动机由定子、电刷、转子、换向片和外壳等组成，如图 4-5 所示。

（1）定子：永磁电动机的定子是一个环形的永久磁铁。

（2）电刷：电刷常用石墨和磷铜制成，有两片，平行地安装在换向片两侧，依靠电刷的弹性和换向片保持良好的接触。直流电源通过电刷和换向片把直流电流送入转子线圈。

电刷可以采用导电金属簧片，也可以在弹性支架上装置石墨块。金属簧片和弹性支架一般用厚 0.1 ~ 0.15mm 的弹性良好的磷铜片制作，石墨电刷要求电阻小而且柔软。

（3）转子：转子铁芯一般由三翼式的硅钢片叠成后固定在转轴上。为了提高电动机的效率，转子铁片由厚度为 0.5mm 的高质量硅钢片冲成。为了抗磨损，转轴用不锈钢制成，需要具有很高的表面光洁度和硬度。转子铁芯的每个翼上都以线径为 0.16 ~

0.20mm 的高强度漆包线绕制一个线圈。线圈每伏需 25 ~ 30 匝。

(4)换向片:它由三个互不相通的弧形金属片(一般用紫铜)镶嵌在塑料或玻璃纤维套筒上制成。每个金属片和对应一翼的线圈相连。三个线圈的另外一端连接在一起,如图 4-6 所示。

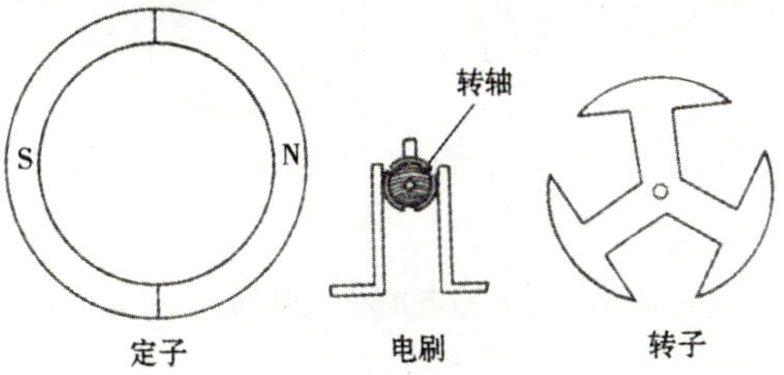

图 4-5　直流永磁电动机结构与组件

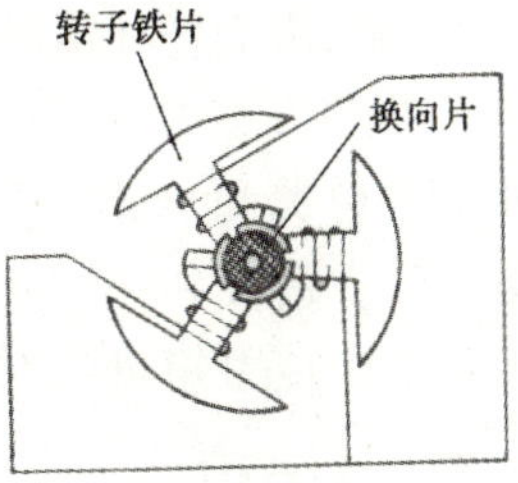

图 4-6　永磁电动机电枢绕组连接

直流电动机零件如图 4-7 所示。

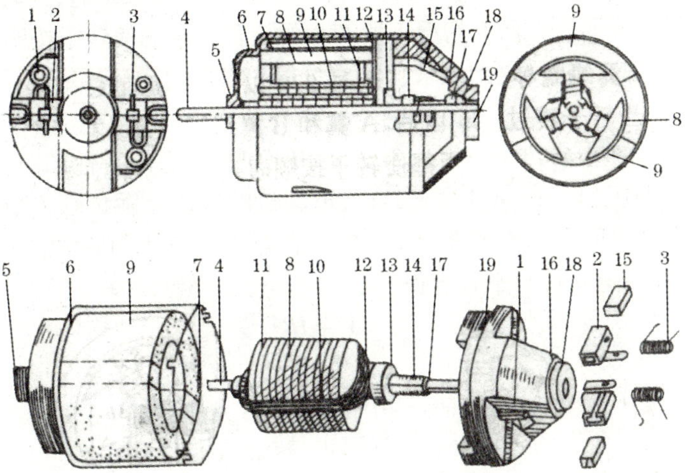

1—弹簧柱;2—电刷架;3—弹簧;4—轴;5—机壳轴衬;6—机壳;7—撑簧;8—转子铁芯;9—磁钢;10—漆包线;11—转子绝缘片;12—套管;13—定位圈;14—换向器;15—碳刷;16—端盖轴衬压簧片;17—垫片;18—端盖球形轴衬;19—端盖

图 4-7　直流电动机零件

(二)工作原理

1. 运转过程

假设转子的起始位置如图 4-8(a)所示,直流电流从正电刷通过换向器的弧形金属片 a→A 翼线圈→三个线圈的公共连接点→B 翼线圈→换向器的弧形金属片 b→负电刷。根据右手定则,判定转子在这一位置时,A 翼和 B 翼线圈所产生的磁极和定子磁钢的磁极相互作用,产生旋转力矩,促使转子按顺时针方向旋转。

如果转子正好转过 30°,处在图 4-8(b)所示位置,正电刷同时和弧形金属片 a 及 c 接触,那么三个线圈同时有电流流过,A 翼和 C 翼产生 N 极,B 翼产生 S 极。C 翼和 B 翼与定子磁钢磁极相互作用所产生的旋转力矩继续使转子按顺时针方向旋转;而 A 翼产生 N 极和定子磁钢 S 极相互吸引,由于此吸力通过转子中心,因此不产生旋转力矩,不影响电动机的正常运转。实际上,这仅仅是正电刷与弧形金属片 a 接触过渡到与弧形金属片 c 接触的一瞬间所处的状态。

当转子再旋转过 30°以后,由于此时正电刷开始脱开弧形金属片 a 而和另一个弧形金属片 c 接触,因而使 A 翼线圈断开,直流电流通过 C 翼和 B 翼构成回路。同样可用右手定则判定 C 翼和 B 翼线圈分别产生 N 极和 S 极。转子磁极和定子磁钢磁极相互作用所产生的旋转力矩继续使转子按顺时针方向旋转。

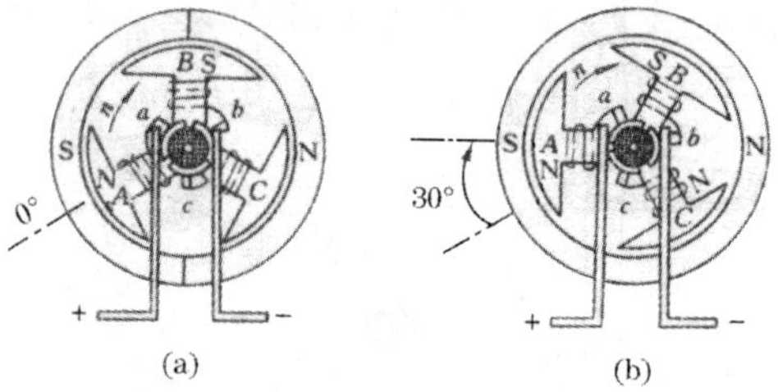

图 4-8 永磁电动机运转过程

可以利用与上面相同的方法来分析转子在不同位置时的情况:当转子转过 90°以后,A 翼和 C 翼线圈导通;当转子转过 150°以后,A 翼和 B 翼线圈导通;当转子转过 210°以后,B 翼和 C 翼线圈导通;当转子转过 270°以后,A 翼和 C 翼线圈导通;当转子转过 330°以后,A 翼和 B 翼线圈导通。在所有情况下所产生的旋转力矩都使转子按顺时针方向旋转。当转子再旋转下去时,就将恢复到原来(0°)的位置。以后的循环可依此类推。

2. 特性

直流电动机的转速 n 和电流 I 随负载力矩 M 而改变,它的特性如图 4-9 所示。由图可见,在某一固定电压(V_1、V_2 或 V_3)下,直流电动机的转速 n 随负载力矩 M 的增大而成比例地减小,而电动机的电流 I 却随负载力矩 M 的增大而成比例地增加。

直流电动机的转速 n 可由下式求得

$$n = \frac{V - IR}{K_E \varphi} \tag{4-1}$$

式中:V 为直流电压;I 为电动机转子电流;R 为电动机转子电阻;φ 为定子产生的磁通;K_E 为常数,与转子线圈结构有关。

当电动机所带的机械负载 M 加重时,电流 I 增大,公式中的分子项减小而转速 n 随之减小。一些电气设备不允许电动机转速 n 随机械负载 M 的改变而引起过大的变化,因此必须采取稳速措施。

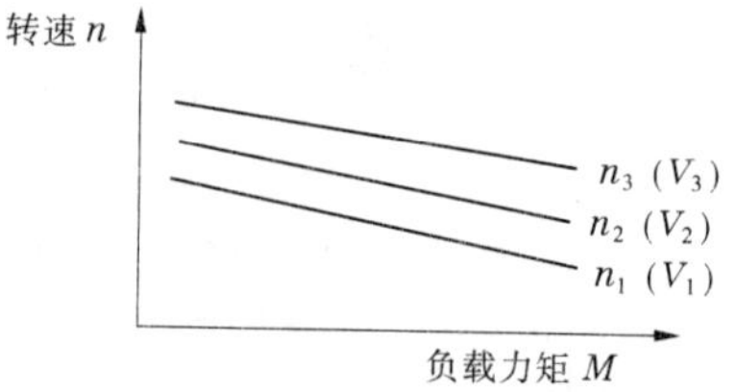

图 4-9 永磁电动机的 M—n 特性曲线

三、直流激磁电动机

(一)结构

激磁电动机和永磁电动机的主要区别在于前者用电磁铁代替永久磁铁,亦即用带载流线圈的定子形成使转子转动的磁场。激磁电动机由定子、转子、换向器、电刷以及其他零件组成,其结构和永磁式电动机基本相似。图 4-10 为直流激磁电动机结构示意图。

1. 定子

定子是直流电动机产生磁场的部分,它包括机座、磁极、励磁绕组、端盖和电刷装置等部件。

机座：直流电动机的机座，不仅是电动机的外壳，还是保护与支撑结构，同时也是电动机磁路的一部分（即磁轭部分）。它用铸钢、钢板焊成或冲制，具有良好的导磁性及机械强度。

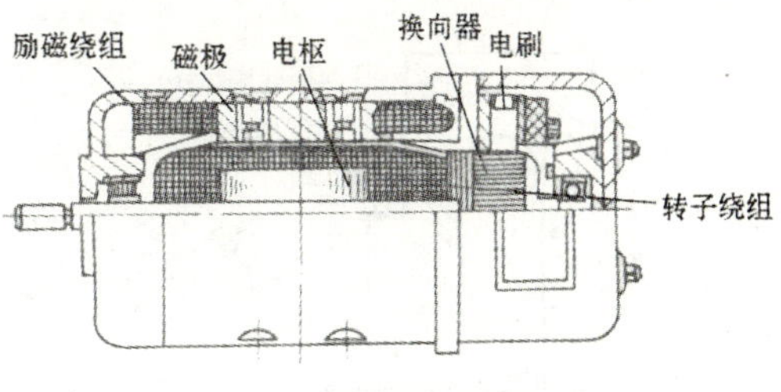

图 4-10　直流激磁电动机结构

磁极：磁极包括极身和极靴（又称极掌）。极靴较极身宽，可使磁通分布较为均匀。为了减小极靴表面由于磁通脉动引起的损耗，磁极铁芯通常用厚0.5～1mm的普通薄钢板（或0.5mm硅钢片）叠成。

激磁绕组：此绕组绕制在极身的线框架上，经绝缘处理后，再套在磁极铁芯上。激磁绕组通过直流电后，在两极靴间产生主磁通。

电刷：换向器通过电刷与外电路相连。电刷装在刷握内，刷握固定在绝缘的刷架上，所有的刷架又安装在刷架座上。

端盖：分前端盖和后端盖两部分，端盖通常作为转子的支承、安装轴承之用。

2. 转子

转子是直流电动机机械能的输出部分，它包括电枢铁芯、绕组、换向器等部件。

电枢铁芯和绕组：电枢铁芯是一个具有均匀分布齿槽的圆柱体。为了减小磁滞和涡流损耗，电枢铁芯一般由相互绝缘的0.5mm厚硅钢片叠成。电枢铁芯槽内嵌入绕组，各个绕组的两端与相应的换向片连接。

3. 换向器

换向器由几片相互绝缘的金属弧形片胶贴在一个绝缘的圆柱体上制成。它是连接换向片和电枢绕组的中间纽带。换向器表面与电刷相接触，电枢绕组通过换向片、电刷与电源接通。

（二）种类与特点

激磁电动机由于定子绕组和转子绕组之间接法不同，可以分为并激、串激和复激三种。

1. 并激式直流电动机

并激式直流电动机的激磁线圈和转子绕组相并联而接至电源。因此，通过激磁线圈的电流是稳定的。也就是说，定子形成的磁场是稳定的。这样，在负载变化时，并激式电动机转速变化较小。并激式直流电动机原理如图4-11所示。由于具有这种特性，它适用于要求带负载后转速变化不大的电气设备。这种电动机启动电流比较大，所以除容量较小的电动机外，不能直接启动。

2. 串激式直流电动机

串激式直流电动机的激磁线圈和转子绕组串联并接至电源，如图4-12所示。因此，激磁电流和转子电流相等，其磁通随着负载的变化而变化。当电动机负载大时，转矩M大，就需要大的电流，且是平方关系，即$M \propto I^2$，但由于串接，电流跟不上M的增长，故串激式电动机的转速在负载增加时会明显下降。

这种电动机转速比较高，不宜在空载或负载很轻时运行，但其启动性能好。这是因为

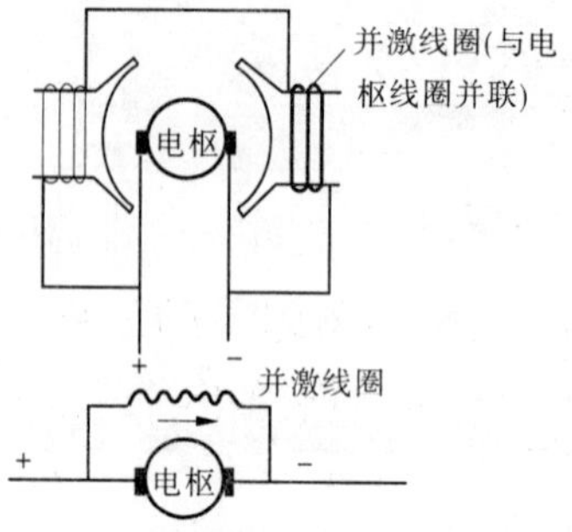

图 4-11　并激式直流电动机原理

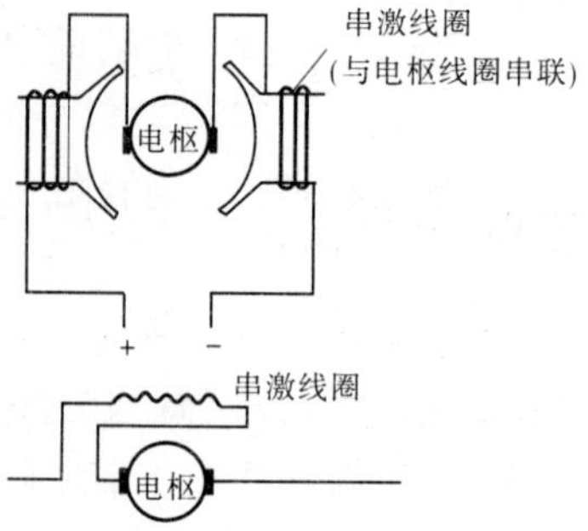

图 4-12　串激式直流电动机原理

在启动时,电枢电流和激磁电流都比较大,所以启动转矩也就大。

3. 复激式直流电动机

复激式直流电动机有两组激磁绕组,一组与电枢串联,另一组与电枢并联,原理如图 4-13 所示。

这种电动机兼有串激式电动机具有的良好启动性能和并激式电动机转速稳定等优点,克服了串激式电动机不能空载或轻载运行,以及并激式电动机启动性能不良的缺点。

(三)特性

串激式电动机的运转特性是,轻载时转速高,随着负载的增加转速急剧下降。它的转速 n 与转矩 M 的关系曲线如图 4-14 中的曲线 a 所示。由图 4-14 可见,空载或负载过小(即 M 小)时,电机转速非常高,甚至可能造成电枢绕组被离心力所毁的危险。因此,串激式电动机绝不允许在小于额定转矩的 20% ~30% 的情况下运行。实际运用时常常采取一些安全措施,例如不用皮带而用齿轮传动,以防皮带脱落或断裂造成危险。

和串激式电动机相反,并激式电动机在负载变动时,转速变化不大(图 4-14 中的曲线 b)。并激式电动机允许过载 2 ~2.5 倍。

由图 4-14 中曲线 c 可以看出,复激式电动机的运转特性介于串、并激二者之间,在空载和轻载时转速不算太高,但转速受转矩影响较大,启动转矩也不小。

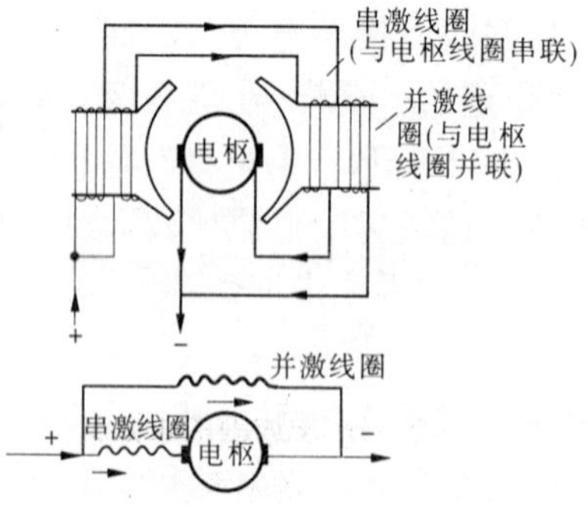

图 4-13　复激式直流电动机原理

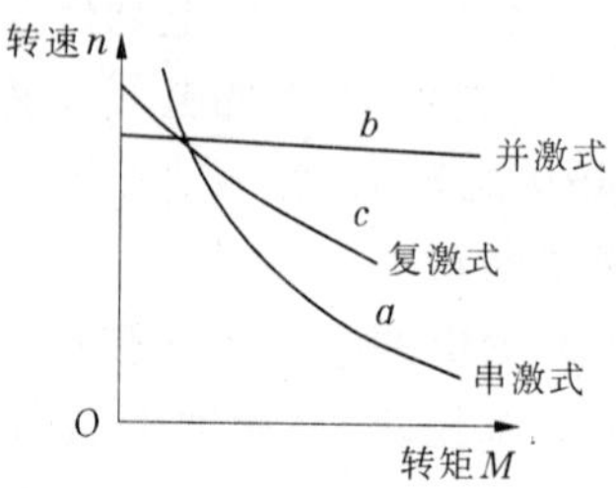

图 4-14　激磁电动机 M—n 特性曲线

第三节　交流电动机

一、原理与种类

如上所述，直流电动机只适用于剃须刀、电子玩具等小功率电器，而功率较大的电器如洗衣机、抽油烟机、电风扇等，不宜用直流电动机。因此，功率较大的电气设备都使用单相交流电动机。

（一）基本原理

交流电动机为什么通电之后就能旋转呢？为了解决这个问题，我们看一个演示实验。把一个可转动的铝框放在一个可以转动的U形磁铁两极之间，如图4-15所示。当摇动手柄使U形磁铁旋转时，就会发现处于U形磁铁中间的铝框也跟着转动起来。这种现象可以用电磁感应定律予以解释。

先假设转子（铝框）静止不动，当永久磁铁顺时针方向转动时，就相当于转子相对于磁场作逆时针转动。根据右手定则可以知道导体在磁场中运动时，所产生的感应电动势在转子上半部是垂直面向外的（用⊙来表示），而在下半部则是垂直进入的（用⊗表示）。因铝框形成闭合电路，所以在铝框中有电流流通。我们再根据左手定则判断，载流导体在磁场中会受到电磁力的作用，在图4-15中，上半部导线受到向右的力，而下半部导线受到向左的力，于是转子就会跟着永久磁铁作顺时针方向旋转。通过上面的实验可以看出，要想使转子旋转，就需要有一个旋转的磁场，在单相电动机的定子线圈中通入单相正弦交流电，就会产生一个变化的磁场，如图4-16所示。

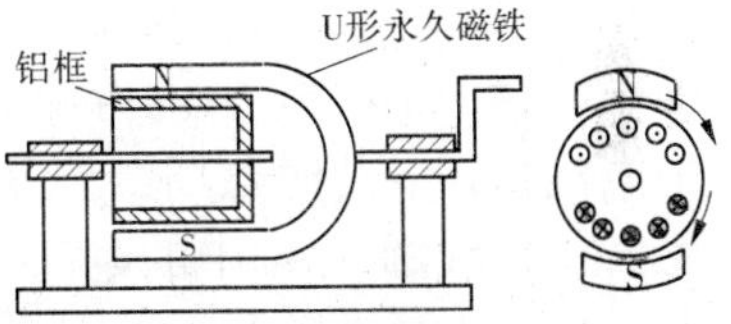

图4-15　交流电动机基本原理

在 t_1 时段，即正弦交流电正半周时间内，电流从 A_1 进 A_2 出，产生磁场的方向如图4-16（b）所示。在 t_2 时段，即负半周时间内，电流从 A_2 进 A_1 出，产生的磁场方向如图4-16（c）所示。无论电流的方向如何改变，磁动势的最大值总是在线圈的轴线上，且由正的最大值变到负的最大值。这种磁场称为脉振磁场，它不是旋转磁场，不会使转子转动。这说明了单相电动机定子如果只有一个绕组就不能产生启动转矩。

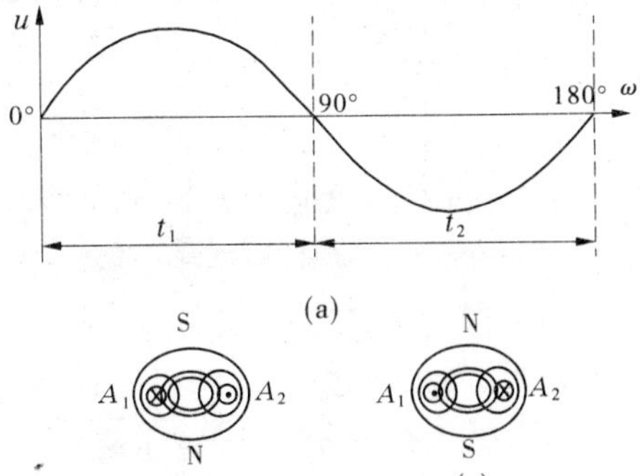

图4-16　输入定子线圈的正弦交流电与其产生的磁场方向

为了产生一个旋转磁场，需在和原绕组 A_1A_2 相垂直的地方再安放另一组绕组 B_1B_2，使两线圈中通入在空间互成90°的单相正弦交流电流 i_1 和 i_2。

在 ωt 为 0°、90°、180°、270°、360° 时刻，线圈 A_1A_2 和 B_1B_2 磁场变化的情况如图 4-17 所示。

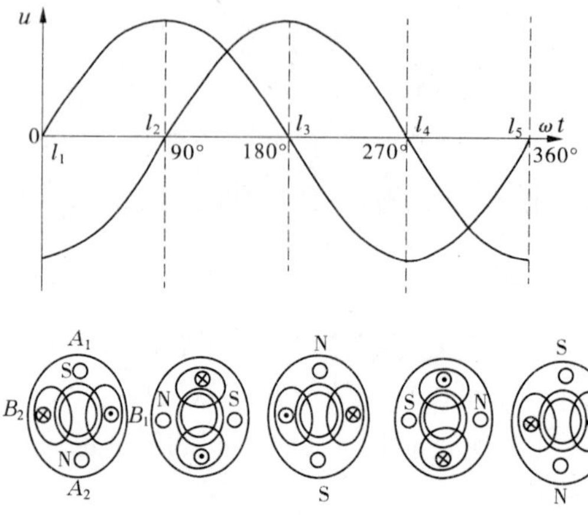

图 4-17　输入两组定子线圈的两个正弦交流电与其产生的旋转磁场

在 0°时，线圈 B_1B_2 中的电流为最大值，其方向是从 B_2 端流入 B_1 端流出；而线圈 A_1A_2 中电流为零。此时磁场由 B_1B_2 线圈产生，方向向下。

在 90°时，线圈 A_1A_2 中的电流为最大值，其方向是从 A_1 端流入 A_2 端流出，线圈 B_1B_2 中电流为零。此时磁场由 A_1A_2 线圈产生，方向向左。

用同样的方法可以判定出 180°、270°、360°时的磁场方向。从图 4-17 可以看出，在 0°～360°一个周期内磁场旋转了一周。

以上各点都是在有一组线圈电流为零时分析的。实际上各点之间的转变不是突然的，在两点之间，磁场是由两个线圈共同作用产生的，其方向变化过程是连续的。由以上分析可见，只要在两个互成 90°电角度的线圈内通入不同相位的单相电流，便能产生旋转磁场，使转子转动做功。这就是单相电动机原理。

电动机定子绕组通入交流电后，具有 P 对磁极的旋转磁场的转速为

$$n_1 = 60\frac{f}{P} \tag{4-2}$$

式中：f 为电源频率；P 为电动机磁极对数；n_1 的单位为 r/min。

如上所述，转子旋转主要是受电磁力的推动，而不是定子的旋转磁场吸引转子旋转。如果转子和旋转磁场同步，也按 n_1 速度转动，那么旋转磁场和转子之间就没有相对运动，转子导体就不可能切割定子旋转磁场，因而转子导体内便没有感应电流，也就没有电磁力矩产生。只有转子转速 n_2 低于定子磁场的转速 n_1 时，转子才能切割磁场受力转动。可见这种电动机的转子不能和旋转磁场同步旋转，所以称作异步电动机。

（二）结构

单相异步电机具有各种型号和规格，但其主要结构特征却相差不大，主要由定子、转子和启动装置三部分组成。

1. 定子

定子铁芯是电动机磁路的一部分。定子由硅钢片叠装而成，压紧之后，成为一个整体

铁芯。定子由铁芯、定子绕组和机座三部分组成。

单相异步电动机的定子结构有两种形式:

容量较大的单相异步电动机的定子铁芯由圆形硅钢片叠压而成,在柱面上开几个槽,内嵌置着两套绕组。两套绕组应错开一定的电角度。

容量较小的单相异步电动机则制成凸极形状的铁芯,磁极的一部分被短路环罩住。凸极上绕有集中式绕组,铁芯呈框式,如图 4-18 所示(图中未画出短路环)。

单相异步电动机的一个显著特点,就是定子铁芯槽内置有运行绕组(又称工作绕组或主绕组)和启动绕组(又称辅助绕组或副绕组)。运行绕组要长时间地接在电源上工作,所以导体单位截面面积上通过的电流应较小,每平方毫米流过 5 ~ 8A 的电流。而启动绕组只在启动过程才接入电源,工作时间短,所以导体单位截面面积上通过的电流可大些,每平方毫米一般为 30 ~ 50A,对电阻分相电动机,每平方毫米可达 80 ~ 90A,最高可达 105A。

2. 转子

转子由转子铁芯、转子绕组和转轴组成。

单相异步电动机转子一般都是鼠笼式的。所谓鼠笼式,就像图 4-19 那样由几根导线围成圆柱形,两端各由一个短路环加以连接。

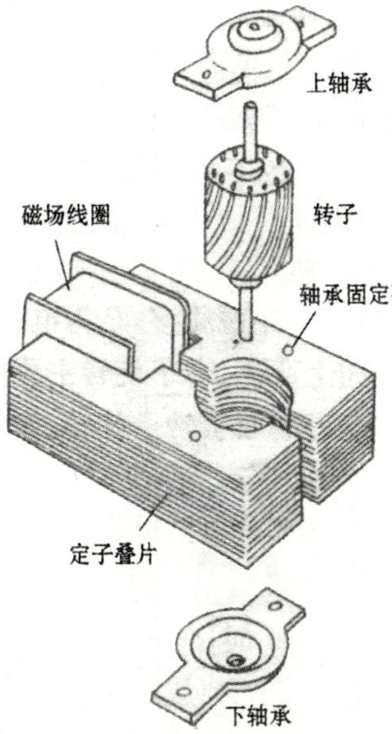

图 4-18　单相交流异步电动机的基本结构

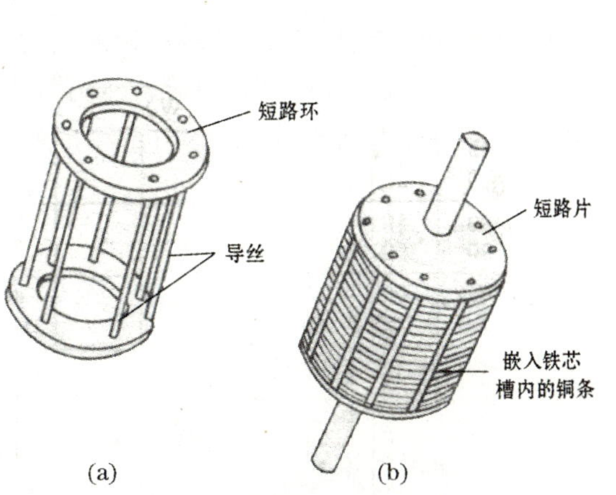

图 4-19　鼠笼式转子

单相异步电动机定子与转子之间的空气隙很小,一般在 0.2 ~ 0.3mm,最小的只有 0.15mm。容量大的取上限值,容量小的取下限值。

3. 启动装置

单相异步电动机因为没有启动力矩,所以不能自行启动,需要采取另外的措施才能使它启动。例如,早期的电唱机通电以后要用人力转动一下才能工作。这就需要有相应的启动装置。启动装置多种多样,因此又使电动机形成了许多种类。

(三)种类与规格

根据启动方式的不同,单相交流异步电动机,可分为罩极式、分相式、电容启动式和电容运转式等几种。

分相式单相电动机系列为 BO 系列(前 JZ 系列),电容启动式单相电动机新系列为 CO 系列(JY 系列),电容运转式单相电动机新系列为 DO 系列(JX 系列)。单相异步电动机与同容量的三相异步电动机比较,各项经济性能指标都较差,因此只能做小容量的电动机。

二、罩极式电动机

罩极式电动机定子的形式有齿槽式(即隐极式)和凸极式两种。

(1)隐极式罩极电动机。定子铁芯结构和三相异步电动机一样。主绕组(也称工作绕组)嵌放在槽内底层,辅助绕组(也称短路线圈)嵌放在槽的上层。辅助绕组的匝数很少,只有 1 ~4 匝,导线较粗并自行短路。辅助绕组和主绕组的轴线在空间上差一个电角度。

(2)凸极式罩极电动机。定子铁芯是由冲成凸极形状的硅钢片叠压而成。在它上面装有集中的主绕组。每个磁极的极掌的一端开有一个小槽,小槽中嵌入短路铜环,罩住磁极的 1/2 ~1/3,这个短路铜环也叫作罩极圈(见图 4-20)。

在图 4-20 所示的凸极式罩极电动机的主绕组中通以单相正弦电流,就会产生主磁通 Φ_1。根据电磁感应定律可知,在罩极线圈中将产生感应电流,这个感应电流也在气隙中产生磁通 Φ_2。磁通 Φ_2 总是企图阻止磁通 Φ_1 的变化。二者相互影响,在磁极上产生方向为从未罩部分向被罩部分连续移动的磁场,从而罩极电动机便获得类似两相绕组所产生的旋转磁场,使转子导体切割旋转磁场而产生感应电势和电流。根据左手定则可知,电动机的转子在电磁力的作用下,由未罩部分朝着被罩部分的方向自行启动直到正常运行。

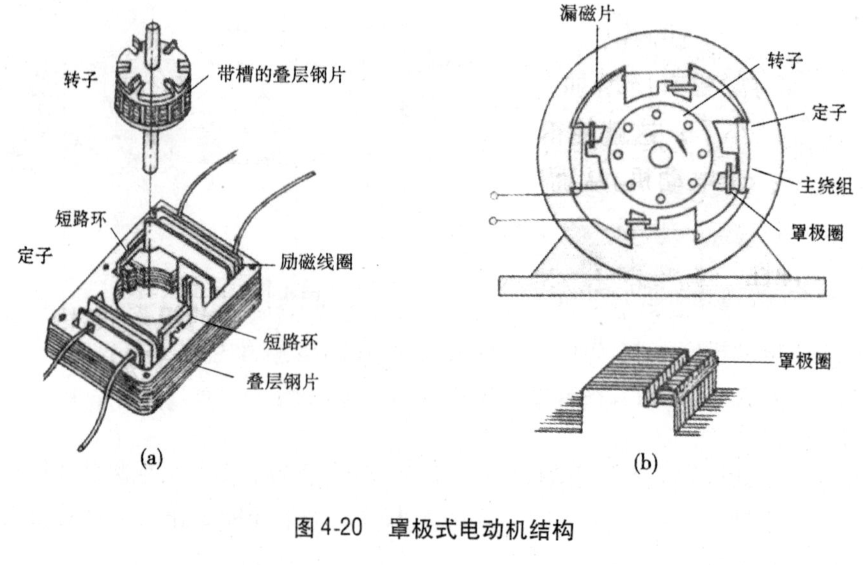

图 4-20 罩极式电动机结构

在凸极式罩极电动机中，为了减小空气隙中合成椭圆形旋转磁场分布曲线的畸变，在相邻极靴之间装有漏磁片（或称瓦形楔）。漏磁片是用电工钢片叠成的细长的磁分路，其轴向厚度与定子铁芯的厚度相比是极小的。漏磁片的装设虽然使磁极的漏磁有所增加，但在极间区域内合成磁通闭合回路的磁阻减小了。这就使得罩极式电动机在一定程度上很像均匀气隙的异步电动机，从而起到了改善罩极式电动机运行性能的作用。

（一）效率

大多数罩极式电动机都采用凸极形式，因而电动机空隙中的磁通不是按正弦规律分布的，同时，启动线圈在电动机运行时仍起作用，所以罩极式电动机的效率和其他类型的单相异步电动机比较，要低得多，一般低 8% ~15%。然而，由于罩极式电动机容量很小，它的可靠性和制造成本比它的效率更为重要，因此效率低的缺点并不显得突出。

（二）启动特性

罩极式电动机的启动转矩很小，通常只有额定运行转矩的 30% ~50%。因此，罩极式电动机不宜用于需要满载启动或迅速启动的设备中，一般应用于空载启动的电器，例如电唱机和电风扇等。

（三）转速

罩极式电动机的转速几乎是恒定的，直到超载以后才迅速下降。它的转差率比其他类型的单相异步电动机大。罩极式电动机的最高转速，两极式的约为 2 700r/min，而低转速罩极式电动机每分钟只有几十转。罩极式电动机的 M—n 特性曲线如图 4-21 所示。

（四）减速

罩极式电动机由空载到过载，电流的变化很小，因此大都可以用机械方法使其降低转速，即使用机械方法使其停转也不会使电机烧毁。由于具有这样一个特点，它可以用于阀门（如电子油门）等机构中。当阀门关闭时，电动机的电源虽未切断，也不至于引起过热而烧毁。

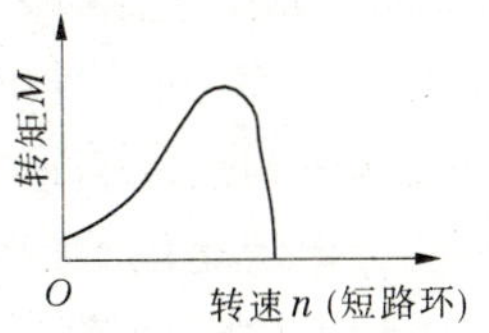

图 4-21　罩极式电动机的 M—n 特性曲线

（五）功率因数

罩极式电动机的效率很低，因而功率因数较高，但因容量很小，功率因数虽高，意义不大。

（六）噪声

罩极式电动机没有产生机械噪声、电火花的摩擦触点和电刷等部件，因而运行时，一般噪声很小，并且对无线电设备不产生干扰。

三、分相式电动机

（一）结构与原理

分相式电动机主要由定子、转子、自动开关及端盖等四大部分组成。转子为鼠笼式，定子由硅钢片叠压而成。

定子槽内嵌置两套绕组，即运行绕组和启动绕组（见图 4-22）。启动绕组与运行绕组的位置在空间上相差 45°，而在相位上则差 90°。为了使启动绕组与运行绕组的电流在时间上也有一个相位角，启动绕组导线较细，匝数较少，并嵌放在主绕组的上层，从而使启动绕组的电阻大、电感小。启动绕组虽然和主绕组接在同一个电源上,但它的电流将超前于导线较粗、匝数较多的运行绕组某一个相位角,因而可以产生和两相电流性质相类似的旋转磁场。这个旋转磁场便切割电动机转子的鼠笼导条,使转子鼠笼内产生感应电流。这个感应电流与定子旋转磁场相互作用(可用左手定则判定),从而使转子沿旋转磁场的旋转方向旋转。当转速达到额定值的 70% ~80% 时,启动绕组完成了供给旋转磁场的任务,自动断开,从电源中切出,电动机继续运转直至额定状态。

(二)种类

断开启动绕组的任务由自动开关——继电器来完成。继电器有电压型启动继电器、电流型启动继电器和差动型启动继电器三种,因此分相式电动机也可分为相应的三类。

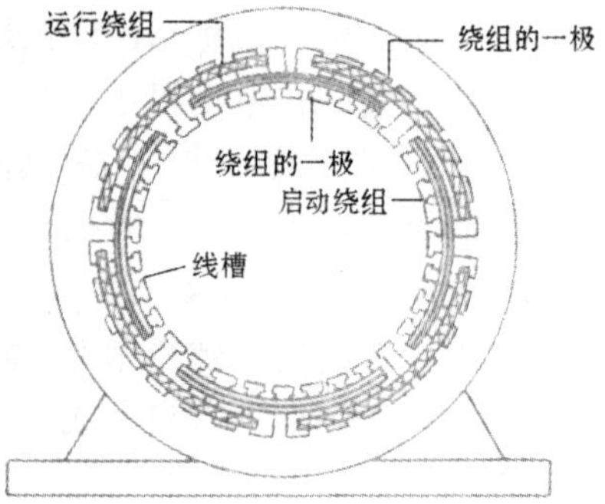

图 4-22　分相式电动机定子绕组

1. 电压型启动继电器

电压型启动继电器原理接线图如图 4-23 所示。继电器接点串联在启动绕组电路中,是一个常闭动断接点。不通电或无其他外力作用时,在弹簧牵拉下,继电器接点闭合,继电器线圈本身和启动绕组并联接在电源上。通电后,启动绕组和主绕组中均有电流流过,电动机开始启动。当电动机转速逐渐升高时,启动绕组中的反电势也随着逐渐增加,致使继电器线圈中的电流也逐渐增大。这个电流达到一定数值时(相当于电动机转速达到额定转速的 70% ~80% 时),继电器吸合,使其接点断开,从而将启动绕组由电源回路中断开。但继电器线圈与启动绕组始终构成回路,因而启动绕组中的感应电动势在继电器线圈中产生的感应电流足以维持自保,使其接点处于断开状态,从而保证启动绕组在电动机正常运行时不接入电源回路。

2. 电流型启动继电器

电流型启动继电器的接线原理如图 4-24 所示,其接点串在启动绕组电路中,为常开状态(不通电时)。继电器的线圈则与主绕组串联。当电动机合闸启动时,主绕组电流可达额定值的几倍,继电器线圈产生足够大的电磁力,使接点闭合,启动绕组接入电源,电动机启动。当转速达到额定转速的 75% 左右,主绕组电流降到一定值时,继电器释放,接点断开,切断启动绕组,电动机进入正常运转状态。

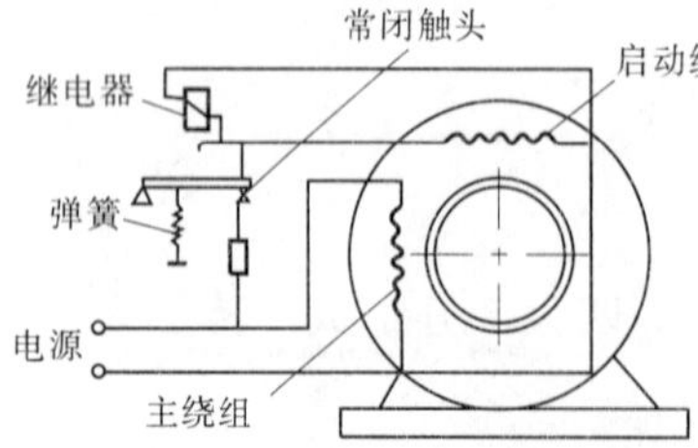

图 4-23　电压型启动继电器电动机接线

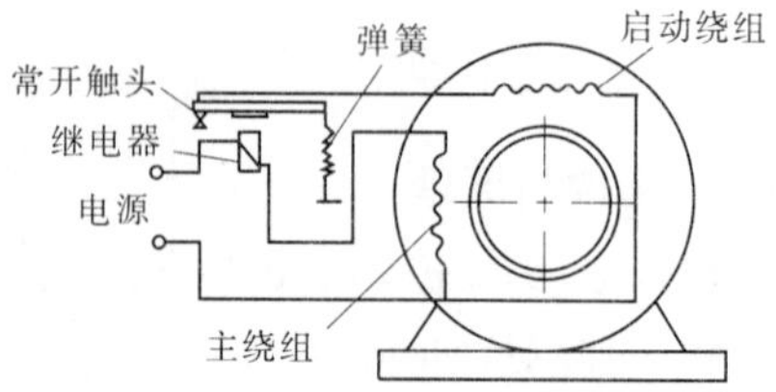

图 4-24　电流型启动继电器电动机接线

3. 差动型启动继电器

为使启动工作更加可靠，避免产生误动作，还可以采用差动型继电器启动，如图4-25所示。继电器接点与启动绕组串联为常闭接点。继电器中的电流线圈与主绕组串联，而电压线圈则与启动绕组并联。当电动机合闸启动时，电流线圈中的电流很大，保证接点的可靠闭合。启动以后电流线圈中电流逐渐减小，在电压线圈的作用下，继电器衔铁倒向另一侧，使接点断开，启动绕组从电源中撤出。

（三）特性

1. 效率

分相式电动机的效率因设计不同而不同，并且还因电动机容量的大小和转速的快慢而不同，一般为50% ~60%。与同样容量的三相电动机比较，其效率略低一些。为提高分相式电动机的效率，应尽可能减小定子与转子间的空气隙宽度，一般取0.25mm。

2. 启动转矩

分相式电动机的启动转矩比罩极式电动机大，比电容启动式电动机小。一般为额定转矩的1.2 ~2倍，因而可用于重载启动的设备中。图4-26为分相式电动机从静止到满载时的 $M—n$ 特性曲线。如果负载过大，启动时电动机转速下降，转速降低到额定转速的75%以下时，启动继电器不能正确动作，从而造成电动机启动绕组过热而烧毁。

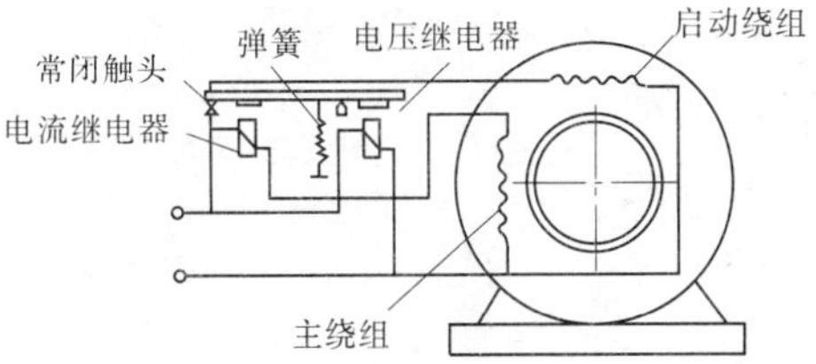

图4-25　差动型启动继电器电动机接线

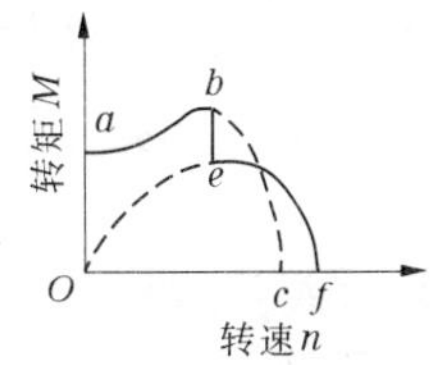

图4-26　分相式电动机 $M—n$ 特性曲线

3. 启动电流

分相式电动机的启动电流很大，一般为额定电流的6 ~7倍，比其他类型的单相异步电动机要大，这是它的一个缺点。开始启动时，启动和运行两个绕组均接入电路，其 $M—n$ 特性曲线如图4-26中的 $a—b—c$ 曲线。启动后运行时，只将运行绕组接入电路，其 $M—n$ 特性曲线应如图中 $O—e—f$ 所示，因而分相式电动机的实际启动、运行 $M—n$ 特性曲线应如图中的实线（即 $a—b—e—f$）所示。

4. 转速

分相式电动机转速很稳定，负载变化时转速变化不大。

5. 功率因数

分相式电动机的功率因数也因为电动机的设计、容量和磁极数不同而不同，其大小和罩极式电动机差不多，一般为0.45 ~0.75。

6. 过载能力

分相式电动机的停转转矩与设计有关，一般过载能力为20% ~25%。过载时温升较高。因此，过载25%的时间不要超过5min，否则将引起电动机的过热甚至烧毁。

7. 噪声

单相异步电动机在运行中，由于脉动磁场的存在，都会有一定程度的振动和噪声。而且电动机极数愈少、转速愈高，振动与噪声也愈大。分相式电动机当然也不例外，而且由于继电器的频繁动作，启动电流又大，与其他类型的单相异步电动机比较，噪声是较大的。

四、电容分相式电动机

（一）工作原理

电容分相式（以下简称电容式）电动机的结构和工作原理与分相式电动机相似，只是在启动绕组的回路中串入一个电容器，其结构如图 4-27 所示。

当外加单相交流电源时，启动绕组和运行绕组接于同一电源上，由于启动绕组中串入了电容器，使启动电流比运行绕组中的电流相位接近于超前 90°，从而在电动机气隙中得到一个和两相交流电相似的旋转磁场，使电动机启动旋转。电容式电动机与分相式电动机相比，具有启动转矩大、噪声小、过载能力强和启动电流小等优点。

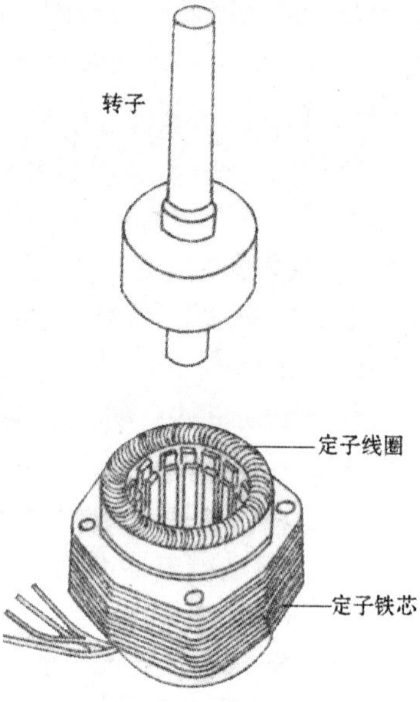

图 4-27　电容式电动机结构图

（二）种类与特点

按照电容器的接法和使用情况不同，电容式电动机可分为电容启动式、电容运转式和电容启动电容运转式三种。

1. 电容启动式电动机

图 4-28 为电容启动式电动机的原理接线图。当外加单相交流电源后，离心开关闭合，电流同时通过运行及启动绕组，电动机开始运转。电动机的转速达到额定转速的 70% ~80% 时，离心力使离心开关断开，将启动电容和线圈从电源中断开，电动机继续运转，直到额定状态。

图 4-29 中曲线 1 为启动转矩曲线。当启动过程完成后，离心开关便自动断开，曲线 1 过渡到曲线 2，电动机进入正常运行状态。

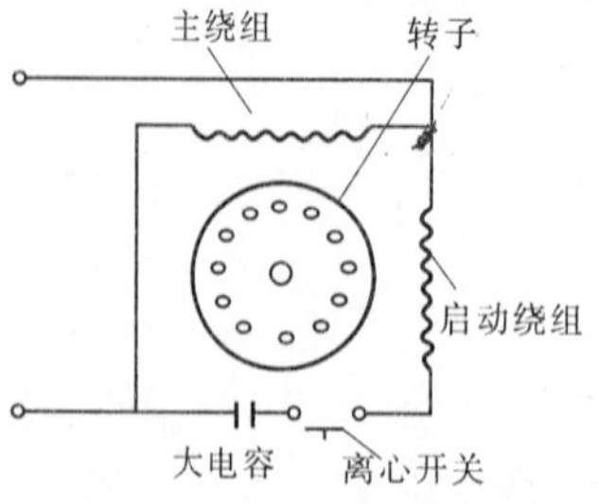

图 4-28　电容启动式电动机工作原理

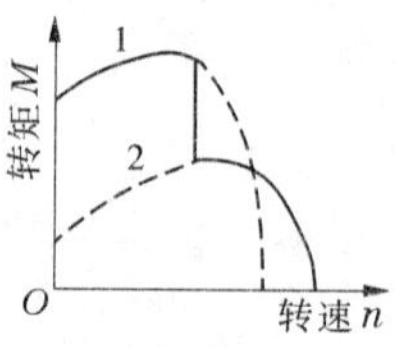

图 4-29　电容启动式电动机 M—n 特性曲线

电容启动式电动机的运行绕组通常占定子总槽数的 2/3 ~ 3/4，而启动绕组则嵌置在

1/4～1/3 的定子槽中。

2. 电容运转式电动机

电容启动式电动机的启动绕组串接电容器。如果启动后不把这个电容器从电路中切除,而长期接在电源上工作,电动机就成电容运转式。电容运转式电动机的原理图如图 4-30 所示。

电动机在运转中,有两组相距 90°电角度的绕组同时工作。因此,电容运转式电动机实质上是一台两相异步电动机,只不过运行绕组与启动绕组的匝数和线径不相等不对称,其端电压也不相同。在这种两相电动机中,如果启动绕组的匝数和电容器的电容量设计得当,它的定子绕组能够在电动机的气隙中建立起较为理想的圆形旋转磁场,或者将负序磁场大大削弱,从而使电动机的运行特性得到改善。电容运转式电动机的运行绕组与启动绕组各占定子槽数的一半。电容运转式电动机的 $M—n$ 特性曲线如图 4-31 所示。

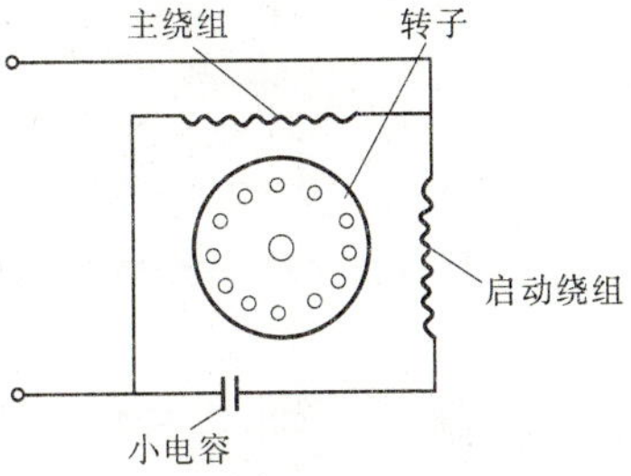

图 4-30　电容运转式电动机工作原理

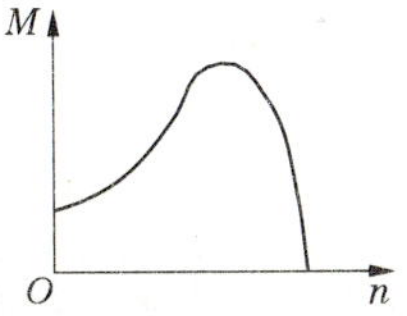

图 4-31　电容运转式电动机 $M—n$ 特性曲线

3. 电容启动电容运转式电动机

为了增加电容运转式电动机的启动力矩,可以再增加一个启动电容,用开关切换。这就成了电容启动电容运转式电动机。电容启动电容运转式电动机是上述电容启动式电动机与电容运转式电动机的组合。它综合了两者的优点,既有较大的启动转矩,又有良好的运行性能,但结构复杂、成本增加。

图 4-32 即为此种电机的接线图。由图可见,这种电动机运用了两个电容器 C_n 和 C_B。其中电容器 C_B 固定串入启动绕组内,它的电容量较小,而电容量较大的电容器 C_n 则通过离心开关与电容器 C_B 并联。当接通外加电源时,上述两个电容器并联后串联在启动绕组回路中。电动机启动后,转速达到额定转速的 75% 左右时,离心开关便将电容器 C_n 切除,而电容器 C_B 则继续留在电路中运行。

图 4-33 为其 $M—n$ 曲线。当电动机启动之后,离心开关断开,电动机由图中的曲线 1 转入曲线 2 继续运行。

为使电动机有较好的运行特性,应使它的定子绕组在气隙中产生圆形旋转磁场,而不是椭圆形旋转磁场。要想产生旋转磁场,其电容量在启动过程中和运行中就要有所变化,即在电动机启动后,其启动绕组回路中的电容量必须减小,而电容启动电容运转式电动机就是依据这个要求而设计的。

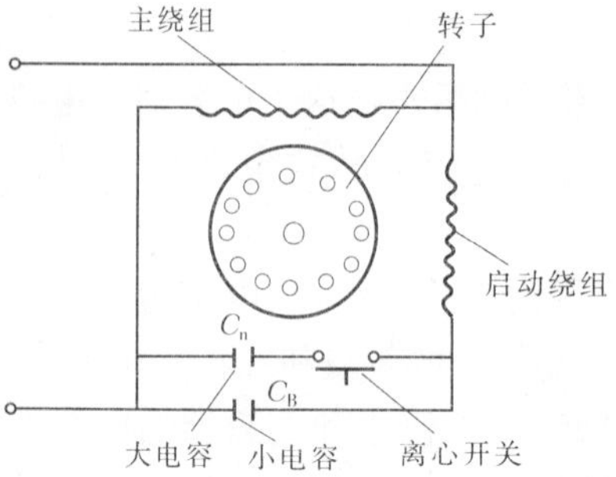

图 4-32　电容启动电容运转式电动机工作原理

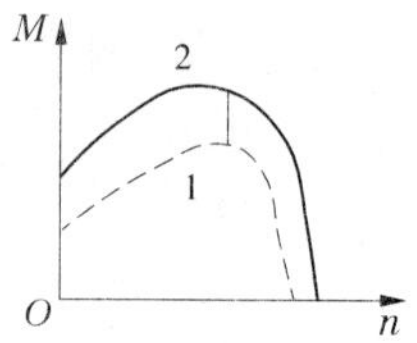

图 4-33　电容启动电容运转式电动机的 $M—n$ 特性曲线

这种电动机也可以不用两只电容器，而用一个自耦变压器代替一个电容器，其电路如图 4-34 所示。在电动机启动时，由于自耦变压器的升压作用，电容器的等效电容将比运行时大 4 ~9 倍，增大了电动机的启动转矩。当电动机的转速达到额定转速的 70% ~80% 时，离心开关由启动点换到运行点。这样便改变了自耦变压器的变比，从而使电容器的等效电容量减小，以适应电动机运行性能的需要。

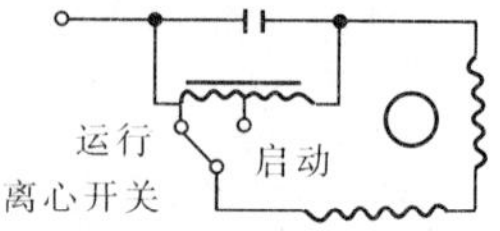

图 4-34　电容自耦变压器启动运转电路

自耦变压器的绕组可以抽几个头，以获得所需要的等效电容。

第四节　交、直流通用电动机

一、结构

交、直流通用电动机的一般结构与小功率直流电动机相仿，主要由定子、电枢和电刷架等部件组成。

交、直流通用串激式电动机的定子由定子铁芯和绕组组成，定子上装有激磁绕组、补偿绕组和换向绕组。

功率小于 200W 的单相串激式电动机，一般制成两极的；功率大于 200W 时，一般制成四极的。

电刷架由底盘、刷握和盘式弹簧组成。底盘一般用胶木粉压制。

刷握的作用是保证电刷在换向器上有准确的位置和能正常工作，即电刷能在准确的位置上与换向器获得连续不断的全面的紧密接触，使其接触电压保持恒定，不致时高时低地跳动而影响火花的大小。

电枢是单相串激式电动机的旋转部分，它由转轴、铁芯、电枢绕组和换向器等组成。有冷却风扇，并把风扇固定在电枢的轴上。

单相串激式电动机电枢上的换向器的结构与直流电动机的换向器相同。

换向器与电刷是单相串激式电动机较薄弱但又重要的环节。电刷与换向器之间不但有极大的机械磨损和机械振动，而且在配合不当时还将产生严重火花。

二、工作原理

交流串激式电动机的工作原理是建立在直流串激式电动机的基础之上的，由前述直流串激式电动机特性可知，当电枢绕组的电流和激磁电流同时改变时，电动机转动方向不变。

如果将直流串激式电动机接入电源中运行，由于电动机的激磁绕组与电枢绕组共用同一交流电源供电，因而当电源处于正半周时，磁场的极性与电枢电流的方向如图 4-35(a)所示。经过半个周期之后，即电源处于负半周时，虽然磁场的极性改变了，但是电枢电流的方向也随之改变，如图 4-35(b)所示。在这两种情况下，电枢所受电磁转矩的方向并未变化，因此电动机可以持续旋转。

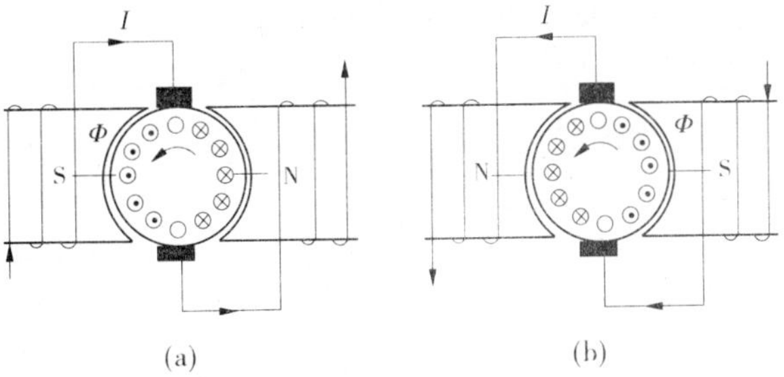

图 4-35 交、直流串激电动机工作原理

由此我们可以推论：一台直流串激式电动机改接交流电源后，虽然电源极性在反复变化，但转子始终维持一恒定转向，因此也可以作为交流电动机运行。可见交流串激式电动机的工作原理与直流串激式电动机的工作原理基本相同，交、直流两种电源都可以使用。但是直流串激式电动机并不就是交流串激式电动机，如将直流串激式电动机直接接入交流电网中运行，其运行情况将变得极差，甚至不能运转，这是由于下列原因引起的：

(1)磁极铁芯和磁轭中将产生很大的涡流损耗；

(2)在激磁绕组和电枢绕组中将产生很大的电压降；

(3)由于换向元件中的短路电势没有得到补偿，换向将发生困难，还可能引起严重火花。

因此，要将直流串激式电动机作交、直流通用串激式电动机使用时，除需要改善整个磁路系统外，还应该在电动机的定子上装设补偿绕组和换向绕组，其原理接线图如图 4-36 所示。

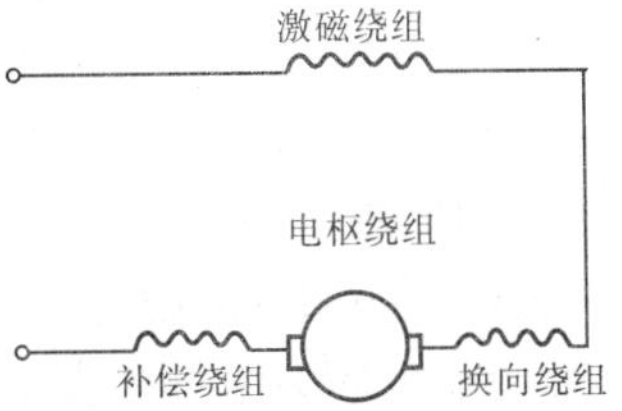

图 4-36 交、直流通用串激电动机定子接线

三、种类与规格

单相串激式电动机 G 系列(之前有 U 型和 G

型)是按部颁标准生产的标准产品。G 系列按功率可分为 8、15、25、40、60、90、120、180、250、370、550、750W 等 12 种。按转速可分为 4 000、6 000、8 000、12 000r/min 等 4 个规格。由这些功率等级及 4 个转速规格,组合成了 8 个不同品种。

四、特性

(一)转速

交、直流通用电动机当负载变化时,转速 n 会发生很大变化,在空载或轻载时更甚。

对于一些需要恒速运转的设备,串激特性当然是缺点,但在有些应用中,它却带来好处。例如负载大时需要转速较低,但启动转矩大,而负载小时需要较高速度的设备。若要使通用电动机在负载变化时保持恒速,则应附加调速装置。

从理论上讲,串激式电动机在空载时转速可达无穷大。不过在微型电动机中,由于电动机内部的各种阻力,如风阻、摩擦力等,并且要考虑安全性,空载时的转速仍是有一定极限的,图 4-37(a)为空载时的实测情况。

虽然通用电动机是交直流两用的,而且一般认为它在通以两种电流时性能相同,但严格说来却是不同的,这从转速上即可看出。额定负载时,用交流电源比用直流电源慢些;空载和轻载时,两个转速则较接近,如图 4-37(b)所示。

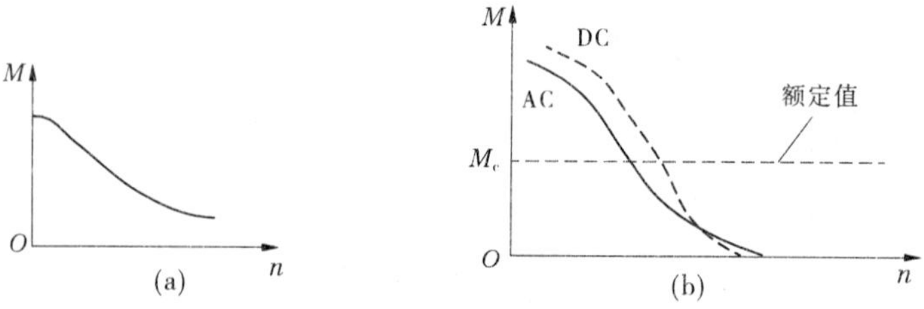

图 4-37　交、直流通用电动机的 M—n 特性曲线

(二)电源电压

通用电动机不仅可用于直流和交流电源,且可用于各种不同电压的电源。国外电器上这类电动机的线圈一般设计得适合于 50 ~ 120V 的低压,加一可变电阻器后,电动机即能适用于 250V 以下的各种电压。

(三)效率

通用电动机同其他微型电动机一样,效率均比大型电动机低。随输出与转速的不同,其效率一般在 30% ~70%,平均仅为 50% 左右。但因通用电动机功率较小,效率方面的矛盾不太突出。

(四)功率因数

通用电动机的功率因数随负载增大而减小,满载时一般在 0.7 ~0.95。同时由于功率较小,对功率因数不用过多去考虑。

(五)电火花

通用电动机用交流电时,比用直流电时电刷间的电火花大。这不仅缩短了电刷、换向器的寿命,而且还会产生无线电干扰。抑制办法为:

(1)将串激绕组分成相等的两部分，分别接入两个电源接线端子与两电刷之间。

(2)采用电容滤波器。在电动机电源接线端与机壳(地)之间并接一个 0.1 ~ 1μF 的电容器。

(3)在电动机电源接线端与电源之间接一个电感量为 50 ~ 500μH 的高频扼流圈。

(六)噪声

通用电动机的噪声比异步电动机大，这是电动机在高速转动时电刷与换向器摩擦以及打火所致。

第五节　电动机的调速与反转

电动坐椅、按摩器、电风扇、电吹风、食品搅拌器等，在使用中需要调节电动机的转速，以满足不同的使用需要。雨刮器、电动车门车窗、洗衣机等在使用中则需要改变电动机旋转方向。为了满足这些需要，就须有电动机调速电路与反转电路。

一、调速

由式(4-1)、式(4-2)可以看出，通过改变电源频率和磁极对数(交流电动机)或者电压(直流电动机)等参数能够改变电动机转速。一般电器多是通过改变加在电动机运行(主)绕组的端电压来改变磁场强度，从而改变转矩以达到改变转子旋转速度的目的。

改变电动机端电压的方法有：在电路中串联阻抗元件，改变电动机绕组的内部接线方式(在定子绕组上抽头引出)的阻抗降压法，用变压器调压以及使用整流器、离心器、可动电刷、电子电路等的抽头法、调压法、机械式和电子式。具体如图 4-38 所示。

- 阻抗降压法
  - 串联电阻
  - 串联电容
  - 串联电感
  - 电抗法
- 调压法
  - 变压器
  - 整流器
- 抽头法
  - L 形抽头
  - T 形抽头
  - h 形轴头
- 机械式
  - 离心器
  - 可动电刷
- 电子式
  - 可控硅电路
  - 电子电路

图 4-38　改变电动机端电压的各种方法

在电动机上串联阻抗元件就可以降低电动机端电压，从而改变转速。在这种调速方法中，串联的阻抗元件，可以用电容、电阻，也可以用电感。

(一)串联变阻器法

串联电阻的方法不够理想，电阻本身也要消耗功率而且发热。但是有些小功率直流激磁电动机还是采用这种方法的。这是因为直流电动机不能用电容或电感降压，而且激磁电动机的启动电流非常大，必须在电枢电路中串联或并联启动电阻来限制其启动电流，以免因过大的启动电流在电刷与换向器之间造成强烈火花，使换向器和电刷寿命缩短，甚至烧毁电机绕组(见图 4-39)。

（二）串联电抗法

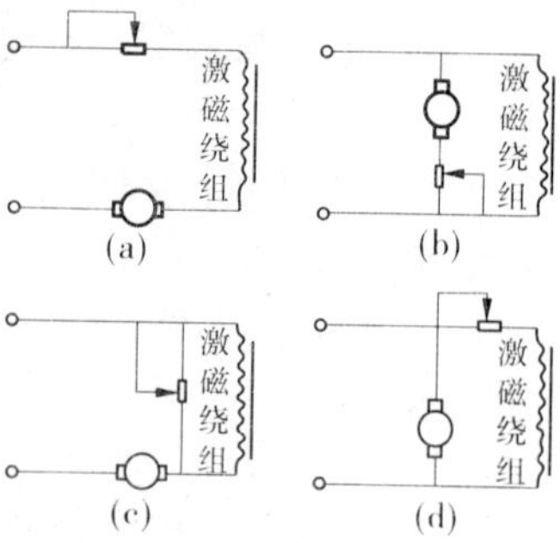

图 4-39　串联变阻器调速电路

阻抗降压法中广泛应用的是串联电抗（多用电感器）。因为电感器对交流阻抗很大，而对直流的电阻则很小，因而对直流电动机无用。这种调速方法中电抗本身很少耗费能量。

电感和电动机运行绕组串联后，在交流电源电压不变的情况下，平均电流减小，主绕组的每匝伏数减小，旋转磁场强度减弱，从而降低了转子转速。转速减慢的程度随着串入线圈匝数的增加而加大。

（1）电抗法调速的电路如图 4-40 ~ 图 4-42 所示。

图 4-40 用于单相串激式电动机，图 4-41 用于罩极式电动机，图 4-42 用于电容式电动机，可见这种调速方法使用范围较广。由图 4-42（a）可以看出，在快挡 1 时，电流不经过电感器，电动机外加电压最大，转速最高。慢挡时，电流经过电感器全部调速绕组，电源电压的一部分落在电感器上，降低了主绕组的电压，电流变小，主绕组产生的磁场减弱，转速变低。图 4-42（b）中把电感器做成变压器，次级安装指示灯。但是这个指示灯在电动机接入高速挡时，由于电抗器未接入电路，指示灯不亮，电动机在低速旋转时指示灯最亮。

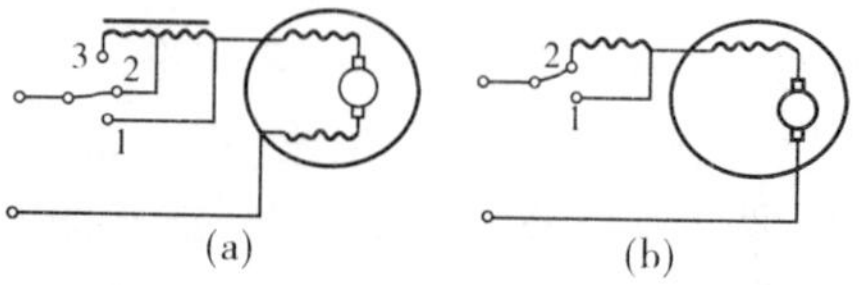

图 4-40　单相串激式电动机电抗器调速电路

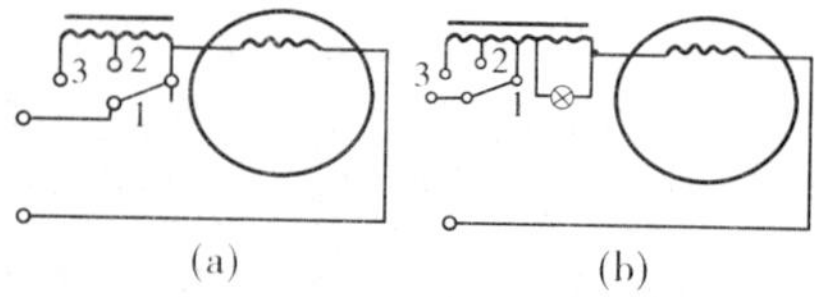

图 4-41　罩极式电动机电抗器调速电路

（2）电感器组成自耦变压器形式（如图 4-43 所示）。

按高速挡 1 时电源电压全部接入电路，主副绕组产生的磁场增强，电动机转速提高。同时用它的感应电势点亮指示灯。接到中速挡 2 时，自耦变压器初级绕组接入线圈减少，次级感应电势降低，电动机转速变慢，指示灯也发暗。

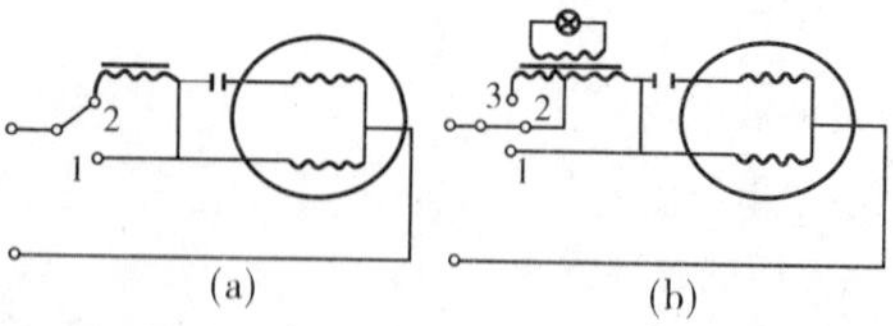

图 4-42　电容式电动机电抗器调速电路

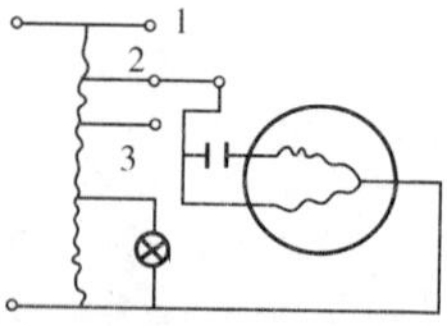

图 4-43　自耦变压器调速电路

（3）利用自耦变压器给指示灯供电的电路有图 4-44 所示的两种。

图 4-44（a）是正串接法，指示线圈与调速线圈电压方向相同（同名端同向）。图 4-44（b）是反串接法，两个线圈电压方向相反。这种接法，在低速挡时串入的线圈匝数增多，磁势增加，利用线圈的反接关系抵消磁势的增加，使指示灯两端电压变化不大，保持一定的亮度。对于反串接法，电感器所产生的感抗会抵消电容器的容抗，电动机副绕组电流较大，启动转矩较大，有利于低速启动，因而这种接法应用较广。

在电感器调速法中，电感器和电动机不装在一起，改变电感器的抽头，即可容易地调整各挡调速比，而且接线简单，发生故障时，修理也方便。这种方法适用于定子槽容积小、不易再嵌入调速绕组的电动机。

但是，这种调速方法因为增添了电感器，给安装造成麻烦，增加了体积和成本，无功耗电量也有所增大。另外，调速效果常受外加电源电压的影响，特别是低速启动时所受影响更加明显。

（三）定子绕组抽头法

上述串联电抗器法所用的电感器（阻流圈）是由铁芯和线圈组成的，而定子绕组也由铁芯和线圈组成。因此，若利用定子线圈分段抽头，改变接线方式亦可调速。这种调速方法是在定子槽内的运行绕组和启动绕组上串一组带几个抽头的调速绕组，只要改变抽头点即可改变转速。

在低速挡时，将调速绕组全部串联在运行绕组上，降低了运行绕组的每匝电压；需要升高转速时，可减少串入运行绕组的调速绕组线圈匝数，从而提高了运行绕组的每匝电压。由于改变了每匝电压，从而改变了旋转磁场强度，因此改变了转速。抽头法调速的典型电路如图 4-45（a）所示，图中 *ab* 是主绕组，*de* 是副绕组，*bd* 是串在两者之间的调速绕组，又称中绕组。

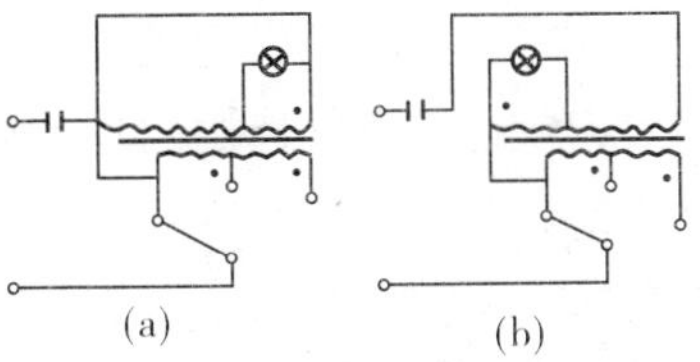

图 4-44　自耦变压器指示灯供电

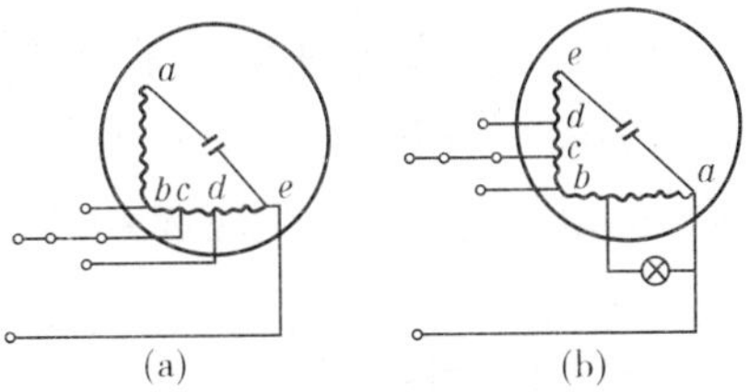

图 4-45　L 形抽头调速电路

抽头法也可以认为是通过改变电动机主副绕组的匝数比来调节电动机转速的。当开关接到快挡 *b* 时，*ab* 是主绕组，*be* 作为副绕组，副绕组与主绕组之间的匝数比最大，转速最高。接中速挡 *c* 时，*ec* 成为副绕组，*ca* 为主绕组，副绕组与主绕组匝数比减小，转速也相应降低。

由于调速绕组接入位置不同，抽头调速法又分 L 形、T 形和 h 形三种方式。

（1）L 形又分 L_1、L_2 两种，图 4-45（a）是 L_1 形，图 4-45（b）是 L_2 形。

对于 L_1 形接法，调速（中间）绕组与运行（主）绕组串联，启动（副）绕组与电容器串联，然后再与主、中绕组并联。在实际电动机里，在定子铁芯上，主（运行）绕组与中（调速）绕组两个绕组分布在同一个槽内，主绕组在下，中绕组在上，所以相位相同，而与副绕组互成 90°电角度。L_1 形接法只适用于额定电压为 110V 的电容运转式电动机。L_2 形的中绕组与副绕组、电容串联后再与主绕组并联。在定子铁芯上中绕组和副绕组在同一槽内。中绕组在副绕组的上面，中绕组和副绕组同相位，中、副绕组与主绕组互成 90°电角度。这种接法适用于额定电压为 220V 的电容运转式电动机。

(2)图 4-46 所示为 T 形接法。

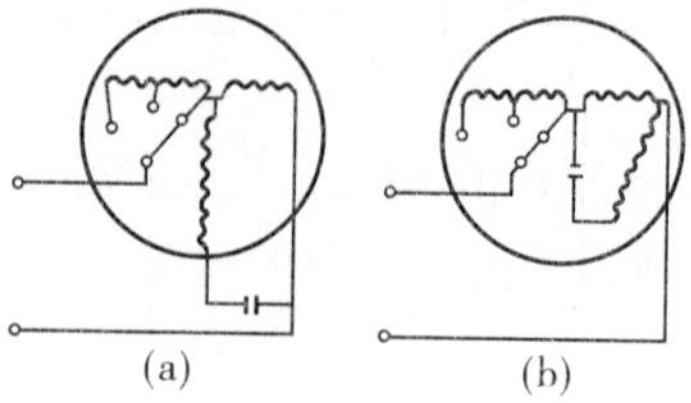

图 4-46 T 形抽头调速电路

它的主绕组与副绕组并联然后再串接于中绕组。中绕组与主绕组装在同一个定子槽内,主绕组在下,中绕组在上,因而两绕组同相位,中绕组起了主绕组的作用。

这种调速方法实际上和串联电抗法相同,只不过是把电感器制作在电动机定子槽内而已。

(3)h 形接法电路如图 4-47 所示。

这种接法的原理和 T 形接法一样,当调速开关置于快挡时,中、副绕组串联在一起,然后并接在主绕组的抽头与电源之间,使主绕组的上半部分、下半部分和副绕组三个绕组之间形成彼此相差都不一致的三个非对称相位差。改变开关挡位,就改变了这三个绕组之间的三个非对称相位差,从而相对地改变了旋转磁场强度,实现了调速。

上述三种接法中,T 形和 h 形接法的电容器上的电压降比 L 形接法上的低,其中以 h 形接法电容器上的电压最低。这是因为电容与副绕组串联后,再串联主绕组的一部分。L 形接法的电容器耐压至少应选 400V 以上,而 h 形接法的电容器只选用耐压 200V 的就足够了。

三种接法的低速启动性能,L 形接法较差,h 形接法较好,T 形介于两者之间。从调速性能方面进行比较,以 L 形接法最差,T 形接法效果较好。但后者在低速时,主、副绕组的电流都通过调速绕组,增加了电动机的温升。

由上面粗略的对比分析可知,L 形接法的缺点较多,而 h 形接法从降低电容器耐压、增加低速启动转矩、改变调速比等几个方面看,都比较好些。

和电抗法相比较,抽头法不用电抗器,只是在电动机定子绕组中增加一个调速绕组,在制造时绕线和下线费工不多,因而降低了成本,简化了生产工艺,节省了材料,减轻了重量,提高了效率。抽头法的缺点是电动机结构略为复杂,制造较为费事,电磁噪声稍大。为了简化结构,有的电动机不用中绕组,在定子绕组上直接抽头来调速,其电路如图 4-48 所示。抽头法除大量用于电容式电动机外,也用在单相串激式电动机和罩极式电动机上。

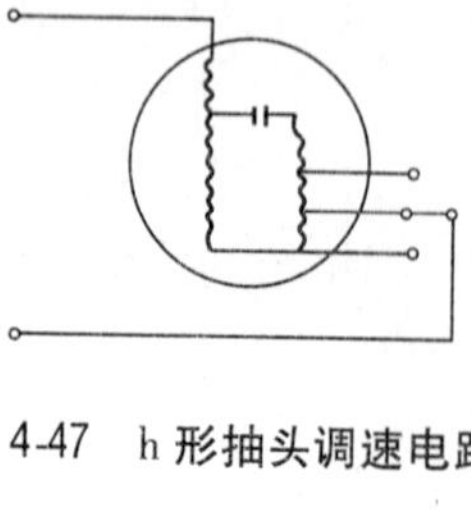

图 4-47 h 形抽头调速电路

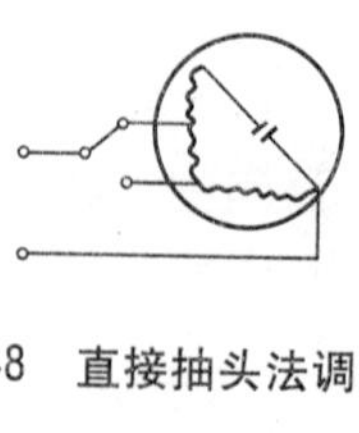

图 4-48 直接抽头法调速电路

(四)变压器调压法

转速的改变也可以通过变压器调压来实现。变压器可以用互感式的,而更多的是用自耦变压器,如图 4-49 所示。图 4-49(a)是用互感式变压器的单相串激式电动机调速电路,用切换开关由变压器次级各抽头取得不同电压来调节速度。图 4-49(b)~(d)是电容式电动机用的电路,均为自耦变压器式。

(五)其他调速方法

其他调速方法还有离心器调速、整流器调速、可动电刷调速和电子调速等。

1. 离心器调速法

它对交、直流电动机均适用。它用一种机械离心开关,当转速超过一定极限时,离心开关切断电源或串入一个电阻,转速降低。转速低于一定限度后离心开关重新接通,电动机转速回升。调速时,拧动调速旋钮,用以调整离心开关中的弹簧对接点的压力,从而改变离心开关动作时的转速。离心器调速的调速范围大,调节平稳,转矩损失小,但它的机械结构复杂,维修不方便。

2. 整流器调速法

交流电流用半波整流器削去一半后功率下降接近一半,转速也就随着降低。整流元件一般使用二极管,整流后变成脉动直流,所以这种调速方法只适用于交、直流通用电动机,如图 4-50 所示。

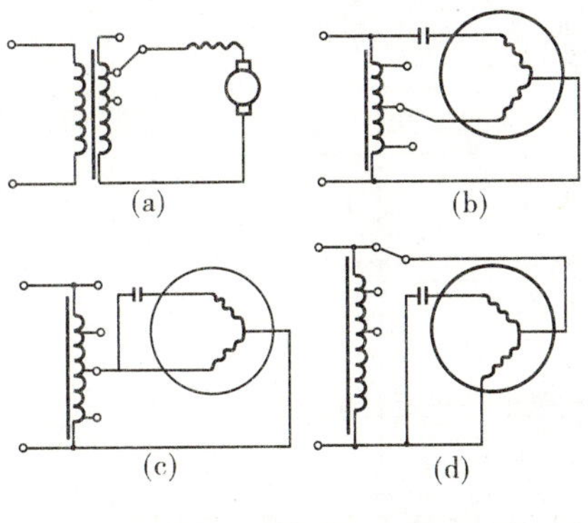

图 4-49 变压器调速电路

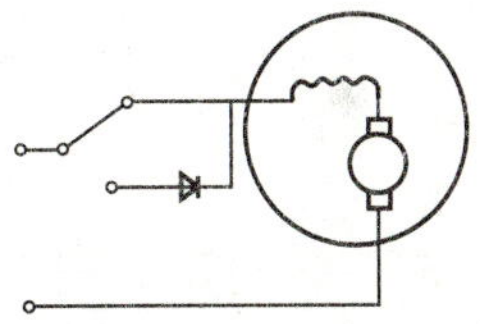

图 4-50 整流器调速电路

3. 可动电刷调速和稳速

这种调速也是利用离心原理。它将整流子的电刷制成可动的。当转子转速达到一定值时,离心力使电刷离开原位切断电源,降低转速。调速时,拧动调速旋钮用以调整电刷位置。这种调速方法多用于简易型电器中。

由上述可知,利用离心调速时,它本身就有稳速作用。

4. 电子调速与稳速

电子调速和电子稳速可以用可控硅,也可以用其他电子电路。这种调速电路形式多样,灵敏度高。

单相交流电动机用改变电压的方法调速时,电压的改变必然会牵连到电动机某些参数的变化。例如电动机的转矩与电压的平方成正比,因此加在运行绕组上的电压下降时,不但转速下降,而且转矩的下降更为显著。所以,这种调速方法只适用于转矩跟随转速下降的负载(如电风扇、鼓风机等),而不宜用于拖动额定负载的电动机。

二、反转

(一)直流永磁电动机的反转

直流永磁电动机的反转特别容易,只要改变电源极性即可实现。这是因为电源极性改变后,电枢线圈中的电流方向也随着改变,而定子磁场磁力线方向不变,所以转子反转。

(二)直流激磁电动机的反转

改变电枢电流与激磁电流二者之一的方向,即可实现反转。若二者同时改变,则转向不变。但在实际应用中,对于并激与复激两种电动机,只能通过改变电枢电路的极性来实现反转,而不能将激磁线圈反接。因为如将反转开关接在激磁绕组电路中,电动机运行中在改变电源方向时将有一段时间使电路断开,这将在绕组中感应出很高的电压,可能击穿绝缘。而且在激磁场消失时,又有很大的电流通过电枢,可能烧坏电枢绕组和换向器。

直流激磁电动机反转电路如图 4-51 所示。交、直流通用电动机的反转电路与直流串激电动机相同。

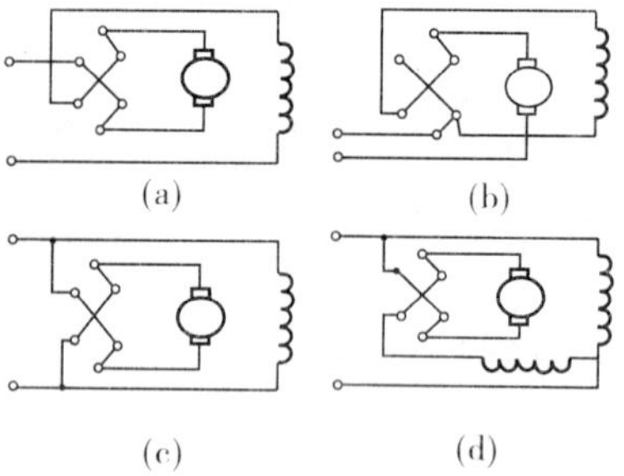

图 4-51　直流激磁电动机反转电路

(三)罩极式电动机的反转

罩极圈是固定在定子铁芯上的,装成之后只能单方向运转,即使倒换绕组的两接线端也不能改变电动机的旋转方向,如需反转可用下列方法:将定子线圈调头之后再装进转子;或是把定子铁芯取出,倒一个方向再装回原处,这种方法只能在装制或修理过程中实施,是一次性的,无法在运行中实现反转。

由此可见,只要改变主绕组和罩极绕组的相对位置,即可改变电动机运转方向。若想在运行中随意改变旋转方向,应在定子槽中增加一套主绕组或罩极绕组,用开关来改变主绕组和罩极绕组的相对关系。

例如在电动机定子槽中嵌放一套主绕组和两套罩极绕组,二者极数相同。利用开关将其中的一套罩极绕组接入电路产生罩极作用(第二套罩极绕组闲置不用),使电动机朝某个方向旋转。当开关转换到另一套罩极绕组时,第一套罩极绕组退出运行,由第二套罩极绕组起罩极作用,从而使电动机朝另一个方向旋转。

或者在电动机定子槽中嵌置两套主绕组和一套罩极绕组。罩极绕组可以是一只铜环，也可以是线绕的。用开关切换两套主绕组，即可实现反转。

(四)分相式电动机的反转

改变分相式电动机旋转方向，只需将启动绕组或运行绕组中任意一对接头反接即可，但两者不可同时反接。反接是通过一个双刀双掷开关实现的，其电路如图 4-52 所示。

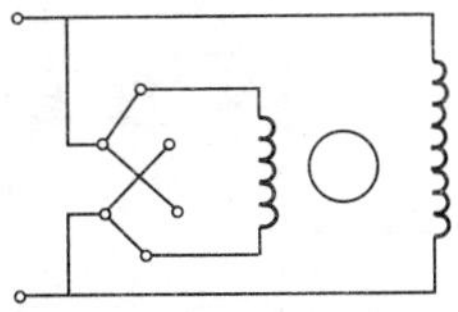

图 4-52　分相式电动机反转电路

(五)电容式电动机的反转

电容运转式电动机的反向旋转原理和电路都与分相式电动机类似，其电路如图 4-53 所示。

电容启动式电动机的反转原理也和上述两种电动机相同。但是由于电容启动式电动机的运行绕组和启动绕组的匝数与线径完全相同，因而电路可以简化，如图 4-54 所示。

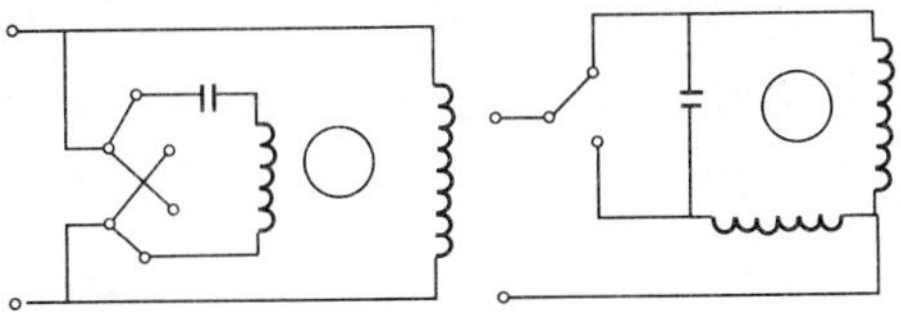

图 4-53　电容运转式电动机反转电路

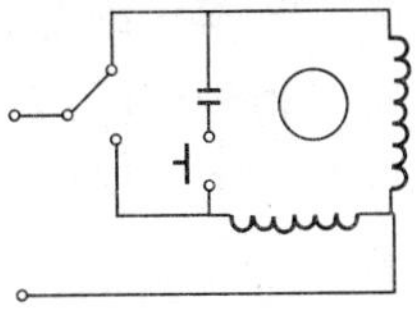

图 4-54　电容启动式电动机反转电路

习　题

4-1　单机异步电动机与三相异步电动机相比有哪些主要的不同之处？

4-2　交流电动机运行时，为什么功率因数总是滞后的？

4-3　直流电动机有哪些主要结构部件？它们各起什么作用？

第五章　常用半导体器件

本章主要讲述半导体二极管、三极管及场效应管的结构、工作原理、特性曲线和主要参数以及在汽车中的应用。

第一节　半导体的基本知识

自然界的各种物质就其导电性能来说，可以分为导体、绝缘体和半导体三大类。半导体的导电能力介于导体和绝缘体之间，如硅、锗等，它们的电阻率通常在 $10^{-2} \sim 10^{9}\Omega \cdot cm$。半导体之所以得到广泛应用，是因为它的导电能力受掺杂、温度和光照的影响十分显著。如纯净的半导体单晶硅在室温下电阻率约为 $2.14 \times 10^{3}\Omega \cdot cm$，若按百万分之一的比例掺入少量杂质（如磷）后，其电阻率急剧下降为 $2 \times 10^{-3}\Omega \cdot cm$，降低了一百多万倍。半导体具有这种性能的根本原因在于半导体原子结构的特殊性。

一、本征半导体

常用的半导体材料是单晶硅（Si）和单晶锗（Ge）。所谓单晶，是指整块晶体中的原子按一定规则整齐地排列着的晶体。非常纯净的单晶半导体称为本征半导体。

（一）本征半导体的原子结构

半导体锗和硅都是四价元素，其原子结构示意图如图 5-1 所示。它们的最外层都有 4 个电子，带 4 个单位负电荷。通常把原子核和内层电子看做一个整体，称为惯性核。惯性核带有 4 个单位正电荷，最外层有 4 个价电子，带有 4 个单位负电荷，因此整个原子为电中性。

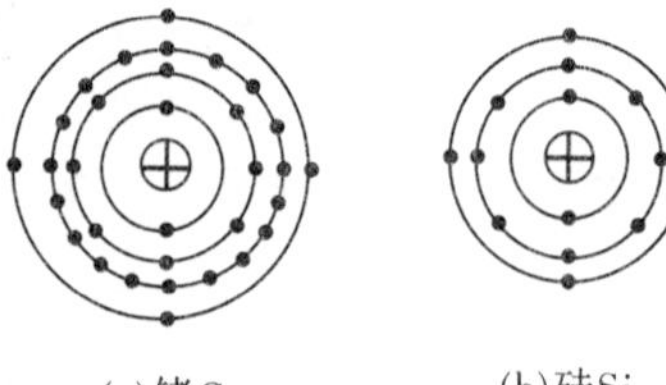

图 5-1　锗和硅原子结构

（二）本征激发

在本征半导体的晶体结构中，每一个原子与相邻的四个原子结合。每一个原子的价电子与另一个原子的一个价电子组成一个电子对。这对价电子是每两个相邻原子共有的，它们把相邻原子结合在一起，构成所谓共价键的结构，如图 5-2 所示。一般来说，共价键中的价电子不完全像绝缘体中价电子所受束缚那样强，如果能从外界获得一定的能量（如光照、升温、电磁场激发等），一些价电子就可能挣脱共价键的

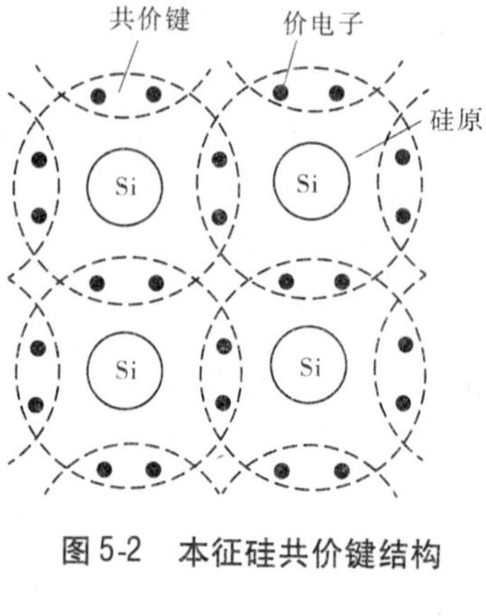

图 5-2　本征硅共价键结构

束缚而成为自由电子，这种物理现象被称作本征激发。

理论和实验表明：在常温（$T = 300K$）下，硅共价键中的价电子只要获得大于电离能 E_G（1.1eV）的能量便可激发成为自由电子。本征锗的电离能更小，只有 0.72eV。

当共价键中的一个价电子受激发挣脱原子核的束缚成为自由电子的同时，在共价键中便留下了一个空位子，称“空穴”。当空穴出现时，相邻原子的价电子比较容易离开它所在的共价键而填补到这个空穴中来，使该价电子原来所在共价键中出现一个新的空穴，这个空穴又可能被相邻原子的价电子填补，再出现新的空穴。价电子填补空穴的这种运动无论在形式上还是效果上都相当于带正电荷的空穴在运动，且运动方向与价电子运动方向相反。为了区别于自由电子的运动，把这种运动称为空穴运动，并把空穴看成是一种带正电荷的载流子。

在本征半导体内部，自由电子与空穴总是成对出现的，因此将它们称作电子—空穴对。当自由电子在运动过程中遇到空穴时可能会填充进去从而恢复一个共价键，与此同时消失一个电子—空穴对，这一相反过程称为复合。

在一定温度条件下，产生的电子—空穴对和复合的电子—空穴对数量相等时，形成相对平衡，这种相对平衡属于动态平衡。达到动态平衡时，电子—空穴对维持一定的数目。可见，在半导体中存在着自由电子和空穴两种载流子，而金属导体中只有自由电子一种载流子，这也是半导体与导体导电方式的不同之处。

二、N 型半导体和 P 型半导体

本征半导体的导电能力很弱，热稳定性也很差，因此不宜直接用它制造半导体器件。半导体器件多数是用含有一定数量的某种杂质的半导体制成的。根据掺入杂质性质的不同，杂质半导体分为 N 型半导体和 P 型半导体两种。

（一）N 型半导体

在本征半导体硅（或锗）中掺入微量的 5 价元素，例如磷，则磷原子就取代了硅晶体中少量的硅原子，占据晶格上的某些位置，如图 5-3 所示。

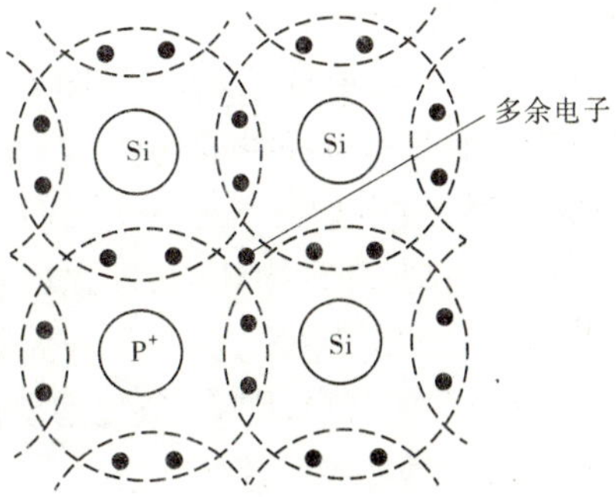

图 5-3　N 型半导体

由图 5-3 可见，磷原子最外层有 5 个价电子，其中 4 个价电子分别与邻近 4 个硅原子形成共价键结构，多余的 1 个价电子在共价键之外，只受到磷原子对它微弱的束缚，因此在室温下，即可获得挣脱束缚所需要的能量而成为自由电子，游离于晶格之间。失去电子的磷原子则成为不能移动的正离子。磷原子由于可以释放 1 个电子而被称为施主原子，又称施主杂质。

在本征半导体中，每掺入 1 个磷原子就可产生 1 个自由电子，而本征激发产生的空穴的数目不变。这样，在掺入磷的半导体中，自由电子的数目就远远超过了空穴数目，成为多数载流子（简称多子），空穴则为少数载流子（简称少子）。显然，参与导电的主要是电子,故这种半导体称为电子型半导体,简称 N 型半导体。

(二)P 型半导体

在本征半导体硅(或锗)中,若掺入微量的 3 价元素,如硼,这时硼原子就取代了晶体中的少量硅原子占据晶格上的某些位置,如图 5-4 所示。由图可知,硼原子的 3 个价电子分别与其邻近的 3 个硅原子中的 3 个价电子组成完整的共价键,而与其相邻的另 1 个硅原子的共价键中则缺少 1 个电子,出现了 1 个空穴。这个空穴被附近硅原子中的价电子来填充后,使 3 价的硼原子获得了 1 个电子而变成负离子。同时,邻近共价键上出现 1 个空穴。由于硼原子起着接受电子的作用,故称为受主原子,又称受主杂质。

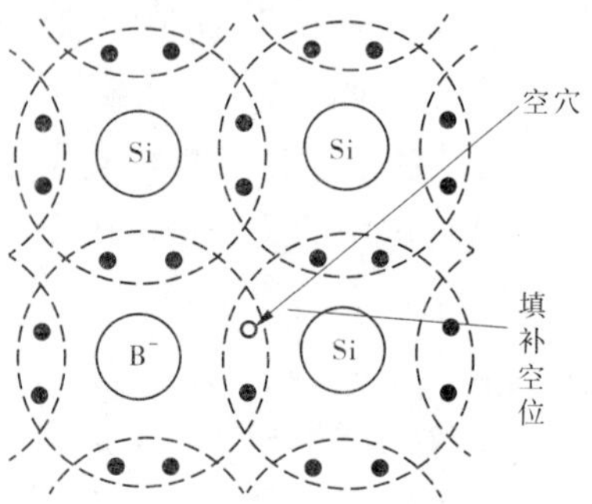

图 5-4　P 型半导体

在本征半导体中每掺入 1 个硼原子就可以提供 1 个空穴,当掺入一定数量的硼原子时,就可以使半导体中空穴的数目远大于本征激发电子的数目,成为多数载流子,而电子则成为少数载流子。显然,参与导电的主要是空穴,故这种半导体称为空穴型半导体,简称 P 型半导体。

按一定次序将 N 型半导体和 P 型半导体结合在一起,便能制造出用于汽车电压调节和电子控制的电子器件。

三、PN 结及其特性

如果通过掺杂使一块半导体的一边形成 P 型半导体,另一边形成 N 型半导体,则在这两种半导体的交界处将形成一个具有特殊性质的称为 PN 结的薄层,如图 5-5 所示。PN 结虽然只有微米级的宽度,但却有十分重要的导电性能,它是各种半导体器件的工作基础。

当 PN 结无外加电压时(见图 5-5),空间电荷区的宽度基本上是固定的,并且空穴和自由电子都基本上耗尽了,所以空间电荷区又称为耗尽层,耗尽层中有一个内电场,其方向见图 5-5。

当 PN 结加正向电压时,即 P 区接外电源的正极,N 区接负极,如图 5-6 所示,这种接法叫 PN 结的正向联结,也叫正向偏置。这时外加电场与内电场的方向相反,削弱了内电场,空间电荷区变窄,PN 结呈现的电阻很低,形成了从 P 区流向 N 区的正向电流,即 PN 结处在正向导通状态。

当 PN 结加反向电压时,即 P 区接外电源的负极,N 区接正极,如图 5-7 所示,这种接法叫 PN 结的反向联结,也叫反向偏置。这时外加电场与内电场的方向相同,增加了内电场,空间电荷区变宽,PN 结呈现的电阻很高,只有很小的反向漏电流从 N 区流向 P 区,即 PN 结处在反向截止状态。

综上所述,PN 结具有正向导通、反向截止的单向导电性。

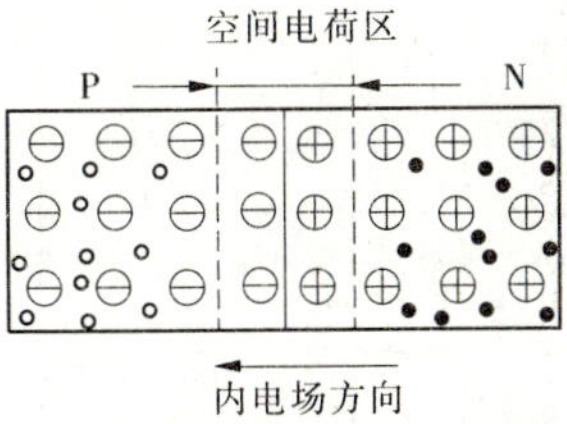

图 5-5　PN 结

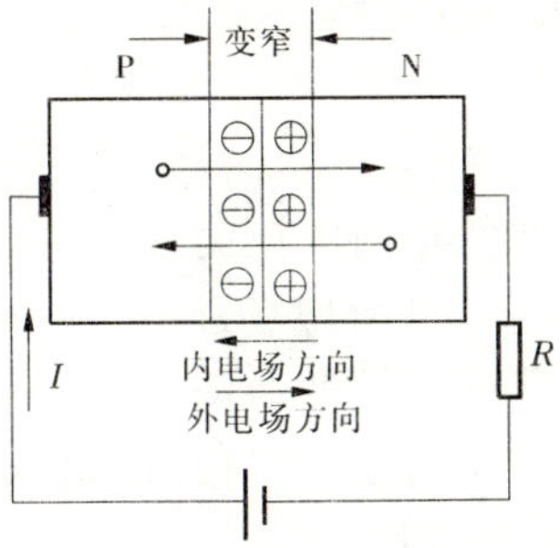

图 5-6　PN 结加正向电压

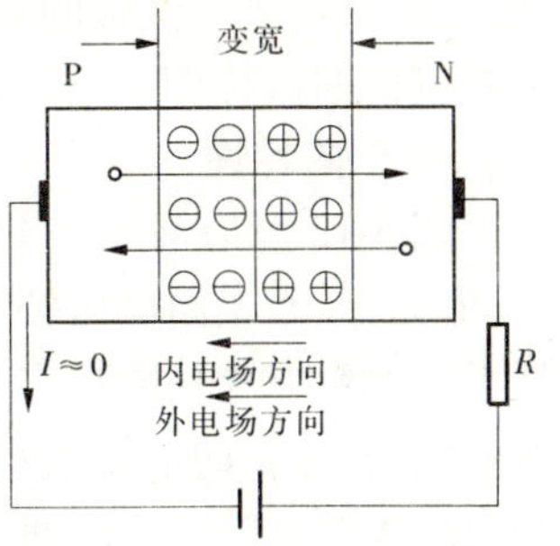

图 5-7　PN 结加反向电压

第二节　半导体二极管

一、基本结构

晶体二极管也称半导体二极管，它是在 PN 结上加接触电极、引线和管壳封装而成的。常用符号如图5-8所示。按其结构，通常有点接触型、面结合型及平面型三类。点接触型（见图 5-9）适用于工作电流小、工作频率高的场合，面结合型（见图 5-10）适用于工作电流较大、工作频率较低的场合，平面型（见图 5-11）适用于工作电流大、功率大、工作频率低的场合。

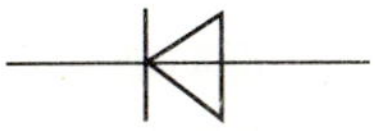

图 5-8　二极管符号

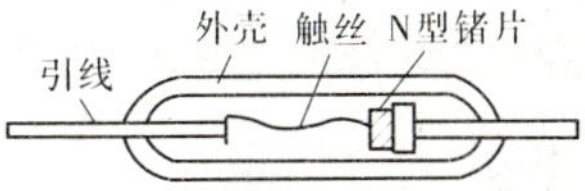

图 5-9　点接触型

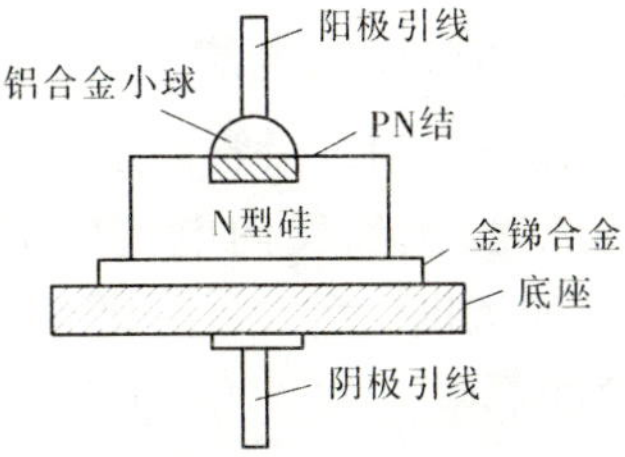

图 5-10　面结合型

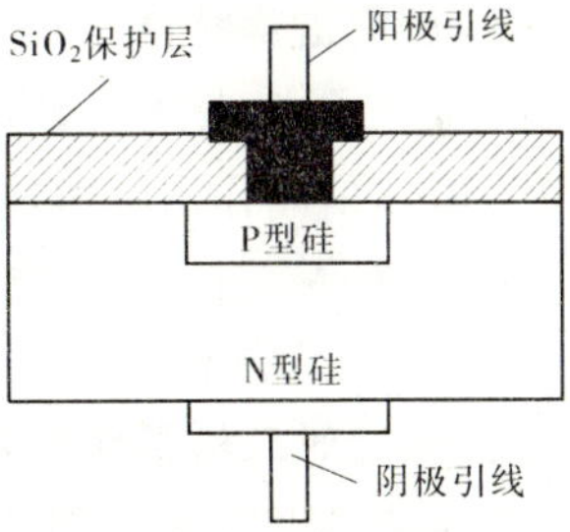

图 5-11　平面型

按使用的半导体材料分，有硅二极管和锗二极管；按用途分，有普通二极管、整流二极管、检波二极管、稳压二极管、开关二极管、变容二极管、发光二极管、光电二极管等。

二、伏安特性

二极管是由一个 PN 结构成的，它的主要特性就是单向导电性，通常用它的伏安特性来表示。

二极管的伏安特性是指流过二极管的电流与加于二极管两端的电压之间的关系。用逐点测量的方法测绘出来或用晶体管图示仪显示出来的 $U—I$ 曲线，称二极管的伏安特性曲线。图 5-12 是二极管的伏安特性曲线示意图，以此为例说明其特性。

（一）正向特性

由图 5-12 可以看出，当所加的正向电压为零时，电流为零；当正向电压较小时，由于外电场远不足以克服 PN 结内电场对多数载流子扩散运动所造成的阻力，故正向电流很小（几乎为零），二极管呈现出较大的电阻。这段曲线称为死区。

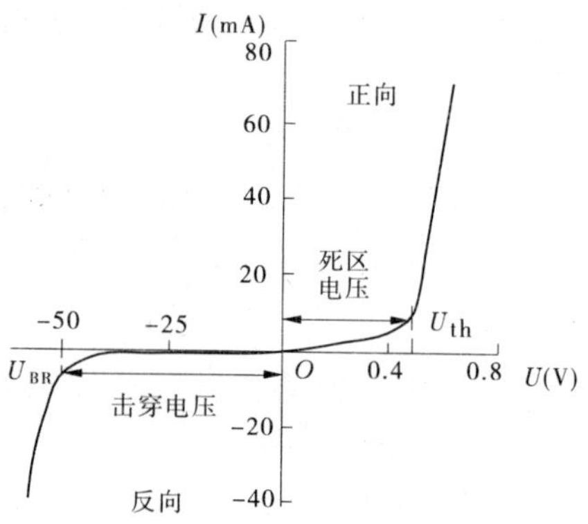

图 5-12　二极管的伏安特性

当正向电压升高到一定值 U_{th} 以后，内电场被显著减弱，正向电流才有明显增加。U_{th} 被称为门限电压或阀电压。U_{th} 视二极管材料和温度的不同而不同，常温下，硅管一般为 0.5V 左右，锗管为 0.1V 左右。在实际应用中，常把正向特性较直部分延长交于横轴的一点，定为门限电压 U_{th} 的值，如图中虚线与横轴的交点。

当正向电压大于 U_{th} 以后，正向电流随正向电压几乎线性增长。把正向电流随正向电压线性增加时所对应的正向电压，称为二极管的导通电压，用 U_{th} 来表示。通常，硅管的导通电压为 0.6～0.8V，一般取为 0.7V；锗管的导通电压为 0.2～0.3V，一般取为 0.2V。

（二）反向特性

当二极管两端外加反向电压时，PN 结内电场进一步增强，使扩散更难进行。这时只有少数载流子在反向电压作用下的漂移运动形成微弱的反向电流 I_R。反向电流很小，且在一定的范围内几乎不随反向电压的增大而增大。但反向电流是温度的函数，将随温度的变化而变化。常温下，小功率硅管的反向电流在微安数量级，锗管的反向电流在毫安数量级。

（三）反向击穿特性

当反向电压增大到一定数值 U_{BR} 时，反向电流剧增，这种现象称为二极管的击穿，此时的 U_{BR} 电压值叫作击穿电压。U_{BR} 视不同二极管而定，普通二极管一般在几十伏以上且硅管较锗管为高。击穿特性的特点是，虽然反向电流剧增，但二极管的端电压却变化很小，这一特点成为制作稳压二极管的依据。

（四）温度对二极管伏安特性的影响

二极管是温度的敏感器件，温度的变化对其伏安特性的影响主要表现为：随着温度的升高，其正向特性曲线左移，即正向压降减小；反向特性曲线下移，即反向电流增大。一般在室温附近，温度每升高 1℃，其正向压降减小 2～2.5mV；温度每升高 10℃，反向电流大约增大 1 倍。

综上所述，二极管的伏安特性具有以下特点：

（1）二极管具有单向导电性；

（2）二极管的伏安特性具有非线性；

（3）二极管的伏安特性与温度有关。

三、主要参数

半导体二极管的参数包括最大整流电流 I_F、反向击穿电压 U_{BR}、最大反向工作电压

U_{RM}、反向电流 I_R、正向压降 U_F、最高工作频率 f_{max} 和结电容 C_j 等。几个主要的参数介绍如下。

（一）最大整流电流 I_F

二极管长期连续工作时，允许通过二极管的最大整流电流的平均值。

（二）反向击穿电压 U_{BR} 和最大反向工作电压 U_{RM}

二极管反向电流急剧增加时对应的反向电压值称为反向击穿电压 U_{BR}。为安全计，在实际工作时，最大反向工作电压 U_{RM} 一般只按反向击穿电压 U_{BR} 的一半计算。

（三）反向电流 I_R

在室温下，在规定的反向电压下，一般是最大反向工作电压下的反向电流值称为 I_R。硅二极管的反向电流一般在纳安（nA）级，锗二极管在微安（μA）级。

（四）正向导通电压 U_{th}

在规定的正向电流下，二极管的正向导通电压为 U_{th}。小电流硅二极管的正向压降在中等电流水平下，为0.6～0.8V；锗二极管一般为0.2～0.3V。

【例 5-1】 图 5-13（a）中的 R 和 C 构成一微分电路。当输入电压 u_i 如图 5-13（b）中所示时，试画出输出电压 u_o 的波形。设 $U_C(0)=0$。

u_o 波形如图 5-13（b）所示。

四、二极管在汽车上的应用

利用二极管的单向导电性，可以组成整流、续流、限幅及检波等电路应用到汽车电路中。

（一）二极管的整流电路

将交流电变成直流电的过程叫作整流。在汽车交流发电机中，就是利用二极管组成的整流板将发电机发出的三相交流电整流为直流电。为了适应汽车发电机的需要，专门制作了用于汽车的整流二极管，它们分为正极管和负极管，如图5-14所示。

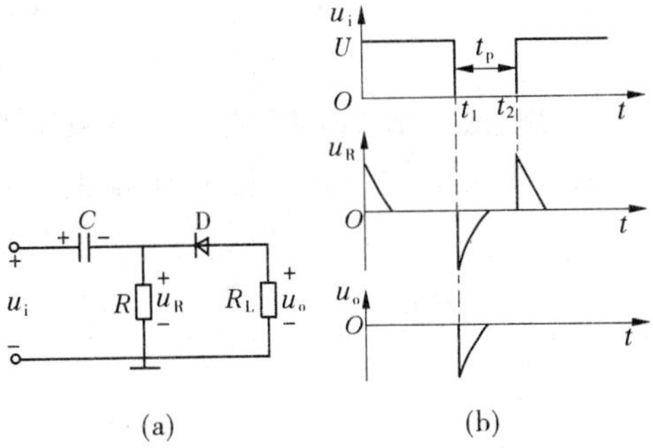

图 5-13　例 5-1 图

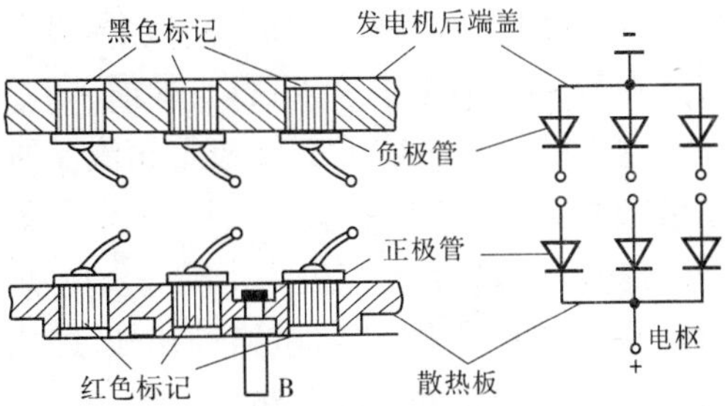

图 5-14　汽车交流发电机整流二极管的安装示意图

正极管的外壳为负极，引出极为正极，在管壳底上一般标有红色标记。在负极搭铁的硅整流发电机中，三个正极管的外壳压装在散热板的三个座孔中，共同组成发电机的正极，由一个与发电机后端盖绝缘的整流板固定螺栓通至机壳外，作为发电机的火线接线柱“B”。

负极管的外壳为正极，引出极为负极，在管壳底上一般标有黑色标记。三个负极管的外壳压装在后端盖的三个孔中，和发电机外壳共同组成发电机的负极。

三个正极管和三个负极管构成的整流电路为三相桥式整流电路，将发电机的交流电变为12V的直流电，整流电路和电压波形如图5-15所示。

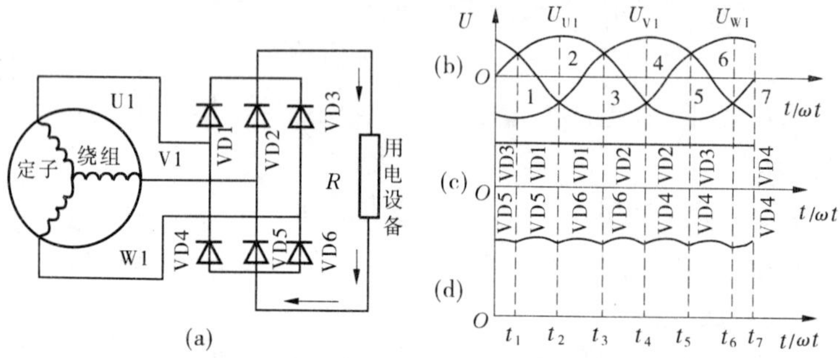

(a)整流电路；(b)三相交流电压波形；(c)某瞬间导通的三极管；(d)整流后负载上电压波形

图5-15　汽车交流发电机的整流电路和电压波形

重点：三相桥式整流的工作原理。在电路中，三个正极管的正极引出线分别与三相绕组的首端相连，在某个瞬间，只有与电位最高的一相绕组相连的正极管导通。同样，三个负极管的引出线也分别同三相绕组的首端相连。在某一瞬间，只有与电位最低的一相绕组相连的负极管导通。

其整流过程如下：

在 $t=0$ 时，U_{V1} 为负值，U_{W1} 为正值，则二极管获得正向电压而导通。电流从W1相出发，经VD3、用电设备、VD5回到V1相构成回路。因为二极管内阻很小，所以此时W1、V1之间的电压都加在负载上。

在 $t_1 \sim t_2$ 时间内，U1相电压最高，V1相电压最低，所以VD1、VD5处于正向电压下而导通，U1、V1之间的电压加在负载上。

在 $t_2 \sim t_3$ 时间内，U1相电压最高，W1相电压最低，所以VD1、VD6处于正向电压下而导通，U1、W1之间的电压加在负载上。

在 $t_3 \sim t_4$ 时间内，VD2、VD6导通，V1、W1之间的电压加在负载上。

这样的反复循环，6只二极管轮流导通，在负载上便得到一个较平稳的直流电压。电压波形如图5-15(d)所示。

有些汽车交流发电机为了提高发电功率、提高电压调节精度等，采用的整流方式有8管电路、9管电路和11管电路等几种，这几种电路将在汽车电器课程中讲授。

(二)二极管的续流电路

一个通电的线圈，当突然断电时，就会在线圈中产生一个反向电动势，如果这个反向电动势叠加在电路中的其他电子元件上(一般为三极管)，就会引起元件的破坏。为了避免这种现象的出现，一般都在线圈的旁边并联一个二极管来吸收反向电动势，这种电路就是二极管的续流电路(见图5-16)。在这种电路中，二极管起到了对其他电子元件的保护作用，所以也称为保护二极管。

操作规范：与线圈并联的二极管一定是负极接高电位，正极接低电位。

在汽车用电子调压器中，起开关作用的三极管根据发电机输出电压的高低控制交流发电机励磁绕组的通断，以达到稳定输出电压的目的。在图 5-17 所示电子调压器电路中，点画线框内就是二极管续流电路。在该调压器中，三极管 VT2 和 VT3 联合起到开关作用，控制发电机励磁线圈的通断。当三极管断开励磁绕组时，励磁绕组中就会产生一个较高的反向电动势，如果叠加在电源电压上将对 VT2 和 VT3 造成很大冲击，甚至将三极管烧毁。当并联上保护二极管 VD3 后，这个反向电动势经过 VD3 被励磁线圈吸收，避免了对三极管的冲击。

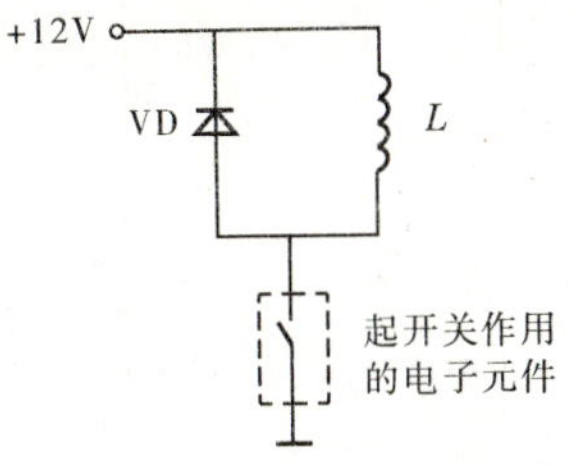

图 5-16　二极管续流电路

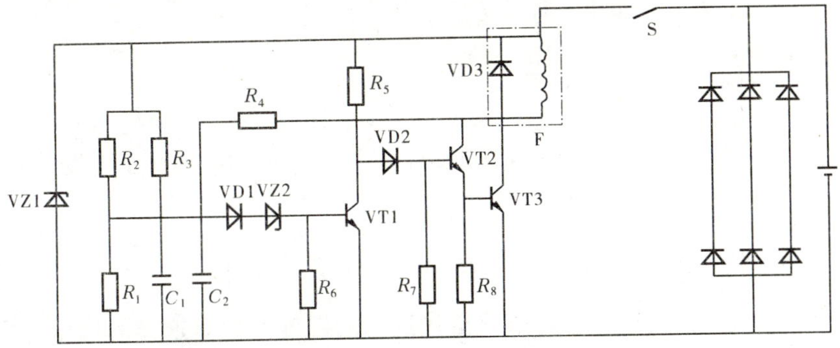

图 5-17　电子电压调节器的开关三极管保护电路

提示：二极管的续流电路在汽车电子电路中随处可见，一般在继电器、线圈等旁边都并联有保护二极管。保护二极管有些装在器件外部，有些装在器件内部，线圈的旁边。

二极管的限幅电路是利用二极管在导通后正向压降 0.7V 的特性，使得二极管两端的电压维持在 0.7V，达到限制电压幅度的作用；二极管的检波电路主要应用在汽车音响电路中。二极管的这两种应用将在以后结合具体电路进行分析。

第三节　特殊二极管

一、稳压二极管

（一）工作原理及主要参数

稳压二极管是应用在反向击穿区的特殊硅二极管。稳压二极管的伏安特性曲线与硅二极管的伏安特性曲线完全一样，稳压二极管伏安特性曲线如图 5-18 所示。

从稳压二极管的伏安特性曲线上可以确定稳压二极管的参数。

1. 稳定电压 U_z

在规定的稳压管反向工作电流 I_z 下，所对应的反向工作电压为稳定电压 U_z。

2. 动态电阻 r_z

其概念与一般二极管的动态电阻相同，只不过稳压二极管的动态电阻是从它的反向特性上求取的。r_z 愈小，反映稳压管的击穿特性愈陡。

$$r_z = \Delta U_z / \Delta I_z$$

3. 最大耗散功率 P_{zm}

稳压管的最大功率损耗取决于 PN 结的面积和散热等条件。反向工作时，PN 结的功率损耗为 $P_z = U_z I_z$，由 P_{zmax} 和 U_z 可以决定 I_{zmax}。

4. 最大稳定工作电流 I_{zmax} 和最小稳定工作电流 I_{zmin}

稳压管的最大稳定工作电流取决于最大耗散功率，即 $P_{zmax} = U_z I_{zmax}$。而 I_{zmin} 对应 U_{zmin}，若 $I_z < I_{zmin}$，则不能稳压。

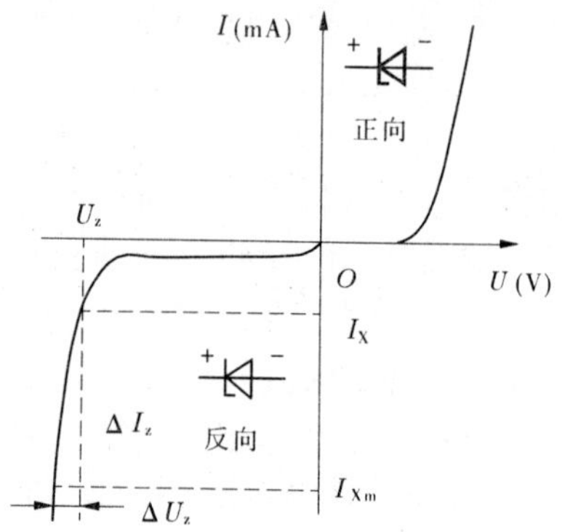

图 5-18　稳压二极管的伏安特性

5. 稳定电压温度系数

温度的变化将使 U_z 改变，在稳压管中，当 $|U_z| > 7V$ 时，U_z 具有正温度系数，反向击穿是雪崩击穿。

当 $|U_z| < 4V$ 时，U_z 具有负温度系数，反向击穿是齐纳击穿。

当 $4V < |U_z| < 7V$ 时，稳压管可以获得接近零的温度系数。这样的稳压二极管可以作为标准稳压管使用。

使用稳压二极管时要注意以下三点：

(1) 工程上使用的稳压二极管无一例外都是硅管。

(2) 连接电路时应反接。

(3) 稳压管需串入一只电阻。该电阻的作用一是起限流作用，以保护稳压管；其次，当输入电压或负载电流变化时，通过该电阻上的电压降变化，取出误差信号以调节稳压管的工作电流，从而起到稳压作用。

(二) 稳压二极管在汽车中的应用

在汽车电路中，由于各个电气元件工作电流比较大，汽车电源系统的电压会出现波动。在汽车仪表电路和一部分电子控制电路中，一些需要精确电压值的地方经常利用稳压管来获取所需电压。图 5-19 所示为利用稳压管为汽车仪表提供稳定电源的电路，图中的稳压管与电阻串联而与仪表并联。如果仪表电压必须限定在 7V，便可使用额定电压为 7V 的稳压管。汽车电源电压一部分降落在电阻上，7V 电压降落在稳压管上。即使电源电压发生变化，也只是引起不同大小的电流流过电阻和稳压管，改变降落在电阻上的电压，而稳压管始终维持 7V 电压不变。

二、光电二极管

光电二极管又称光敏二极管，它是光电转换半导体器件，与光敏电阻器相比具有灵敏度高、高频性能好、可靠性好、体积小、使用方便等优点。

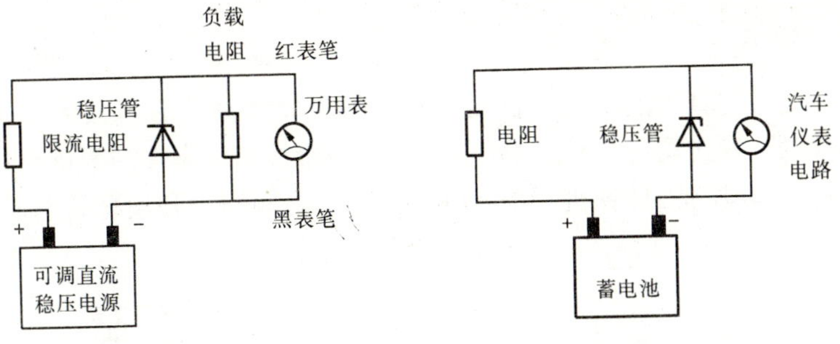

(a)稳压作用实验电路　　(b)汽车仪表稳压电路

图 5-19　稳压管在汽车中的应用

(一)结构特点与符号

光敏二极管和普通二极管相比虽然都属于单向导电的非线性半导体器件,但在结构上有其特殊的地方。

光敏二极管在电路中的符号如图 5-20 所示。光敏二极管使用时要反向接入电路中,即正极接电源负极,负极接电源正极。

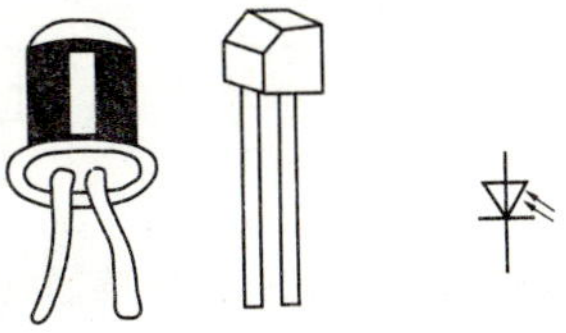

(a)外形　　(b)符号

图 5-20　光电二极管

(二)光电转换原理

由 PN 结反向特性可知,在一定反向电压范围内,反向电流很小且处于饱和状态。此时,如果无光照射 PN 结,则因本征激发产生的电子—空穴对数量有限,反向饱和电流保持不变,在光敏二极管中称为暗电流。当有光照射 PN 结时,结内将产生附加的大量电子—空穴对(称之为光生载流子),使流过 PN 结的电流随着光照强度的增加而剧增,此时的反向电流称为光电流。不同波长的光(蓝光、红光、红外光)在光敏二极管的不同区域被吸收形成光电流。被表面 P 型扩散层所吸收的主要是波长较短的蓝光,在这一区域,因光照产生的光生载流子(电子)一旦漂移到耗尽层界面,就会在结电场作用下,被拉向 N 区,形成部分光电流;波长较长的红光,将透过 P 型层在耗尽层激发出电子—空穴对,这些新生的电子和空穴载流子也会在结电场作用下,分别到达 N 区和 P 区,形成光电流。波长更长的红外光,将透过 P 型层和耗尽层,直接被 N 区吸收。在 N 区内因光照产生的光生载流子(空穴)一旦漂移到耗尽区界面,就会在结电场作用下被拉向 P 区,形成光电流。因此,光照射时,流过 PN 结的光电流应是三部分光电流之和。

提示:利用光电二极管制成光电传感器,可以把非电信号转变为电信号,以便控制其他电子器件。汽车上的许多传感器就是利用光电二极管制成的,用于汽车自动空调系统的日照强度传感器就是一个光电二极管(见图 5-21)。

日照强度传感器可以把太阳的照射情况转换成电流的变化,车内自动空调计算机对这种变化进行检测,来调节排风量和排风口温度。图 5-22 为丰田凌志 LS400UCF10 型轿车上的电路图。

光电二极管作为光传感器还被应用到汽车灯光自动控制器中,用来检测车辆周围亮、暗程度。

三、发光二极管

发光二极管是一种直接能把电能转变为光能的半导体器件。与其他发光器件相比，具有体积小、功耗低、发光均匀、稳定、响应速度快、寿命长和可靠性高等优点，被广泛应用于各种电子仪器、音响设备、计算机等中，作电流指示、音频指示和信息状态显示等。

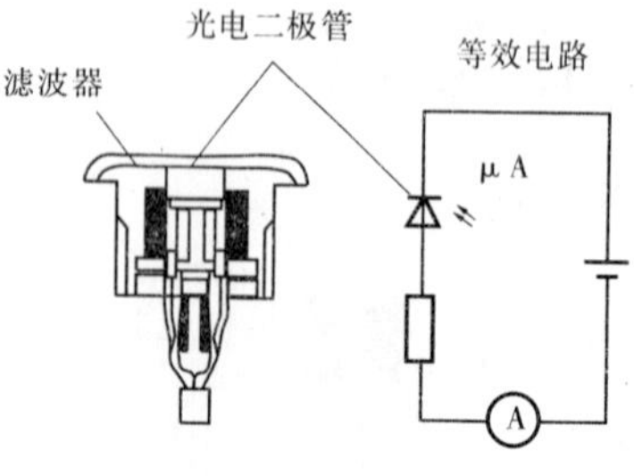

图 5-21　日照强度传感器及其应用等效电路

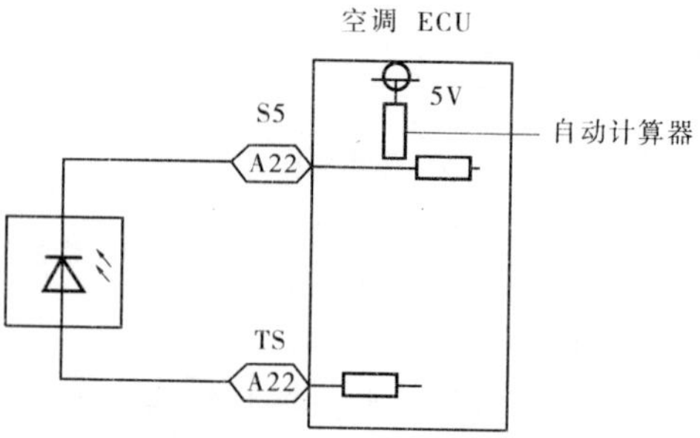

图 5-22　丰田凌志 LS400 自动空调系统日照强度传感器线路图

(一)发光原理

发光二极管的管芯结构与普通二极管相似，由一个 PN 结构成。当在发光二极管 PN 结上加正向电压时，空间电荷层变窄，载流子扩散运动大于漂移运动，致使 P 区的空穴注入 N 区，N 区的电子注入 P 区。当电子和空穴复合时会释放出能量并以发光的形式表现出来。

(二)种类和符号

发光二极管的种类很多，按发光材料来分，有磷化镓(GaP)发光二极管、磷砷化镓(GaAsP)发光二极管、砷铝镓(GaAlAs)发光二极管等；按发光颜色来分，有发红光、黄光、绿光以及眼睛看不见的红外发光二极管等；若按功率来区别，可分为小功率(HG400 系列)、中功率(HG50 系列)和大功率(HG52 系列)发光二极管；另外还有多色、变色发光二极管等。

发光二极管外形及在电路中的符号，如图 5-23 所示。

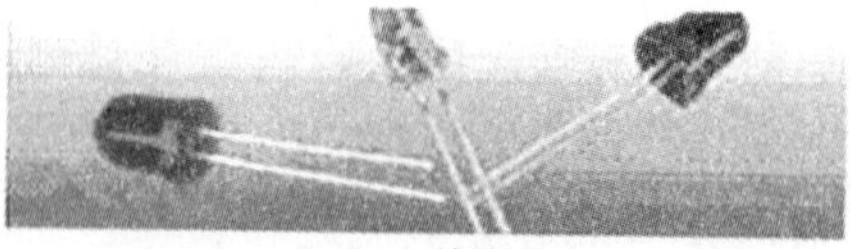

(a)外形

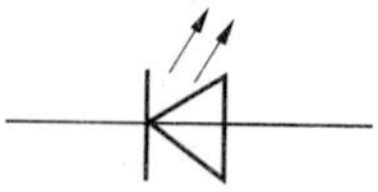

(b)符号

图 5-23　发光二极管

小功率的发光二极管正常工作电流在 10～30mA 范围内。通常正向压降值在 1.5～3V 范围内。发光二极管的反向耐压一般在 6V 左右。

发光二极管的伏安特性与整流二极管相似。为了避免由于电源波动引起正向电流值超过最大允许工作电流而导致管子烧坏，通常应串联一个限流电阻来限制流过二极管的电流。发光二极管最大允许工作电流随环境温度的升高而降低，因此发光二极管不宜在高温环境中使用。

发光二极管的反向耐压(即反向击穿电压)值比普通二极管的小,所以使用时,为了防止击穿造成发光二极管不发光,在电路中要加接二极管来保护。

(三)发光二极管在汽车中的应用

在汽车电路中发光二极管随处可见,主要应用在仪表板上作为指示信号灯或报警信号灯。比如液体液面过低,制动蹄片过薄,制动灯、尾灯、前照灯等烧坏,这时相应的发光二极管就会被接通发光,发出报警指示。如图 5-24 所示为浮子舌簧管开关液位传感器应用电路。

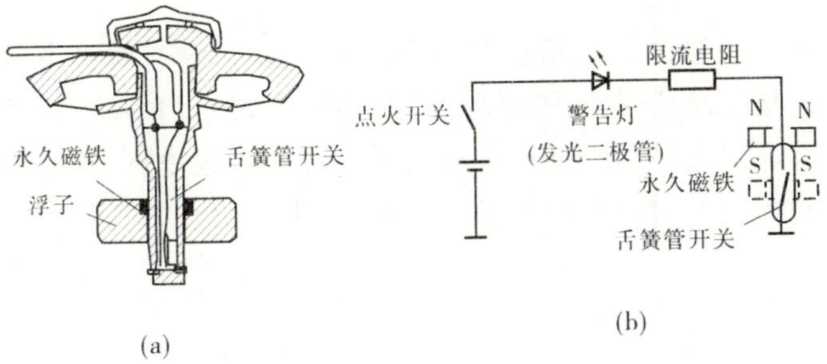

图 5-24　舌簧管开关液位传感器应用电路

如图 5-24(a)所示,这种传感器是由树脂软管制成的轴和沿轴上下移动的环状浮子组成的。圆管状轴内装有易磁化的强磁性材料制成的触点(舌弹簧),浮子内嵌有永久磁铁。当液位达到规定值时,舌簧管与浮子的位置,如图 5-24(b)中虚线所示。当永久磁铁接近舌弹簧时,磁力线从舌簧管中通过,舌簧管的触点闭合,报警二极管电路被接通,报警二极管发光,提示驾驶员液位已经低于规定值。当液位达到规定值时,浮子上升到规定位置,如图 5-24(b)中实线所示,没有磁力线通过舌簧管,在舌簧管本身的弹力作用下,舌簧管触点打开,报警二极管熄灭,表示液位合乎要求。

这种传感器可用于检测制动液液位、发动机机油液位、洗涤液液位、水箱冷却液液位以及沉淀物内含水量。红外发光二极管经常作为光源与光电三极管组合在一起组成光电传感器或光电耦合器,作为汽车传感器应用到燃油量检测、曲轴位置检测、车速检测、车高位置检测、方向盘转角检测等方面。

有些高级轿车在仪表盘上装有转向盘转角监控仪,利用发光二极管显示转向盘转角、前轮转角、车门的开闭转态。显示状态如图 5-25 所示。

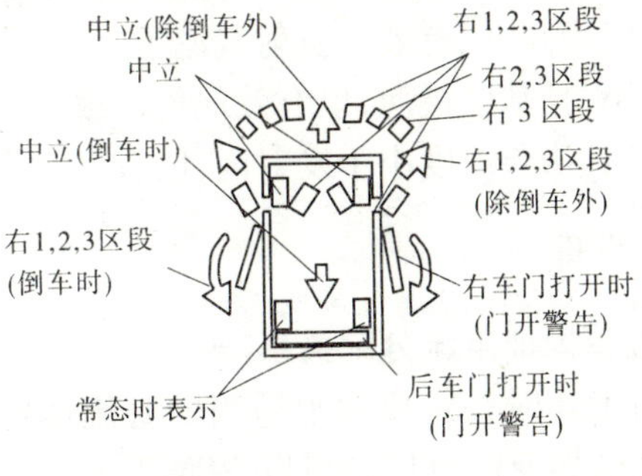

图 5-25　转向盘转角监控仪的显示状态(左右对称)

第四节　晶体三极管

半导体三极管又称晶体三极管，简称晶体管或三极管。在三极管内，有两种载流子：电子与空穴，它们同时参与导电，故晶体三极管又称为双极型三极管，简记为 BJT（英文 Bipolar Junction Transistor 的缩写）。它的基本功能是具有电流放大作用。

一、基本结构

双极型半导体三极管的结构示意图如图 5-26 所示。它有两种类型：NPN 型和 PNP 型。中间部分称为基区，相连电极称为基极，用 B 或 b 表示（Base）；一侧称为发射区，相连电极称为发射极，用 E 或 e 表示（Emitter）；另一侧称为集电区，相连电极称为集电极，用 C 或 c 表示（Collector）。E－B 间的 PN 结称为发射结（Je），C－B 间的 PN 结称为集电结（Jc）。

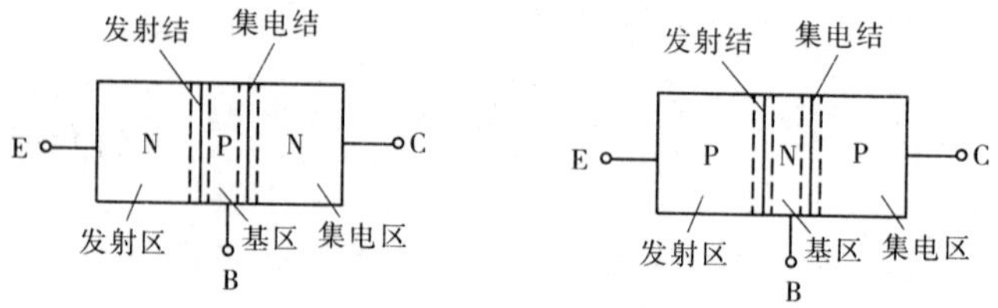

图 5-26　两种极型的双极型三极管

双极型三极管的符号如图 5-27 所示。发射极的箭头代表发射极电流的实际方向。

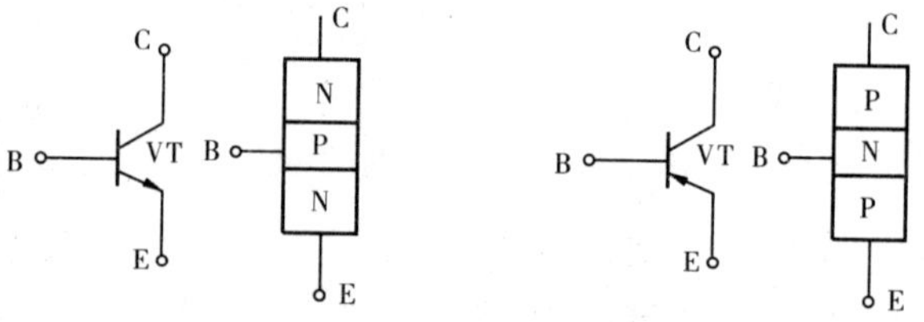

(a)NPN型　　(b)PNP型

图 5-27　双极型三极管的符号

为了保证三极管具有良好的电流放大作用，在制造三极管的工艺过程中，必须做到：

（1）使发射区的掺杂浓度最高，以有效地发射载流子；

（2）使基区掺杂浓度最小，且基区最薄，以有效地传输载流子；

（3）使集电区面积最大，且掺杂浓度小于发射区，以有效地收集载流子。

二、电流分配和放大原理

（一）双极型半导体三极管内部电流分配关系

双极型半导体三极管在工作时一定要加上适当的直流偏置电压。若工作在放大状态，发射结加正向电压，集电结加反向电压。现以 NPN 型三极管为例，当它导通时，三个电极上的电流必然满足节点电流定律，即流入三极管的基极电流 I_B 和集电极电流 I_C 之和

等于流出三极管的发射极电流 I_E,即

$$I_E = I_C + I_B \tag{5-1}$$

下面用载流子在三极管内部的运动规律来说明上述电流关系,见图 5-28。

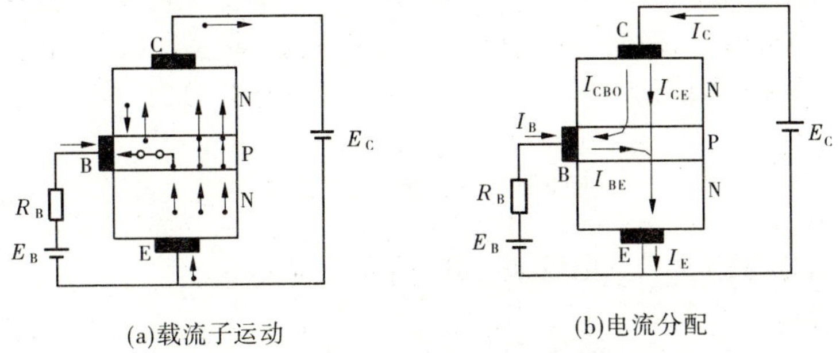

图 5-28　双极型三极管的电流传输关系

1. 发射极电流 I_E 的形成

发射结正偏时,从发射区将有大量的多数载流子(电子)不断向基区扩散,并不断从电源补充进电子,形成了发射极电流 I_E。与此同时,从基区向发射区也有多数载流子(空穴)的扩散运动,但其数量小,形成的电流可以忽略不计。这是因为发射区的掺杂浓度远大于基区的掺杂浓度。

2. 基极电流 I_B 的形成

进入基区的电子中将有少数的电子不断与基区中的空穴复合。因基区中的空穴浓度低,被复合的空穴自然很少,复合的过程形成基极电流 I_B。复合掉的空穴将由电源不断予以补充。

3. 集电极电流 I_C 的形成

进入基区的电子流因基区的空穴浓度低,被复合的机会较少。又因基区很薄,在集电结反偏电压的作用下,电子在基区停留的时间很短,很快就运动到集电结的边缘,进入集电结的结电场区域,被集电极所收集,形成电流 I_{CE},它基本上等于集电极电流 I_C。

另外,因集电结反偏,在内电场的作用下,集电区的少子(空穴)与基区的少子(电子)将发生漂移运动,形成电流 I_{CBO},并称为集电极—基极间反向饱和电流。由此可得

$$I_C = I_{CE} + I_{CBO} \tag{5-2}$$

式中,I_{CBO}是集电极电流和基极电流的一小部分,它受温度影响较大,而与外加电压的关系不大。

由以上分析可知,发射区掺杂浓度高,基区很薄,这是保证三极管能够实现电流放大的关键。

(二)双极型半导体三极管的放大原理

1. 三极管的三种连接方式

双极型三极管有三个电极,其中两个可以作为输入,两个可以作为输出,这样必然有一个电极是公共电极。因此,双极型三极管有三种接法,也称三种组态,见图 5-29。

共发射极接法,发射极作为公共电极,用 CE 表示;

共集电极接法,集电极作为公共电极,用 CC 表示;

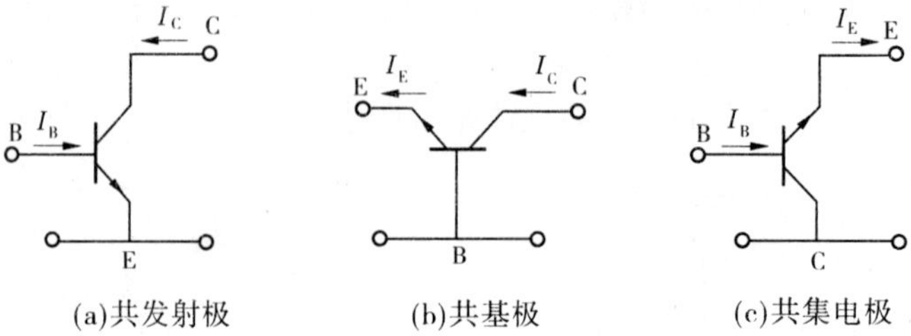

图 5-29　三极管的三种组态

共基极接法，基极作为公共电极，用 CB 表示。

2. 电流分配与放大原理

以 NPN 型三极管为例，我们通过一个实验来了解半导体三极管的放大原理和其中的电流分配情况，实验电路如图 5-30 所示。

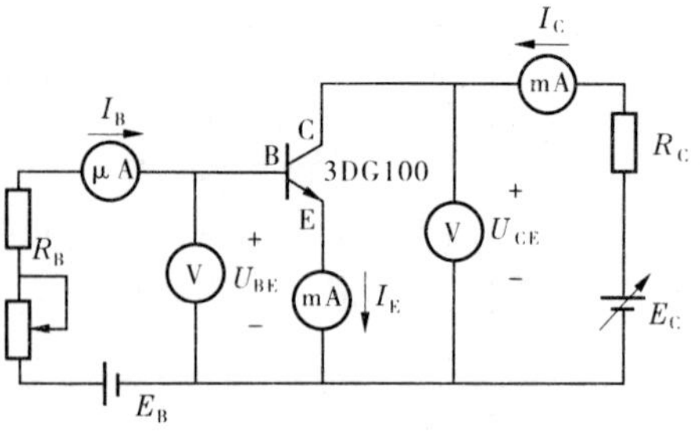

图 5-30　三极管的放大原理图

将三级管接成两条电路，一条是由电源 E_B 的正极经过电阻 R_B（通常为几百千欧的可调电阻）、基极、发射极到电源 E_B 的负极，称为基极回路。另一条是由电源 E_C 的正极经过电阻 R_C、集电极、发射极再回到电源 E_C 的负极，构成集电极回路。各支路中串有电流表，集电极与发射极可接毫安表，基极电流很小，可采用微安表。

改变可变电阻 R_B，则基极电流 I_B、集电极电流 I_C 和发射极电流 I_E 都发生变化，电流方向如图 5-30 所示，测量结果列于表 5-1 中。

表 5-1　实验测量数据

I_B(mA)	0	0.02	0.04	0.06	0.08	0.10
I_C(mA)	<0.001	0.70	1.50	2.30	3.10	3.95
I_E(mA)	<0.001	0.72	1.54	2.36	3.18	4.05

由实验及测量结果可得出如下结论：

（1）基极电流 I_B 和集电极电流 I_C 之和等于发射极电流 I_E，即

$$I_E = I_B + I_C$$

（2）基极电流 I_B 比集电极电流 I_C 和发射极电流 I_E 小得多，忽略 I_B 不计，则发射极电流约等于集电极电流。即有

$$I_E \approx I_C \gg I_B \tag{5-3}$$

（3）半导体三极管有电流放大作用，从实验数据可以看出，I_C 与 I_B 的比值近似为一常数，即

$$\bar{\beta} = \frac{I_C}{I_B} \tag{5-4}$$

基极电流 I_B 的少量变化可以引起集电极电流 I_C 较大的变化，即

$$\beta = \frac{\Delta I_C}{\Delta I_B} \tag{5-5}$$

以上两式中的 $\bar{\beta}$ 和 β 分别称为三极管的静态和动态电流放大系数，从表 5-1 中，我们还可以看出对一个半导体三极管来说，这个电流放大系数在一定范围内几乎不变，在图 5-30所示的实验电路中，发射极支路是两个电路回路所共有的，所以这种接法称为共发射极电路。

三、三极管的三种工作状态

根据三极管连接的外部电路条件，三极管有三种状态。

（一）截止状态

当 NPN 型三极管连接成如图 5-31 所示电路时，发射结和集电结都加了反向偏压。在这种状态下，三极管不导通，没有电流流动，称为三极管的截止状态。如果把 CE 间看做一个开关的两端，截止状态相当于开关断开。对于 PNP 型三极管，发射结和集电结都加了反向偏压，三极管截止。

（二）放大状态

如图 5-32（a）所示，当 NPN 管的基极B 与发射极 E 电位差大于 0.7V时，这种情况为加了正向偏压。在这种状态下，三极管导通，集电极C 向发射极 E有电流，而且流过的电流的大小与基极B 流入的电流成正比，称为三极管的放大状态。

对于 PNP 管，放大状态的条件是基极 B 的电位比发射极 E 的电位低 0.3V 以上，如图 5-32（b）所示。

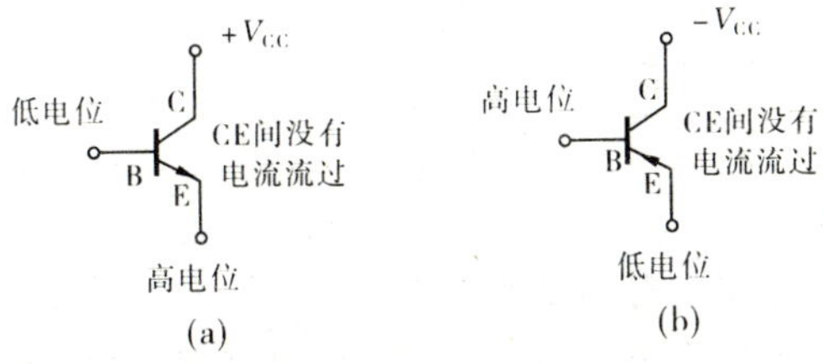

图 5-31　三极管的截止状态

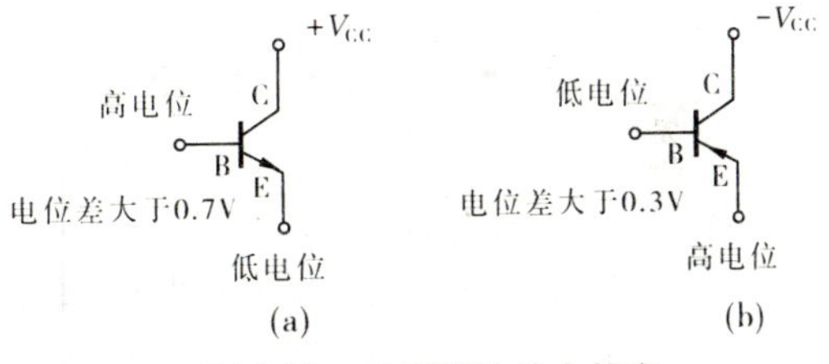

图 5-32　三极管的放大状态

（三）饱和状态

在放大状态，三极管 CE 之间的电流是随着基极电流的增大而增大的。但是，当三极管的基极电流增加到一定值时，再增大正向偏压，加大基极电流，CE 之间的电流维持在一个最大值而不再增大了，这种状态称为三极管的饱和状态。在饱和状态，三极管 CE 之间电位差很小，几乎为零，相当于一个开关的两端闭合。在分析汽车电路中，如果遇到三极管饱和的状态，可认为 C、E 电位相等。

四、半导体三极管的主要参数

半导体三极管的主要参数分为直流参数、交流参数和极限参数三大类。

（一）直流参数

1. 直流电流放大系数

（1）共发射极直流电流放大系数：

$$\bar{\beta} = (I_C - I_{CEO})/I_B \approx I_C/I_B |_{U_{CE}=常数} \tag{5-6}$$

$\bar{\beta}$ 在放大区基本不变。在共发射极输出特性曲线上，通过垂直于 x 轴的直线（U_{CE} = 常数）来求取 I_C/I_B，如图 5-33 所示。在 I_C 较小和 I_B 较大时，$\bar{\beta}$ 会有所减小，这一关系如图 5-34 所示。

（2）共基极直流电流放大系数：

$$\bar{\alpha} = (I_C - I_{CBO})/I_E \approx I_C/I_E \tag{5-7}$$

显然 $\bar{\alpha}$ 与 $\bar{\beta}$ 之间有如下关系

$$\bar{\alpha} = I_C/I_E = \bar{\beta}I_B/[(1+\bar{\beta})I_B] = \bar{\beta}/(1+\bar{\beta}) \tag{5-8}$$

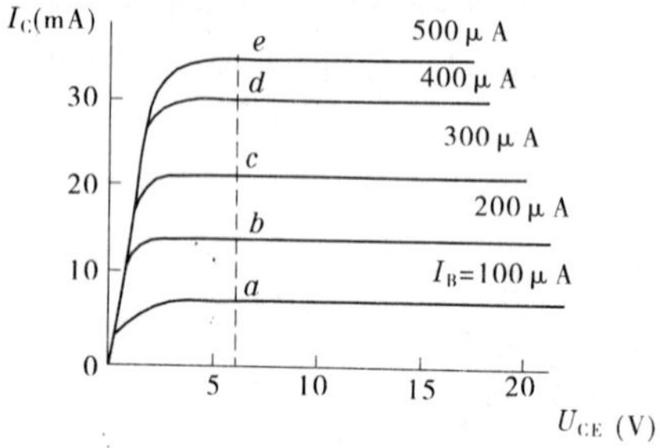

图 5-33　在输出特性曲线上决定 $\bar{\beta}$

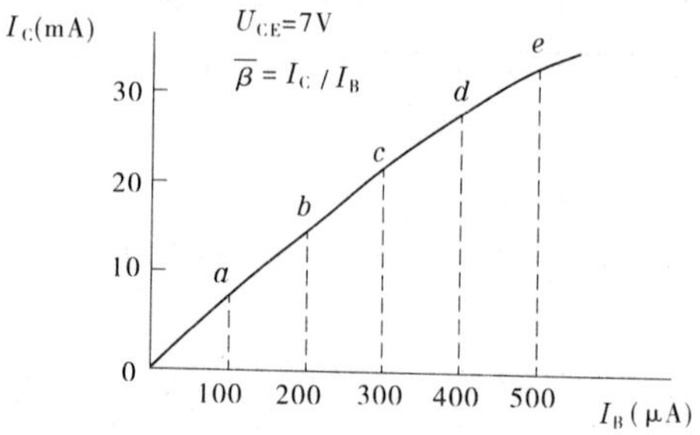

图 5-34　$\bar{\beta}$ 与 I_C 之间的关系

2. 极间反向电流

（1）集电极—基极间反向饱和电流 I_{CBO}。

I_{CBO} 的下标 CB 代表集电极和基极，O 是 Open 的字头，代表第三个电极 E 开路。它相当于集电结的反向饱和电流。

（2）集电极—发射极间反向饱和电流 I_{CEO} 和 I_{CBO} 有如下关系：

$$I_{CEO} = (1+\beta)I_{CBO} \tag{5-9}$$

I_{CEO} 是基极开路、集电极反向偏置而发射极正向偏置时，集电结与发射结之间的反向电流，又叫作穿透电流。

（二）交流参数

1. 交流电流放大系数

（1）共发射极交流电流放大系数

$$\beta = \Delta I_C/\Delta I_B |_{U_{CE}=常数} \tag{5-10}$$

在放大区，β 值基本不变，可在共射接法输出特性曲线上，通过垂直于 X 轴的直线求取 $\Delta I_C/\Delta I_B$，见图 5-35。

（2）共基极交流电流放大系数

$$\alpha = \Delta I_C/\Delta I_E \tag{5-11}$$

当 I_{CBO} 和 I_{CEO} 很小时，$\alpha \approx \bar{\alpha}$、$\beta \approx \bar{\beta}$，可以不加区分。

2. 特征频率 f_T

三极管的 β 值不仅与工作电流有关，而且与工作频率有关。由于结电容的影响，当信号频率增加时，三极管的 β 将会下降。当 β 下降到 1 时所对应的频率称为特征频率，用 f_T 表示。

（三）极限参数

1. 集电极最大允许电流 I_{CM}

如图 5-36 所示，当集电极电流增加时，β 就要下降，当 β 值下降到线性放大区 β 值的 30% ~70% 时，所对应的集电极电流称为集电极最大允许电流 I_{CM}。至于 β 值下降多少，不同型号的三极管、不同厂家的规定有所差别。可见，当 $I_C > I_{CM}$ 时，并不表示三极管会损坏。

2. 集电极最大允许功率损耗 P_{CM}

集电极电流通过集电结时所产生的功耗

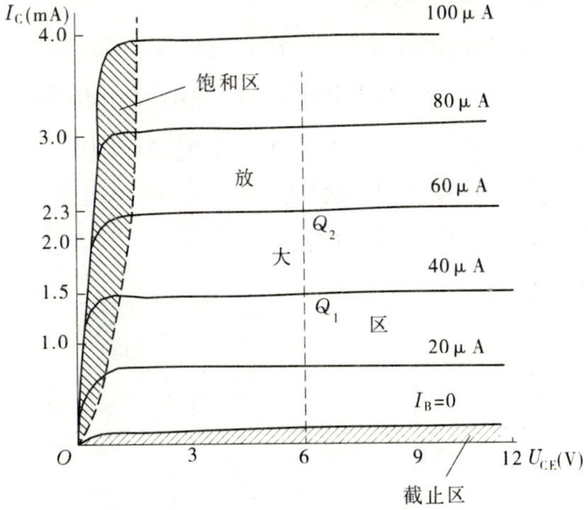

图 5-35 输出特性曲线

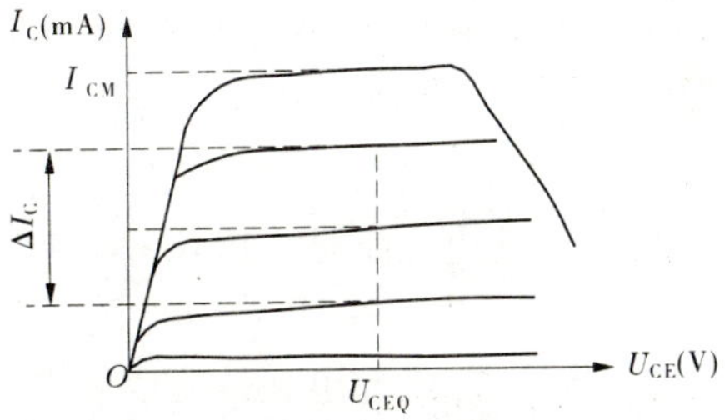

图 5-36 在输出特性曲线上求取 I_{CM}

$$P_{CM} = I_C U_{CB} \approx I_C U_{CE}$$

因发射结正偏，呈低阻，所以功耗主要集中在集电结上。在计算时往往用 U_{CE} 取代 U_{CB}。

3. 反向击穿电压

反向击穿电压表示三极管电极间承受反向电压的能力。

（1）$U_{(BR)CBO}$——发射极开路时的集电结击穿电压。下标 BR 代表击穿之意，是 Breakdown 的字头，C、B 代表集电极和基极，O 代表第三个电极 E 开路。

（2）$U_{(BR)EBO}$——集电极开路时发射结的击穿电压。

（3）$U_{(BR)CEO}$——基极开路时集电极和发射极间的击穿电压。

$U_{(BR)CER}$ 表示 BE 间接有电阻，$U_{(BR)CES}$ 表示 BE 间是短路的。几个击穿电压在大小上有如下关系：

$$U_{(BR)CBO} \approx U_{(BR)CES} > U_{(BR)CER} > U_{(BR)CEO} > U_{(BR)EBO}$$

五、三极管构成的多谐振荡器及其在汽车电子电路中的应用

在汽车电子电路中，需要产生多谐振荡信号用于控制器件和发出声音，这些电路一般都是由三极管构成的多谐振荡器来实现的。多谐振荡器常见于汽车晶体管闪光器、无触点晶体管电喇叭、刮水器间歇控制、电动汽油泵驱动、讯响信号报警器等电路中。

（一）多谐振荡器

多谐振荡器是由三极管放大电路和将三极管输出信号反送给三极管基极的正反馈电路组成的，如图 5-37 所示。这种电路一般都画成左右对称的形式，在电路中比较容易辨认。当开关断开后，由于电容的隔直作用，*B* 点电位为 +12V，当电容器充满电后，*A* 点电位为零。在开关闭合的瞬间，*B* 点电位突变为零，这时由于电容两端电压不能突变，还是 12V，*A* 点电位就变为 -12V。理解上述过程，有助于理解图 5-37 所示多谐振荡器电路。

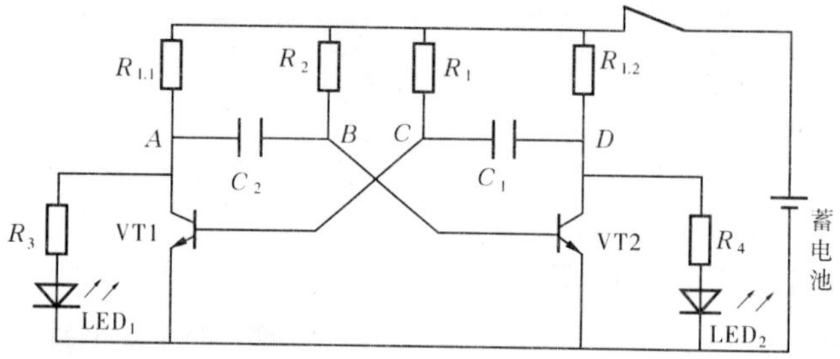

图 5-37　多谐振荡器电路

多谐振荡器工作原理：多谐振荡器是自激工作，在一开始得电工作时间时，可能是两个三极管中的任一个导通，另一个截止。假设开始时是 VT1 导通，VT2 截止。在这种状态下，*A* 点电位为零，LED_1 不亮；12V 电压通过 R_4 加到 LED_2 上，LED_2 发光。VT1 导通，电容 C_2 被充电，充电电路是 +12V→R_2→C_2→VT1 的 CE→负极。电容 C_1 也被充电，充电电路是 +12V→R_{L2}→C_1→VT1 的 BE→负极。电路中电阻 R_{L1}、R_{L2}的阻值小于电阻 R_1、R_2 的阻值，这样电容 C_1 的充电很快完成。由于 R_1 向 VT1 提供基极电流，使 VT1 维持导通。随着电容 C_2 的充电，*B* 点电位上升，使三极管 VT2 逐步由截止向饱和导通过渡。当 *B* 点电位足够大时，VT2 导通，*D* 点电位变为零，LED_2 熄灭，同时由于电容 C_1 电压的存在，*C* 点电位变为负电位，强迫 VT1 截止。VT1 截止，使 +12V 电压通过电阻 R_{L1}加到 LED_1 上，LED_1 发光。这时变为 VT1 截止，VT2 导通，电容 C_1 被从 C→D 方向充电，充电电路是 +12V→R_1→C_1→VT2 的 CE→负极。电容 C_2 被从 *A*→*B* 充电，电路是 +12V→R_{L1}→C_2→VT2 的 BE→负极。重复上述变化，使两个发光二极管以固定周期亮灭。在两个三极管的集电极就会得到振荡信号。电阻 R_3 和 R_4 是发光二极管的限流电阻。

操作：用示波器观察图 5-37 所示电路的输出波形，描绘三极管基极和集电极的波形。选用不同容量的 C_1 和 C_2 及不同阻值的 R_1 和 R_2，就可以改变电容的放电时间，由此改变振荡电路的振荡周期。

（二）多谐振荡器在汽车中的应用

1. 晶体管闪光器

汽车在转向时，驾驶员拨动转向开关，转向灯不停闪动指明转向方向。转向灯的闪动是由闪光器来控制完成的。图 5-38 所示为晶体管闪光器的电路原理图。它实际上就是一个由三极管 VT1 和 VT2，电阻 R_1、R_2、R_3、R_4，电容 C_1、C_2 构成的典型多谐振荡器。振荡信号从 VT2 的集电极经一个二极管输出到 VT3 的基极，当振荡信号为正电位时，VT3 饱和导通；当振荡信号为负电位时，二极管 VD 截止，VT3 没有基极电流而截止。当汽车转向，驾驶员将转向开关闭合至某一边时，该边转向灯就会随着 VT3 的导通和截止而闪动。

电阻 R_6 作为 VT3 的负载电阻，当汽车不转向时，VT3 管的电流经 R_6 流回蓄电池负极。

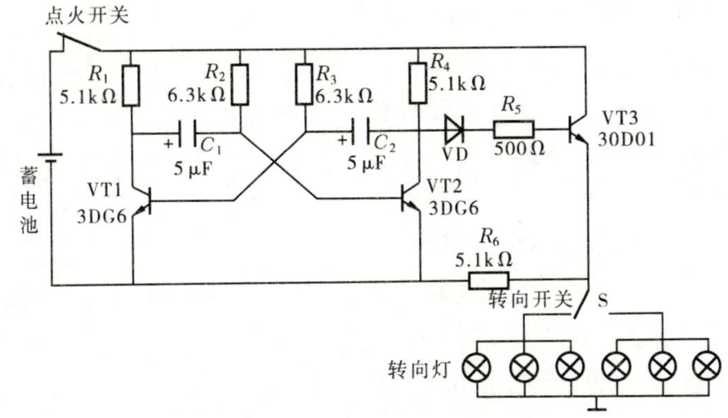

图 5-38　转向灯晶体管闪光器

该闪光器的振荡周期约为 0.8s，闪光频率为 70 ~ 75 次/s，亮灭比为 1∶1，闪光清晰，使用寿命长。

2. 无触点晶体管电喇叭

汽车喇叭声音也是一种高频多谐信号，如图 5-39 所示，VT1 和 VT2 构成多谐振荡器，当驾驶员按下喇叭按钮时，多谐振荡器得电工作，产生音频振荡信号，这个信号由 VT2 管发射极输出，送入 VT3 管基极进行放大，放大了的信号从 VT3 管集电极输出，送入 VT4 管和 VT5 管构成的复合管进行功率放大，从 VT5 管集电极输出，推动喇叭发出鸣叫声。电阻 R_1 和稳压管 VZ 构成稳压电路，保证多谐振荡器工作电压稳定，振荡频率稳定，喇叭鸣叫声调稳定。电路中的二极管 VD1、VD2 和电容 C_1 用来吸收电源中的高频尖刺脉冲，防止喇叭发出刺耳的啸叫声。

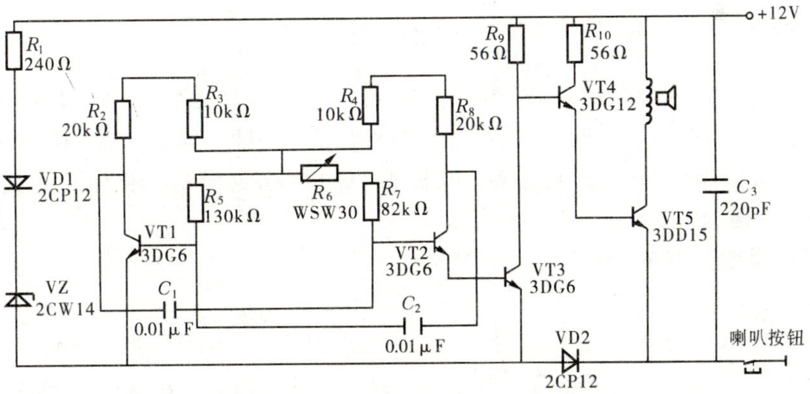

图 5-39　国产无触点晶体管电喇叭电路

该喇叭电路可发出高音和低音两种喇叭声音，按图 5-39 中的电路参数组装成的电路发出高音喇叭声。需要制作低音喇叭电路时，只需将图 5-39 中的电阻 R_3 换成 6.8kΩ，R_4 换成 20kΩ，R_8 换成 150kΩ，R_7 换成 130kΩ。当需要对喇叭声调和声压进行微调时，可调整电位器 R_6。

3. 刮水器间歇控制

汽车刮水器在工作时具有一定频率，由于频率较低，表现出间歇工作特点。常见的间歇控制电路，均由三极管及一些电子元件组成。如图 5-40 所示，刮水器间歇控制电路是采用多谐振荡器进行控制的。多谐振荡器由三极管 VT1、VT2 及一些电阻、电容组成，产生振荡信号。当 VT2 管导通时，继电器 J 通电吸合，触点控制刮水电动机工作；当 VT2 截止时，继电器 J 断电，触点分开，刮水电动机停止工作。

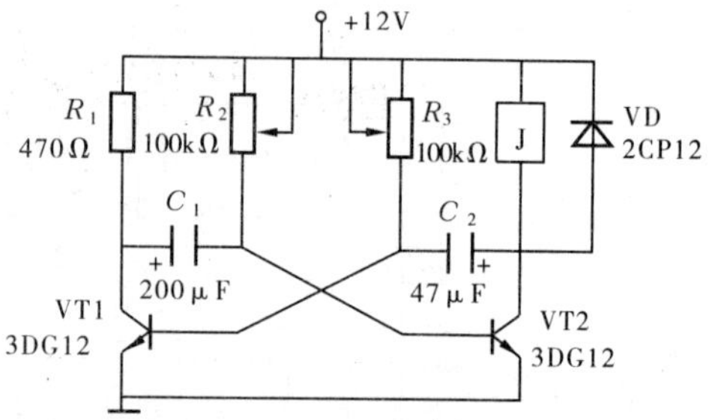

图 5-40 刮水器间歇控制

第五节 场效应晶体管

场效应管（Field Effect Transistor，简称 FET）是利用电场效应来控制半导体中电流的一种半导体器件，故因此而得名。场效应管是一种电压控制器件，只依靠一种载流子参与导电，故又称为单极型晶体管。与双极型晶体三极管相比，它具有输入阻抗高、噪声低、热稳定性好、抗辐射能力强、功耗小、制造工艺简单和便于集成化等优点。

场效应管的类型若从参与导电的载流子来划分，有电子作为载流子的 N 沟道器件和空穴作为载流子的 P 沟道器件；从场效应三极管的结构来划分，有结型场效应三极管 JFET 和绝缘栅型场效应三极管 IGFET 之分。IGFET 也称金属－氧化物－半导体三极管 MOSFET，简称 MOS 管。MOS 管性能更为优越，发展迅速，应用广泛。

本节重点介绍 MOS 场效应三极管。

一、MOS 场效应管的基本结构和工作原理

MOS 场效应三极管分为增强型（分为 N 沟道、P 沟道）及耗尽型（分为 N 沟道、P 沟道）。N 沟道增强型 MOSFET 的结构示意图和符号见图 5-41。其中，电极 D（Drain）称为漏极，相当于双极型三极管的集电极；电极 G（Gate）称为栅极，相当于基极；电极 S（Source）称为源极，相当于发射极。

（一）N 沟道增强型 MOSFET

1. 结构

根据图 5-41，N 沟道增强型 MOSFET 基本上是一种左右对称的拓扑结构，它是在 P 型半导体上生成一层 SiO_2 薄膜绝缘层，然后用光刻工艺扩散两个高掺杂的 N 型区，从 N 型区引出电极，一个是漏极 D，一个是源极 S。在源极和漏极之间的绝缘层上镀一层金属铝作为栅极 G。P 型半导体称为衬底，用符号 B 表示。

2. 工作原理

1）栅源电压 U_{GS} 的控制作用

当 $U_{GS}=0V$ 时，漏源之间相当于两个背靠背的二极管，在 D、S 之间加上电压不会在 D、S 间形成电流。

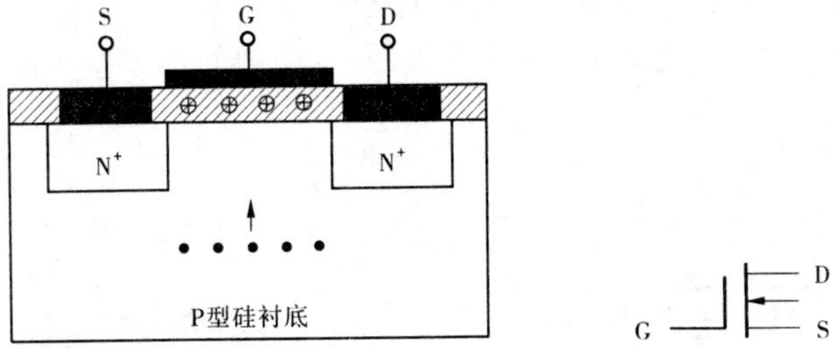

(a)结构示意图　　　　(b)符号

图 5-41　N 沟道增强型 MOSFET 的结构示意图和符号

当栅极加有电压时,若 $0 < U_{GS} < U_{GS(th)}$($U_{GS(th)}$ 称为开启电压),通过栅极和衬底间的电容作用,将靠近栅极下方的 P 型半导体中的空穴向下方排斥,出现了一薄层负离子的耗尽层。耗尽层中的少子将向表层运动,但数量有限,不足以形成沟道,将漏极和源极沟通,所以仍然不足以形成漏极电流 I_D。

进一步增加 U_{GS},当 $U_{GS} > U_{GS(th)}$ 时,由于此时的栅极电压已经比较强,在靠近栅极下方的 P 型半导体表层中聚集较多的电子,可以形成沟道,将漏极和源极沟通。如果此时加有漏源电压,就可以形成漏极电流 I_D。在栅极下方形成的导电沟道中的电子,因与 P 型半导体的载流子空穴极性相反,故称为反型层。随着 U_{GS} 的继续增加,I_D 将不断增加。在 $U_{GS} = 0V$ 时 $I_D = 0$,只有当 $U_{GS} > U_{GS(th)}$ 后才会出现漏极电流,这种 MOS 管称为增强型 MOS 管。

U_{GS} 对漏极电流的控制关系可用 $I_D = f(U_{GS})|_{U_{DS}=常数}$ 这一曲线描述,称为转移特性曲线,见图 5-42。

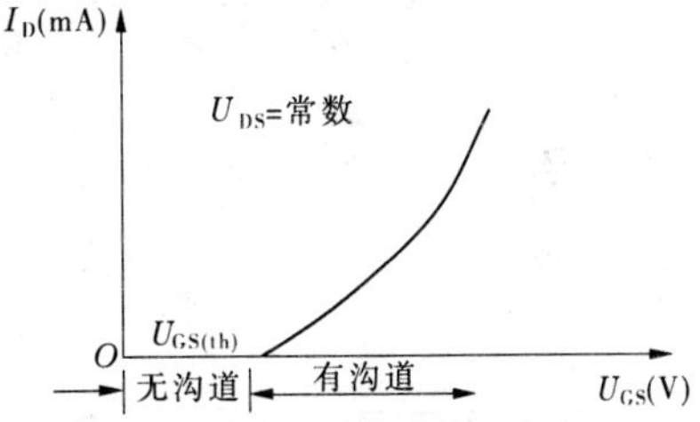

图 5-42　转移特性曲线

转移特性曲线的斜率 g_m 的大小反映了栅源电压对漏极电流的控制作用。g_m 的量纲为 mA/V,所以 g_m 也称为低频跨导。

跨导的定义式如下:

$$g_m = \Delta I_D / \Delta U_{GS}|_{U_{DS}=常数} \quad (\text{mS}) \qquad (5\text{-}12)$$

2)漏源电压 U_{DS} 对漏极电流 I_D 的控制作用

当 $U_{GS} > U_{GS(th)}$,且固定为某一值时,来分析漏源电压 U_{DS} 对漏极电流 I_D 的影响。U_{DS} 的不同变化对沟道的影响如图 5-43 所示。根据此图可知有如下关系

$$U_{DS} = U_{DG} + U_{GS} = -U_{GD} + U_{GS}$$

$$U_{GD} = U_{GS} - U_{DS}$$

当 U_{DS} 较小时,相当于 $U_{GD} > U_{GS(th)}$,沟道分布如图 5-43(a)所示,此时 U_{DS} 基本均匀降落在沟道中,沟道呈斜线分布。在紧靠漏极处,沟道达到开启的程度以上,漏源之间有电流通过。

当 U_{DS} 增加到使 $U_{GD} = U_{GS(th)}$ 时,沟道如图 5-43(b)所示。这相当于 U_{DS} 增加使漏极处

沟道缩减到刚刚开启的情况，称为预夹断，此时的漏极电流 I_D 基本饱和。当 U_{DS} 增加到 $U_{GD} < U_{GS(th)}$ 时，此时预夹断区域加长，伸向 S 极。U_{DS} 增加的部分基本降落在随之加长的夹断沟道上，I_D 基本趋于不变。

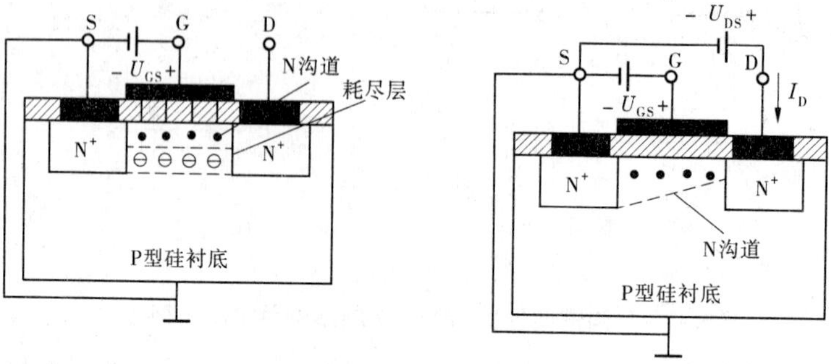

(a)　　　　　　(b)

图 5-43　漏源电压 U_{DS} 对沟道的影响

当 $U_{GS} > U_{GS(th)}$，且固定为某一值时，U_{DS} 对 I_D 的影响，即 $I_D = f(U_{DS})\mid_{U_{GS}=常数}$ 这一关系曲线如图 5-44 所示。

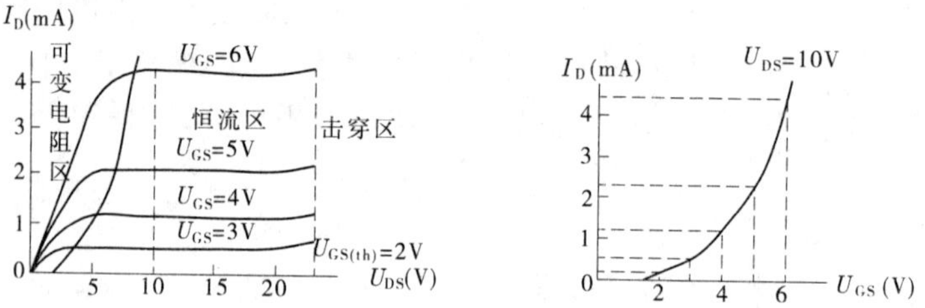

(a)输出特性曲线　　　　　　(b)转移特性曲线

图 5-44　漏极输出特性曲线和转移特性曲线

（二）N 沟道 MOSFET

N 沟道耗尽型 MOSFET 的结构和符号如图 5-45（a）、（b）所示，它是在栅极下方的 SiO_2 绝缘层中掺入了大量的金属正离子。所以，当 $U_{GS} = 0$ 时，这些正离子已经感应出反型层，形成了沟道。于是，只要有漏源电压，就有漏极电流存在。当 $U_{GS} > 0$ 时，将使 I_D 进一步增加。$U_{GS} < 0$ 时，随着 U_{GS} 的减小，漏极电流逐渐减小，直至 $I_D = 0$。对应 $I_D = 0$ 的 U_{GS} 称为夹断电压，用符号 $U_{GS(off)}$ 表示，有时也用 U_P 表示。N 沟道耗尽型 MOSFET 的转移特性曲线如图 5-45（c）所示。

（三）P 沟道 MOSFET

P 沟道 MOSFET 的工作原理与 N 沟道 MOSFET 完全相同，只不过导电的载流子不同，供电电压极性不同而已。这如同双极型三极管有 NPN 型和 PNP 型一样。

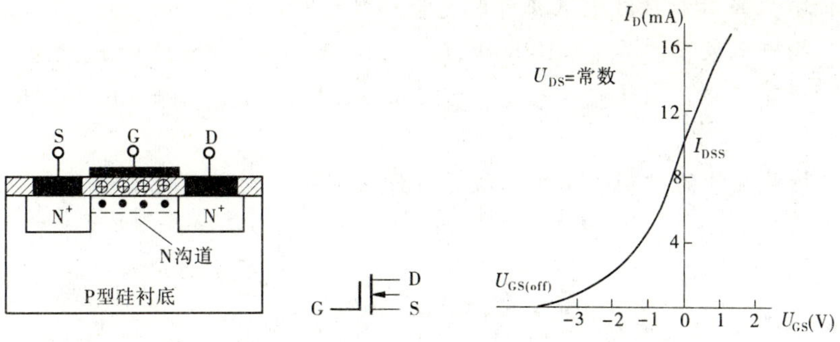

(a)结构示意图　　(b)符号　　(c)转移特性曲线

图 5-45　N 沟道耗尽型 MOSFET 的结构和转移特性曲线

习　题

5-1　什么是本征半导体、P 型半导体和 N 型半导体？

5-2　什么是 PN 结的正向偏置和反向偏置？PN 结有什么特性？

5-3　二极管的伏安特性上有一个死区电压。什么是死区电压？为什么会出现死区电压？硅管和锗管的死区电压的典型值约为多少？

5-4　硅稳压管、发光二极管和光电二极管有什么用处？

5-5　在图 5-46 所示各电路中，不计二极管正向压降，U_{AB}电压值各为多少？

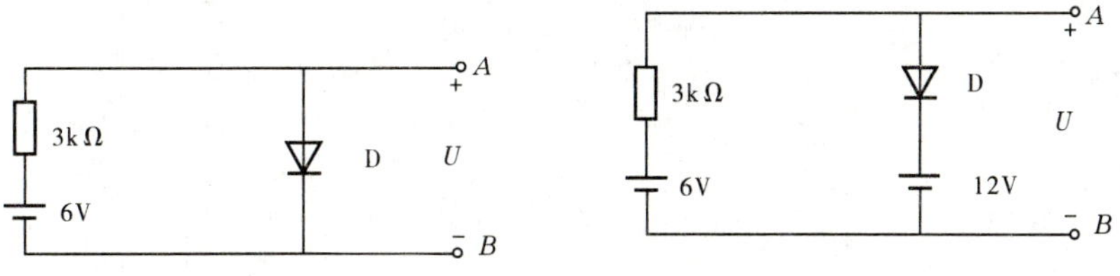

(a)　　(b)

图 5-46

5-6　在电路中测得三极管（均为硅管）的三个电极在无交流信号时对地的电位值如图 5-47 所示，试说明各三极管工作在什么状态。

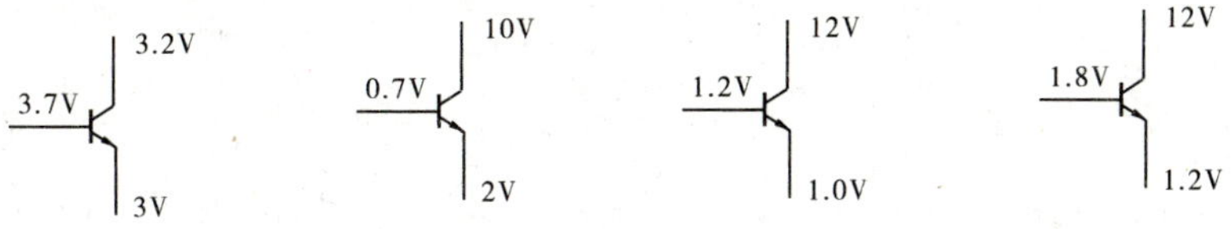

图 5-47

5-7　三极管的发射极和集电极是否可以调换使用，为什么？三极管在饱和区工作时，其电流放大系数和在放大区工作时是否一样大？

5-8 某一三极管的 $P_{CM}=100mW$，$I_{CM}=20mA$，$U_{(BR)CEO}=15V$，试问在下列几种情况下，哪种是正常工作？①$U_{CE}=3V$，$I_C=10mA$；②$U_{CE}=2V$，$I_C=40mA$；③$U_{CE}=6V$，$I_C=20mA$。

5-9 场效应管的控制作用与三极管有什么不同？它有几种类型？分别画出其符号。

第六章　基本放大电路

本章主要讲述基本放大电路的组成，放大电路的静态和动态分析以及三极管放大电路在汽车电子电路中的应用。

第一节　共射组态基本放大电路的组成

一、共射组态交流基本放大电路

共射组态交流基本放大电路如图 6-1 所示。利用放大器件工作在放大区时所具有的电流（或电压）控制特性，可以实现放大作用。因此，放大器件是放大电路中必不可少的器件。为了保证器件工作在放大区，必须通过直流电源给器件提供适当的偏置电压或电流，这就需要有提供偏置的电路和电源；为了确保信号能有效地输入和输出，还必须设置合理的输入电路和输出电路。

可见，放大电路应由放大器件、直流电源和偏置电路、输入电路和输出电路几部分组成。

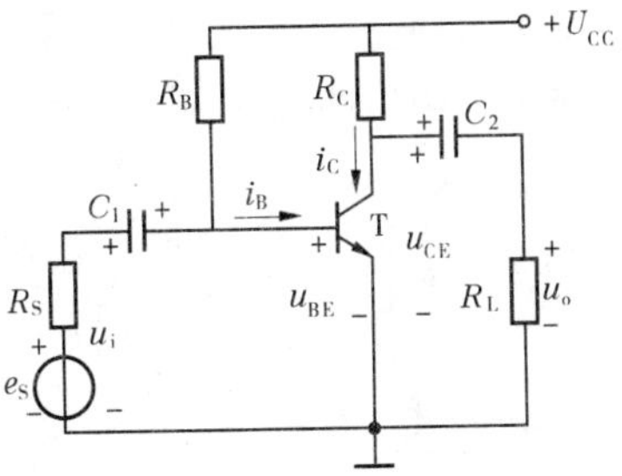

图 6-1　共射组态交流基本放大电路

二、基本放大电路各元器件作用

(1) NPN 型三极管 T 是整个电路的核心，它担负着放大的任务；

(2) 直流电源 U_{CC}（几伏至几十伏），一方面通过 R_B 给晶体管的发射结提供正向偏压，通过 R_C 给集电结提供反向偏压，另一方面提供负载所需信号的能量；

(3) R_B 决定基极偏置电流 i_B 的大小，称为基极偏置电阻（一般为几十千欧至几百千欧）；

(4) R_C 将集电极电流的变化转换为电压的变化，提供给负载，称为集电极负载电阻（一般为几千欧至几十千欧）；

(5) 电容 C_1、C_2 的作用是隔断放大电路与信号源、放大电路与负载之间的直流通路，仅让交流信号流通过，即隔直通交。C_1 称为输入耦合电容，C_2 称为输出耦合电容。

C_1、R_B、U_{CC}及 T 的 B、E 极构成信号的输入电路。

C_2、R_C、U_{CC}及 T 的 C、E 极构成信号的输出电路。

U_{CC}、R_B 构成晶体管的偏置电路。晶体管的发射极是输入回路和输出回路的公共端，所以称这种电路为共发射极放大电路。与晶体管的 3 个电极相对应，还可构成共基极放大电路和共集电极放大电路。

在分析放大电路时，常以公共端作为电路的零电位参考点，称之为“地”端（并非真正接到大地）。电路图上用“⊥”作标记，电路中各点的电压都是指该点对地端的电位差。电压参考正方向规定为上“+”、下“-”。电流参考正方向规定为流入电路为正，流出电路为负（与双口网络规定相同）。画电路图时常采用图6-1中电子电路的画法。

综上所述，基本放大电路有4个组成部分、3种基本电路形式（或称为组态）。

在构成具体放大电路时，无论哪一种组态，都应遵从下列原则：

（1）必须保证放大器件工作在放大区，以实现电流或电压控制作用；

（2）元件的安排应保证信号能有效地传输，即有 u_i 时，应有 u_o 输出；

（3）元件参数的选择应保证输入信号能得到不失真地放大，否则，放大将失去意义。

以上3条原则也是判断一个电路是否具有放大作用的依据。

第二节　放大电路的静态分析

无信号输入（$u_i=0$）时，放大电路的工作状态称为静态。静态时，电路中各处的电压、电流均为直流量。电路中的电容、电感等电抗元件对直流没有影响，因此对直流而言，放大电路中的电容可视为开路，电感可视为短路，据此所得到的等效电路称为放大电路的直流通路，如图6-2所示。对直流通路作电路分析，求解输入、输出电路的伏安关系即放大电路的静态分析，从而确定出静态工作点 Q。

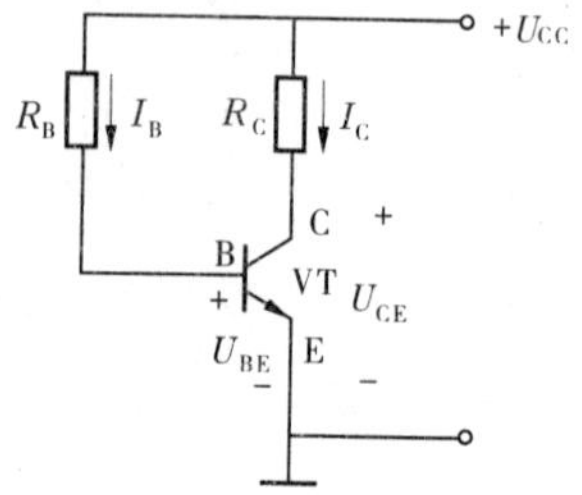

图6-2　基本放大电路的直流通路

通常静态分析有两种方法：一种是由直流通路确定静态值，称为近似估算法；另一种是图解法。

一、用放大电路的直流通路确定静态值

静态时，晶体管各极的直流电流、电压分别用 I_B、U_{BE}、I_C、U_{CE} 表示。由于这组数值分别与晶体管输入、输出特性曲线上一点的坐标值相对应，故常称这组数值为静态工作点，用 Q 表示。显然，静态工作点 Q 是由直流通路决定的。静态工作点 Q 常用如下近似计算法进行估算：

输入回路电压方程　　$I_BR_B+U_{BE}=U_{CC}$

输出回路电压方程　　$I_CR_C+U_{CE}=U_{CC}$

在上述方程中，对应不同的 I_B 值，U_{BE} 的变化很小，作为近似估算，可以认为 U_{BE} 不变，对硅管取 $U_{BE}\approx0.7\text{V}$，对锗管取 $U_{BE}\approx0.2\text{V}$，通常 $U_{CC}\gg U_{BE}$。由上两式可得：

$$I_B=\frac{U_{CC}-U_{BE}}{R_B} \tag{6-1}$$

$$I_C=\beta I_B \tag{6-2}$$

$$U_{CE}=U_{CC}-I_CR_C \tag{6-3}$$

由上述公式求得的 I_B、I_C 和 U_{CE} 值即是静态工作点 Q。

在测试基本放大电路时，往往测量三个电极对地的电位 U_B、U_E 和 U_C，即可确定三极管的工作状态。

【例 6-1】 在图 6-2 电路中，已知 $U_{CC}=12V$，$R_C=4k\Omega$，$R_B=300k\Omega$，$\beta=37.5$，试求放大电路的静态工作点。

解：由图 6-2 所示直流通路可得出

$$I_B=\frac{U_{CC}-U_{BE}}{R_B}\approx U_{CC}/R_B=12V/300k\Omega=0.04\times10^{-3}A=0.04mA=40\mu A$$

$$I_C=\beta I_B=37.5\times0.04mA=1.5mA$$

$$U_{CE}=U_{CC}-I_CR_C=12V-(1.5\times10^{-3}A)\times(4\times10^3\Omega)=12V-6V=6V$$

二、用图解法确定静态值

用图解法确定放大电路静态值如图 6-3 所示。

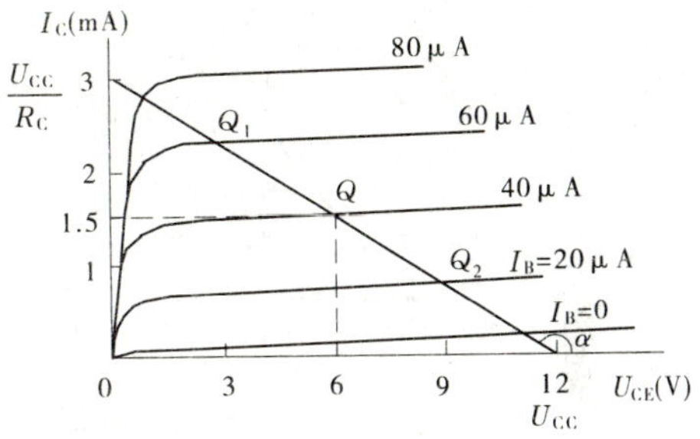

图 6-3 放大电路静态工作点的图解分析

直流负载线的确定方法：

(1) 由直流负载列出方程式

$$U_{CE}=U_{CC}-I_CR_C$$

(2) 在输出特性曲线 X 轴及 Y 轴上确定两个特殊点 U_{CC} 和 U_{CC}/R_C，即可画出直流负载线。

(3) 在输入回路列方程式

$$U_{BE}=U_{CC}-I_BR_B$$

(4) 在输入特性曲线上，作出直流负载线，两线的交点即是 Q。

(5) 得到 Q 点的参数 I_{BQ}、I_{CQ} 和 U_{CEQ}。

第三节 放大电路的动态分析

当放大电路有输入信号时，即 $u_i\neq0$，三极管各电极上的电流和电压都含有直流分量和交流分量。直流分量可由静态分析来确定，而交流分量（信号分量）则是通过放大电路的动态分析来求解的。微变等效电路法和图解法是动态分析的两种基本方法。

值得注意的是，在作放大电路分析时应先静态分析再动态分析。

一、微变等效电路法

微变等效电路法，是一种线性化的分析方法，它的基本思想是：把晶体管用一个与之等效的线性电路来代替，从而把非线性电路转化为线性电路，再利用线性电路的分析方法进行分析。当然，这种转化是有条件的，这个条件就是"微变"，即变化范围很小，小到晶体管的特性曲线在 Q 点附近可以用直线代替。这里的"等效"是指对晶体管的外电路而言，用线性电路代替晶体管之后，端口电压、电流的关系并不改变。由于这种方法要求变化范围很小，因此输入信号只能是小信号，一般要求 u_{be}（即 u_i）$\leqslant10mV$。这种分析方法，只适用于小信号电路的分析，且只能分析放大电路的动态。

（一）三极管的微变等效电路

如何把三极管线性化，用一个等效电路来代替？可从共发射极接法三极管的输入特性和输出特性两方面来分析讨论。

图6-4(a)所示为三极管的输入特性，是非线性的。但当输入信号很小时，在静态工作点 Q 附近的工作段可认为是直线。当 U_{CE} 为常数时，ΔU_{BE} 与 ΔI_B 之比称为三极管的输入电阻，即

$$r_{be} = \Delta U_{BE}/\Delta I_B = u_{be}/i_b(U_{CE}\text{ 为常数})$$

小信号时 r_{be} 是一个常数。它确定了三极管输入电路交流分量的伏安关系，因此三极管输入电路可以用 r_{be} 等效代替，如图6-5所示。

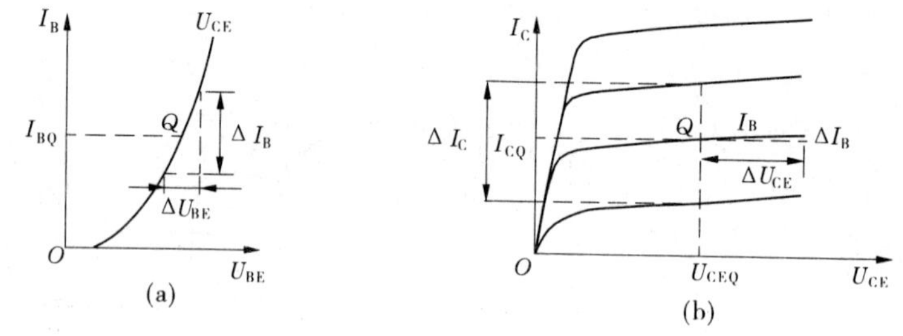

图6-4　由三极管的特性曲线求 r_{be}、β 和 r_{ce}

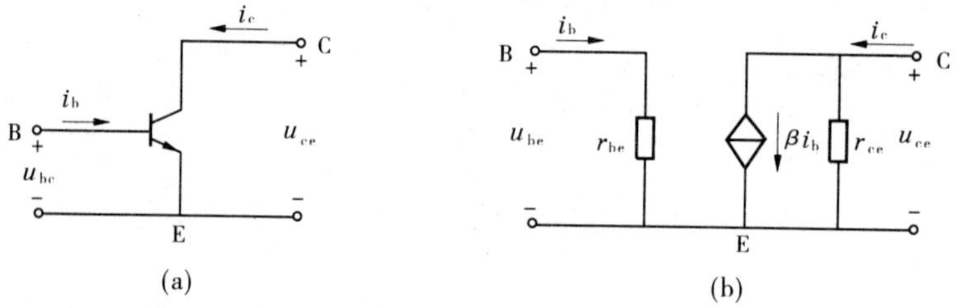

图6-5　微变等效电路

低频小功率三极管的输入电阻常用下式进行估算：

$$r_{be} = r_{bb} + (1+\beta)\frac{26(\text{mV})}{I_E(\text{mA})} \tag{6-4}$$

式中：r_{bb}表示晶体管基区的体电阻，对一般小功率管约为300Ω（计算时，若未给出，可取为300Ω）；I_E 是发射极的静态电流；r_{be}通常为几百欧到几千欧。

图6-4(b)是三极管的输出曲线族，在放大区它是一组近似与横轴平行、等距的直线。当 U_{CE}为常数时，令 ΔI_C 和 ΔI_B 的比值为 β，即

$$\beta = \Delta I_C/\Delta I_B = i_c/i_b \tag{6-5}$$

β 为三极管的交流电流放大系数。小信号时 β 是一个常数，由它确定 i_c 受 i_b 控制的关系，即 $i_c = \beta i_b$。因此，三极管的输出电路可以用一个受控电流源来代替。β 通常在20～200。

此外，在图6-4(b)中还可看到，三极管的输出特性曲线并不完全与横轴平行，当 I_B 为

常数时，设 ΔU_{CE}与 ΔI_C 之比为 r_{ce}，即

$$r_{ce} = \Delta U_{CE}/\Delta I_C = u_{ce}/i_c \tag{6-6}$$

r_{ce}称为三极管的输出电阻，在小信号输入情况下 r_{ce}也是一个常数，当将三极管的输出电路视作受控电流源时，则 r_{ce}是该电流源的内阻，在等效电路中它与受控电流源并联，如图 6-5(b)所示。r_{ce}的阻值很高，为几十千欧到几百千欧，在动态分析中常将其忽略。

(二)放大电路的微变等效电路

在放大电路中，耦合电容 C_1 和 C_2 的电容量比较大，其交流容抗很小，可忽略它的交流压降，故用短路线取代；直流电源内阻很小，也可以忽略不计，对交流分量直流电源可视为短路。放大电路的微变等效电路如图 6-6(b)所示。

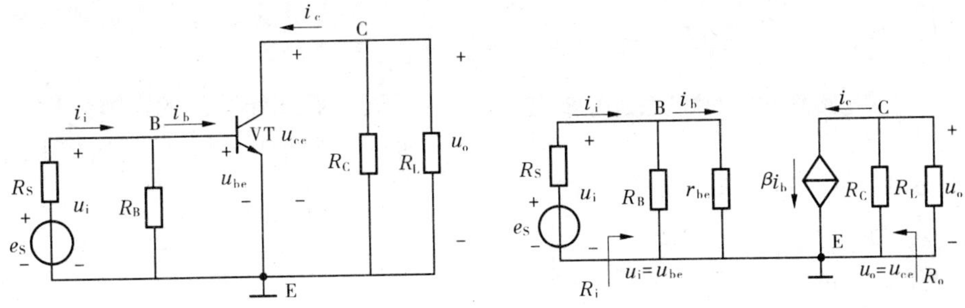

(a)放大电路的交流通路　　(b)放大电路的微变等效电路

图 6-6　放大电路的微变等效电路

(三)放大电路的主要性能指标 A_v、R_i、R_o

1. 电压放大倍数 A_v

电压放大倍数定义为

$$A_v = U_o/U_i \tag{6-7}$$

2. 输入电阻 R_i

输入电阻是表明放大电路从信号源吸取电流大小的参数，R_i 大，放大电路从信号源吸取的电流则小，反之则大。R_i 的定义为

$$R_i = U_i/I_i \tag{6-8}$$

3. 输出电阻 R_o

输出电阻表明放大电路带负载的能力，R_o 大，表明放大电路带负载的能力差，反之则强。

$$R_o = \Delta U_o/\Delta I_o \tag{6-9}$$

图 6-6(a)是从输出端加假想电源求 R_o(简称加压求阻法)，图 6-6(b)是通过放大电路负载特性曲线求 R_o。

(四)应用举例

如图 6-6(a)所示放大电路，求该电路的 A_v、R_i、R_o。

画出放大电路的微变等效电路，如图 6-6(b)所示。这是一个线性电路，我们可按 A_v、R_i、R_o 的定义进行电路分析。

二、图解法

（一）交流负载线

交流负载线确定方法（见图 6-7）：

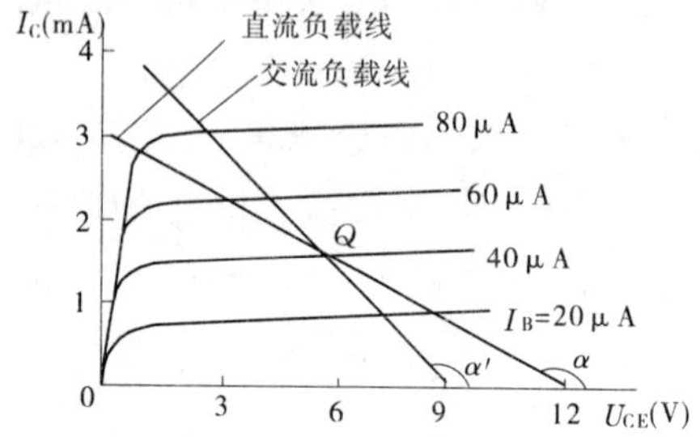

图 6-7 放大电路的动态工作状态的图解分配

（1）通过输出特性曲线上的 Q 点做一条直线，其斜率为 $1/R_L'$。$R_L' = R_L // R_C$，是交流负载电阻。

（2）交流负载线是有交流输入信号时，工作点 Q 的运动轨迹。

（3）交流负载线与直流负载线相交，通过 Q 点。

（二）交流工作状态的图解分析

通过动态图解分析，可得出如下结论：

（1）$u_i \uparrow \rightarrow u_{BE} \uparrow \rightarrow i_B \uparrow \rightarrow i_C \uparrow \rightarrow u_{CE} \downarrow \rightarrow |-u_o| \uparrow$；

（2）u_o 与 u_i 相位相反；

（3）可以测量出放大电路的电压放大倍数；

（4）可以确定最大不失真输出幅度。

（三）设置静态工作点的意义

1. 波形的失真

由图解法可以清楚地看出，当放大电路的输入信号较大时，静态工作点若设置得不合理将使工作范围超出三极管特性曲线的线性区，输出信号产生失真。这种失真通常叫作非线性失真，非线性失真又可分为饱和失真和截止失真。

饱和失真——由于放大电路的工作点达到三极管的饱和区而引起的非线性失真。

截止失真——由于放大电路的工作点达到了三极管的截止区而引起的非线性失真。

2. 放大电路的最大不失真输出幅度

放大电路要想获得大的不失真输出幅度，需要：

（1）工作点 Q 要设置在输出特性曲线放大区的中间部位；

（2）要有合适的交流负载线。

第四节　三极管放大电路在汽车电子电路中的应用

三极管在汽车电子电路中通常有两种应用，一种是利用三极管的放大功能，对微弱的传感器信号进行放大后，传给 ECU；另一种是利用三极管的截止与饱和两个状态互相变换，作为一个电子开关，控制其他电子元件。

一、汽车电子电路中的三极管放大电路

三极管最主要的性能是放大。在汽车电子电路中，主要用来对微弱信号进行放大。图 6-8 所示为利用三极管的放大特性制作的汽车电气线路搭铁（短路）探测器电路。

汽车在行驶过程中，由于颠簸、振动等原因，电气线路与车体摩擦而损坏其绝缘层，发生搭铁故障。本探测器就是为了在不拆解导线的情况下，快速查出搭铁故障所发生的部位而制作的。

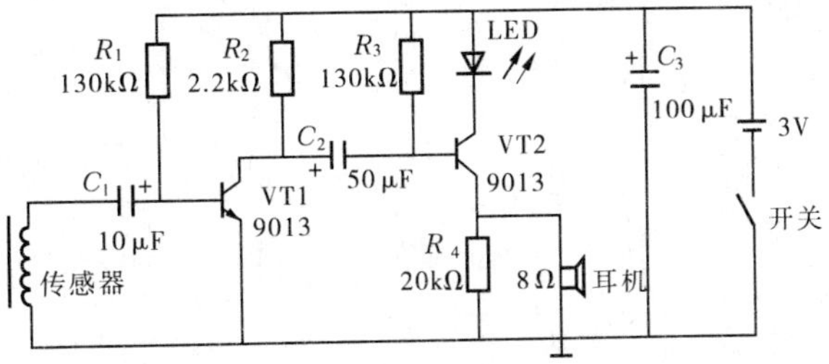

图 6-8　汽车电气线路搭铁探测器电路

探测器工作原理为：当导线搭铁点产生短路电流时，短路点就会向周围发出高次谐波信号。这个信号就由线圈和铁芯构成的传感器接收到，在传感器中产生交变的电信号。这个信号很微弱，经过三极管 VT1 放大后，在 VT1 的集电极就会得到放大了的交变信号，再送入 VT2 的基极进行放大，使接在 VT2 集电极的发光二极管闪烁发光，接在 VT2 发射极的耳机发出声响。传感器越接近故障点，接收到的信号越强，经过放大后，发光二极管越亮，耳机发出的声响越强。根据发光二极管亮度变化和耳机声音变化，就能快速找到故障点。

二、三极管开关电路在汽车电子电路中的应用

三极管开关电路在汽车电子电路中的应用相当广泛，主要用于电子调压器、电子点火器以及各种信号报警电路等。

（一）电子调压器

汽车交流发电机发出的电压会随着发电机的转速和负荷产生波动，发电机输出电压与发电机励磁绕组中的励磁电流成正比，通过控制励磁线圈电路通断就可以控制流过的励磁电流平均值的大小，从而使发电机输出电压基本稳定在一个定值。电子调压器就是利用三极管的开关作用来控制励磁线圈电路的通断，达到调节电压的作用。

1. 国产 JFT201 型电子调压器

JFT201 型电子调压器适用于 14V 500W 以下的各种交流发电机，电路如图 6-9 所示。

电阻 R_2、R_3、R_4 组成分压电路，B 点电位随着发电机输出电压的变化而变化。在发电机输出电压小于预定调节电压值时，AB 之间的电压小于稳压管 VZ 的反向击穿电压，稳压管 VZ 截止，三极管 VT1 基极电流等于零，VT1 截止。而 VT2 发射极和基极处于较高的电压作用下饱和导通，接通励磁线圈，发电机正常发电。

当发电机输出电压升高，达到预定调节值时，AB 之间的电压大于稳压管 VZ 的反向击穿电压，稳压管 VZ 导通，三极管 VT1 基极流过电流，VT1 饱和导通，同时 VT1 将 VT2 的发射极和基极短路，使 VT2 截止，断开励磁线圈，发电机输出电压下降。

当发电机输出电压稍低于调节值时，稳压管 VZ 又恢复到截止状态，VT1 基极与集电极由导通变为截止，使 VT2 导通。如此反复，使发电机的输出电压维持在规定的调整值

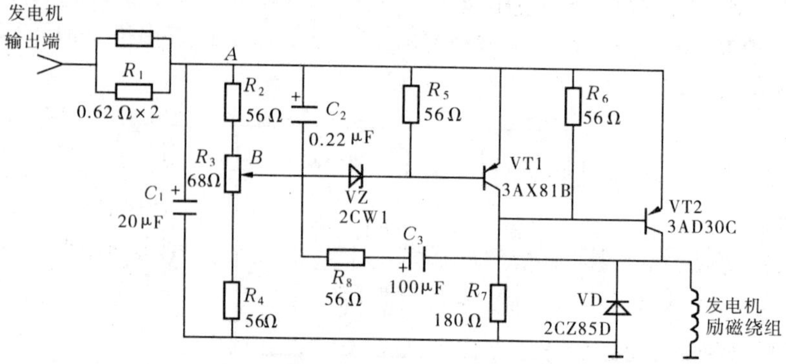

图 6-9　JFT201 型电子调压器

附近。电阻 R_5 提供 VT1 基极工作电位，R_7 是 VT1 的负载电阻，提供 VT2 基极工作电位。R_8 和 C_3 可以加速三极管 VT2 的开关转换速度，减少损耗。电容 C_1 的作用是延缓分压电阻上的电压变换速度，降低开关管的开关频率，减少 VT2 管的发热程度。电容 C_2 是滤波电容，可以使稳压管 VZ 两端的电压平滑过渡，减小发电机输出电压的脉动影响，降低开关管的频率和损耗。二极管 VD 是续流二极管，保护开关管 VT2 免受励磁线圈反向电动势的冲击。

2. 国产 JFT103 型电子调压器

JFT103 型电子调压器是 24V 电源系统调压器。本电路采用了稳压三极管。电路如图 6-10 所示。

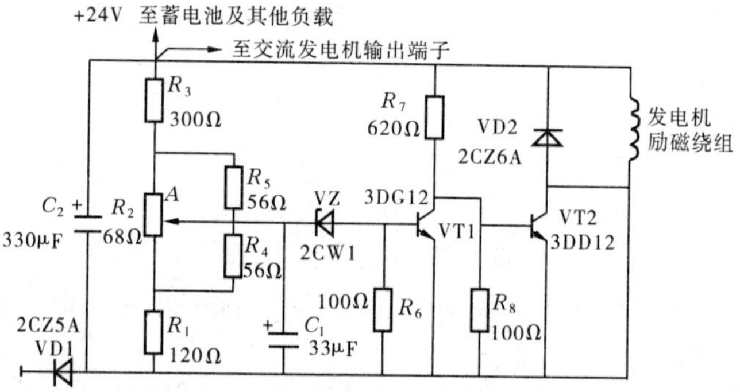

图 6-10　JFT103 型电子调压器

电阻 R_1、R_2、R_3、R_4、R_5 组成分压网络。A 点作为电压监控点。在发电机输出电压小于预定调节电压值时，A 点电位小于稳压管 VZ 的反向击穿电压，稳压管 VZ 截止，三极管 VT1 基极电流等于零，VT1 截止。而 VT2 的基极由于电阻 R_7 和 R_8 的作用，得到电流使 VT2 饱和导通，接通励磁线圈，发电机正常发电。

当发电机输出电压升高，达到预定调节值时，A 点的电位大于稳压管 VZ 的反向击穿电压，稳压管 VZ 导通，三极管 VT1 基极流过电流，VT1 饱和导通，同时 VT1 使 VT2 基极的电位几乎等于零，使 VT2 截止，断开励磁线圈，发电机输出电压下降。

当发电机输出电压稍低于调节值时，稳压管 VZ 又恢复到截止状态，VT1 由导通变为截止，使 VT2 导通。如此反复，使发电机的输出电压维持在规定的调整值附近。电容 C_1 是滤波电容。电容 C_2 用于降低开关管开关频率，VD2 是续流二极管。

（二）电子点火器

晶体管点火器的点火信号由装在分电器内的信号发生器提供，图 6-11 所示为一种磁感应式信号发生器。随着分电器的旋转，信号转子转动，它的凸起与信号线圈之间的间隙不断变化，随之通过信号线圈的磁通量发生变化，凸起接近信号线圈时磁通迅速增加，在线圈两端产生电压信号。当凸起与信号线圈正对时，磁通变化量最小，线圈两端电压为零。当凸起离开信号线圈时，磁通迅速减小，线圈两端电压急剧地改变极性，产生负的电压信号，信号线圈输出交流信号，电压从正变为负就是点火时刻。信号波形如图 6-12 所示。

晶体管点火器原理如图 6-13 所示。

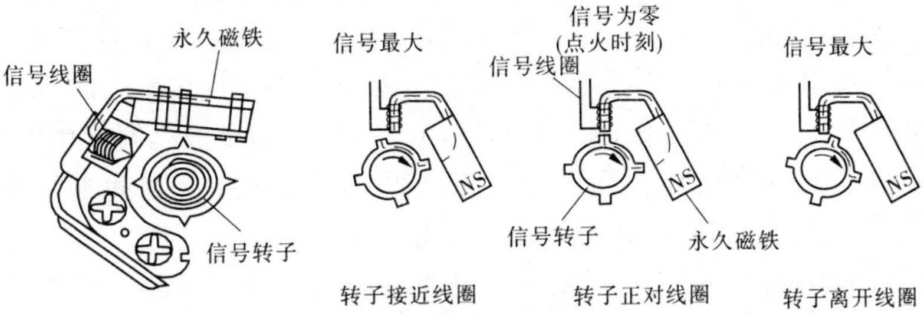

图 6-11　磁感应式信号发生器

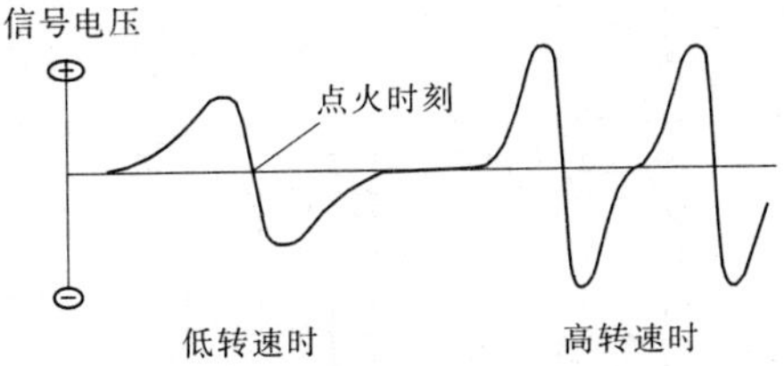

图 6-12　磁感应点火信号发生器信号波形

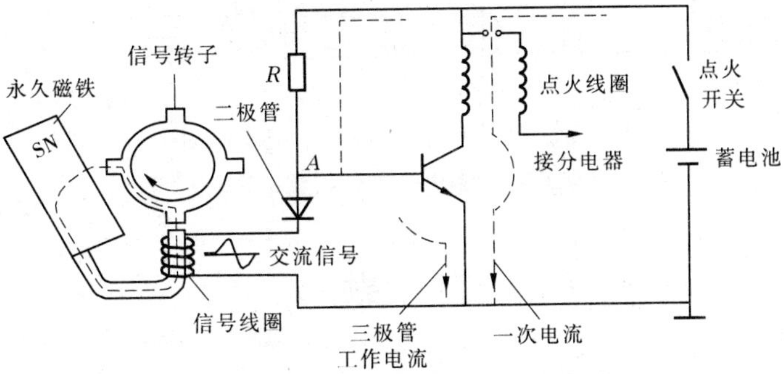

图 6-13　晶体管点火器电路原理图

当发动机不转时，通过信号线圈的磁通不变，不产生信号。闭合点火开关，蓄电池电压经过电阻 R 加到三极管基极，形成基极电流，三极管饱和导通，点火线圈的一次线圈通过电流。虽然信号线圈中也有电流流过,但是二极管的结电压保证 A 点电位足以使三极管饱和导通。

当发动机转动时,信号线圈产生电压。当产生正电压时,线圈电压上正下负,使 A 点电位更高,保证三极管饱和导通,点火线圈的一次线圈流过电流;当信号发生器产生负电压信号时,线圈电压上负下正,使 A 点电位变为零或负值,三极管基极没有电流流过,三极管截止,点火线圈的一次线圈断开,二次线圈产生高压,送入分电器点火。

以上内容只是三极管点火电路的基本工作原理,在汽车实际电路中还要在三极管前增加一些保护和控制电路。但是,起主要作用的还是开关三极管。具体三极管点火电路将在汽车电器课程中介绍。上述电子点火器的信号发生器是磁感应式的,汽车上还有霍尔式、光电式等信号发生器,功能都是提供点火时刻信号。

(三)蓄电池液位报警电路

汽车电路中包含很多信号报警电路,基本原理就是监控一个点的电位变化,来控制三极管的开关,发出声音或光的报警信号。如图 6-14 所示为蓄电池液位报警电路。报警电路的传感器为装在蓄电池盖子上的铅棒。当蓄电池液位符合规定要求时,如图 6-14(a)所示,铅棒浸在蓄电池液中,铅棒(相当于正极)与蓄电池的负极之间产生电压,三极管 VT1 的基极流过电流,VT1 处于饱和导通状态,VT1 基极与集电极之间电位几乎相等,A 点电位几乎为零,三极管 VT2 截止,报警灯(发光二极管)不亮。当蓄电池液位低于规定要求时,如图 6-14(b)所示,铅棒未能浸入蓄电池液中,铅棒与蓄电池的负极之间不能产生电压,三极管 VT1 的基极没有电流,VT1 处于截止状态,A 点电位上升,三极管 VT2 的基极有电流流入,三极管 VT2 饱和导通,报警灯亮,通知驾驶员蓄电池液量不足。电阻 R_5 为报警灯(发光二极管)的限流电阻。

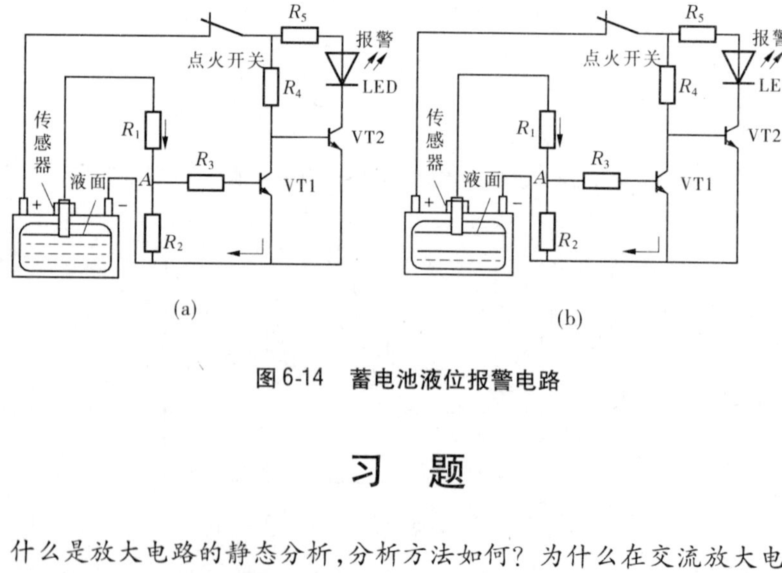

图 6-14　蓄电池液位报警电路

习　题

6-1　什么是放大电路的静态分析,分析方法如何?为什么在交流放大电路中必须设置静态工作点?否则会对输出电压信号造成什么影响?

6-2　试讨论改变电路参数时,对直流负载线有哪些影响。

6-3　什么是放大电路的动态分析,分析方法如何?

6-4　三极管用微变等效电路来代替的条件是什么？

6-5　说明 r_{be}、r_{ce}、r_i、r_o 各电阻的物理意义。

6-6　三极管的放大电路如图 6-15 所示，已知 $U_{CC}=12V$，$R_C=3k\Omega$，$R_B=240k\Omega$，电流放大系数 $\beta=40$，$u_{BE}=0.6V$。①试用图解法求出放大电路的静态工作点（i_B、i_C、u_{CE}）；②用估算法求出电路的静态工作点。

6-7　电路如图 6-16 所示，已知三极管的电流放大系数 $\beta=60$，输入电阻 $R_S=1.8k\Omega$，$R_{B1}=120k\Omega$，$R_{B2}=39k\Omega$，$R_C=3.9k\Omega$，$R_E=2k\Omega$，$R_L=3.9k\Omega$。①估算该电路的静态工作点；②求出电压放大系数；③求出该电路的输入电阻和输出电阻。

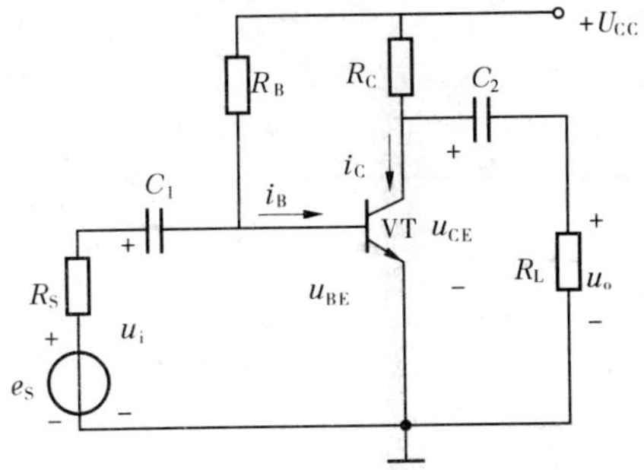

图 6-15

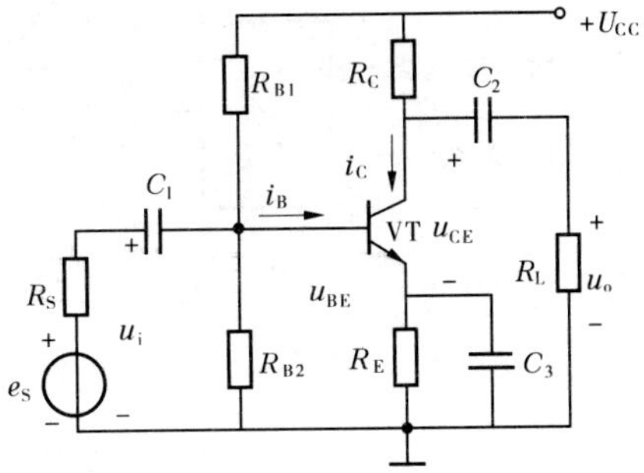

图 6-16

第七章　集成运算放大器

集成运算放大器是一种应用广泛的集成放大器，它具有高的电压增益、高的输入电阻和低的输出电阻，内部电路采用直接耦合的方式，能放大直流电压和较高频率范围的交流电压。集成运放种类较多，内部电路各有特点，但总体结构一样。图 7-1 是集成运算放大器的内部组成电路框图。

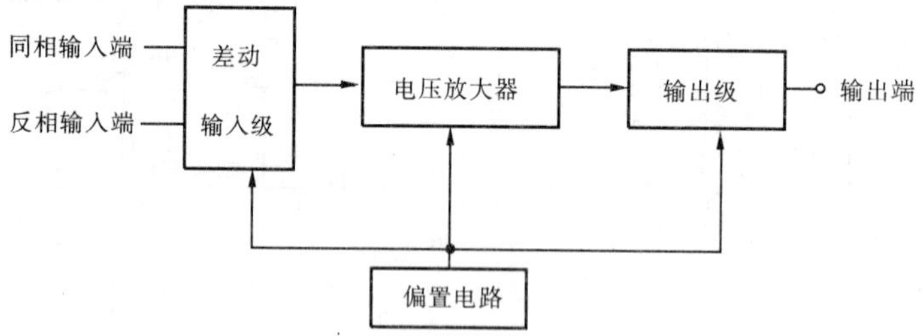

图 7-1　集成运算放大器内部组成电路框图

框图共分三部分：

第一部分为差动输入级。该级主要任务是提高输入电阻和提高共模抑制比，对集成运算放大器的质量起关键作用。

第二部分为中间放大级。采用共射放大电路，主要任务是产生足够大的电压放大倍数，因此它也应具有较高的输入电阻。放大管一般由复合管组成，并采取措施提高集电极负载电阻。如采用恒流源代替 R_C，一般的中间放大级的电压增益可达到 60dB 以上。

所谓复合管，即把两个三极管适当连接起来，合成等效为一个三极管，可以大大提高电流放大倍数，复合管的电流放大系数 $\beta=\beta_1\beta_2$。

第三部分为输出级。其主要任务是输出足够大的电流，能提高带负载能力。所以，该级应具有很低的输出电阻和很高的输入电阻，一般采用射级输出器的方式。

第一节　差动放大电路

一、直接耦合需要解决的问题

在自动控制和检测系统中，经常遇到一些缓慢变化的非周期性信号与单向缓慢变化的直流信号。对于这种信号的放大，阻容耦合放大器与变压器耦合放大器均无能为力。因为直流信号将被电容器阻隔或被变压器的原边绕组所短路，不能耦合到下一级电路。因此，需要直接耦合放大器。直接耦合似乎很简单，其实不然，它所带来的问题比交流放大器还严重，主要是前、后级的工作点相互牵连和输出端出现零点漂移。这是直接耦合首先需要解决的两个问题。

（一）工作点互相牵连

图 7-2 是一种直接耦合放大电路。前级三极管 VT_1 的集电极与后级三极管 VT_2 的基极直接连在一起，所以 VT_1 集电极电位等于 VT_2 基极电位。当调节 R_{B1} 使 VT_1 集电极电流减小时，其集电极电位升高，导致 VT_2 基极电位也升高，使其基极电流增大，可能发生饱和。

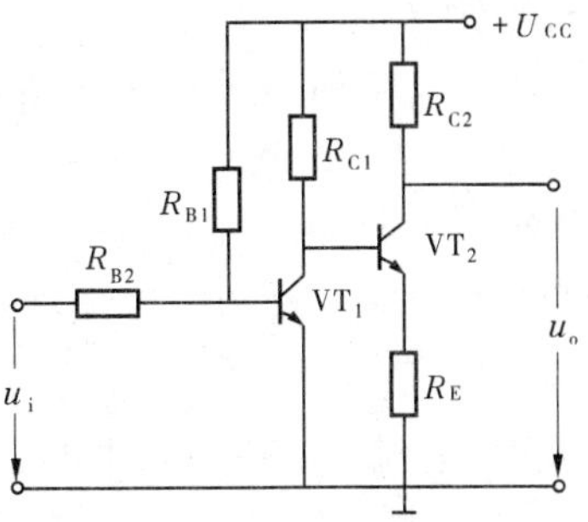

图 7-2　直接耦合放大电路

为了使 VT_2 不至于饱和，可以采取增大电阻 R_{C1} 以减小基极电流的办法。然而，R_{C1} 既是 VT_2 的基极偏置电阻，又是 VT_1 的集电极电阻，当 R_{C1} 增大时，VT_1 则因管压降减小也可能发生饱和。由此可见，两级电路的静态工作点互相影响。因此，在设计电路时需要认真考虑，务必使各级电路都能得到要求的静态工作点。

（二）零点漂移

如前所述，环境温度的变化或电源电压的波动，都将引起静态工作点的变化。在没有输入信号的条件下，由于温度等因素的影响，放大器输出端的电位偏离原始设定值，即输出端电位发生移动的现象称为零点漂移。

在多级阻容耦合放大电路中，由于耦合电容的隔直作用，各级电路静态工作点缓慢变化被限制在本级电路之中，所以末级输出端的零点漂移并不明显。但在多级直接耦合放大器中，由于级间直接耦合，前级电路的电位变化如同信号一样送到后级电路逐级放大，零点漂移就严重了。直接耦合的级数愈多，末级输出的零点漂移愈大。在一个多级直接耦合放大电路中，第一级的零点漂移对输出级的影响最大。

零点漂移的产生虽与输入信号无关，但它在输出端的出现与输入信号的效果相同。当它们一起输出给负载时，负载无法分辨哪部分属于零点漂移，哪部分是输入信号的反映。零点漂移严重时甚至可将有用信号淹没，而使放大器的工作失去意义。

零点漂移作为评价放大器性能的指标，只看输出端漂移电压的大小是不充分的，必须同时考虑到放大器的倍数的不同。为了衡量零点漂移的大小，可将输出端的漂移电压除以放大器的放大倍数，折合为输入端的等效漂移电压，以便与输入信号作比较。例如，图 7-2所示的两级直接耦合放大器，温度变化造成的零点漂移电压折算到输入端可达 1mV/℃数量级，该值表示温度变化 1℃时，放大器产生的零点漂移与输入 1mV 信号所产生的效果相当。因此，当温度变化达到 10℃时，相当于输入端有 10mV 的等效漂移电压输入。这时，若输入信号为 10mV 数量级，放大器已不能进行正常的放大。

因此，对直接耦合放大器的基本要求，是具有较高的电压放大倍数和较低的零点漂移。零点漂移是直接耦合放大器难以克服的弊病。抑制零点漂移是制作直流放大器的技术关键。为了降低零点漂移，当然可以采用恒温设备，但因广泛应用的需要，通常在电路结构上采取措施。差动放大电路能够有效地抑制零点漂移。

二、差动放大电路的结构原理

（一）电路结构

差动放大电路如图 7-3 所示，是由两个型号相同、特性一致的三极管组成的一级放大电路。电路结构对称，电阻阻值对应相等。两个管的基极为放大器电路的输入端，两个集电极为输出端。R_E 是两个管的发射极共用电阻。R_1、R_2 为均压电阻。电路由两组电源——正电源 $+U_{CC}$ 和负电源 $-U_{EE}$ 供电，正电源的负极和负电源的正极分别接地。基极偏置电流由负电源 $-U_{EE}$ 提供。两管均处于放大状态。静态时，发射极电位约为 -0.7V，基极电位约为 0V。

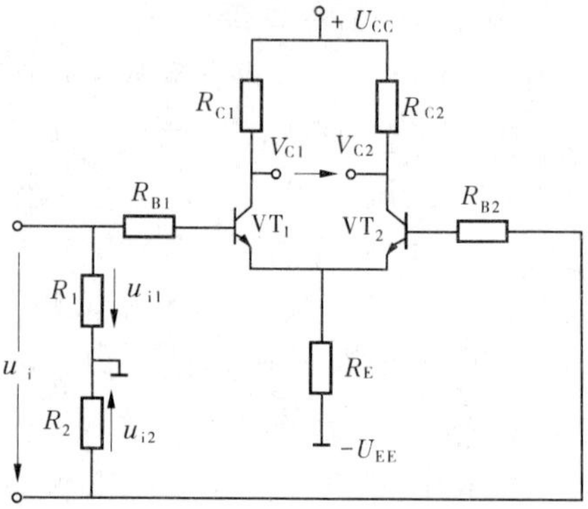

图 7-3　差动放大电路

当输入电压 $u_i=0$ 时，相当于两个输入端短路，由于电路对称，负电源 $-U_{EE}$ 经 R_E 向两个管子提供相等的基极偏置电流，因此它们的管压降相等，集电极电位也相等，即 $V_{C1}=V_{C2}$，所以输出端电压

$$u_o = V_{C1} - V_{C2} = 0$$

这个结果表明，差动放大电路具有零输入时零输出的特点，这是我们所期望的。

假若输入电压 $u_i \neq 0$，则加在两个管的基极电位不相等。因此，两个管的基极电流不相等，集电极电位也不相等，即 $V_{C1} \neq V_{C2}$，所以输出电压

$$u_o = V_{C1} - V_{C2} \neq 0$$

由此可见，当输入电压使两个输入端的电位有差别时，才能使输出端的电压发生变化，故称此电路为“差动”电路。

（二）抑制零点漂移

差动放大电路能够有效地抑制零点漂移。由图 7-3 可见，当温度升高使 VT_1 管的电流 I_{C1} 增加而电位 V_{C1} 下降时，VT_2 管的电流 I_{C2} 同样增加，必然与 VT_1 管相同，结果两个输出端的电压仍不变化。也就是说，虽然两个管子分别出现了零点漂移，但因电路对称而互相抵消了。上述过程可简单表示如下：

假若电路欠对称，则零点漂移不能完全被抑制。但与单管放大电路比较起来，零点漂移大为减小。

三、差动放大电路的性能分析

差动放大电路的基本特性，主要表现为它对差模信号的放大能力和对共模信号的抑制能力。因此，将输入信号划分为差模信号与共模信号加以讨论。

（一）差模输入特性

如图 7-4 所示，信号电压加在两个输入端上，由于电路对称，相当于两个大小相等、极性相反的信号分别加在两个输入端对地之间，这种信号称为差模输入信号。以 u_{id} 表示差

模输入信号，由图7-4可得

$$u_{i1} = -u_{i2} = 1/2u_{id}$$

或

$$u_{id} = u_{i1} - u_{i2} = 2u_{i1}$$

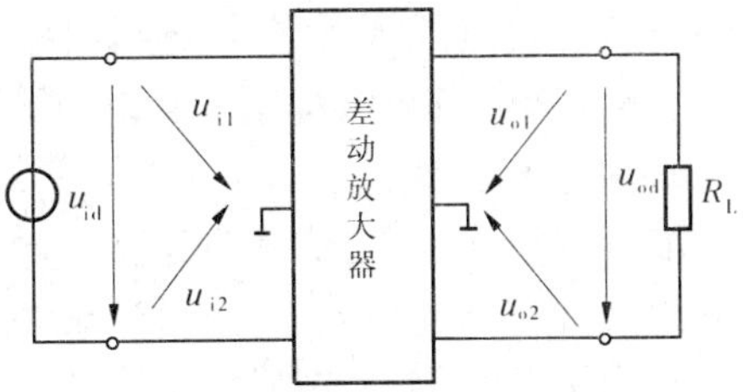

图 7-4　差模输入

由图 7-4 可见，在差模信号电压 u_{id} 作用下，若三极管 VT_1 的电流增加，集电极电位下降；若三极管 VT_2 电流减小，集电极电位升高。由于电路对称，两管的集电极电位一升一降的数值相等，$-u_{o2}=u_{o1}$。输出电压 $u_{od}=u_{o1}-u_{o2}=2u_{o1}$，称为差模输出电压。

差动放大电路的差模输出电压与其差模输入电压之比称为差模电压放大倍数，以 A_d 表示，则

$$A_d = \frac{u_{od}}{u_{id}} = \frac{u_{o1} - u_{o2}}{u_{i1} - u_{i2}} = \frac{2u_{o1}}{2u_{i1}} = A_1 \tag{7-1}$$

式中 A_1 为半边单管电路的电压放大倍数。式(7-1)表明，两个管子组成的差动放大电路对差模信号的电压放大倍数与单管电路电压放大倍数相等。

需要指出的是，公共发射极电阻 R_E 对差模信号不起负反馈作用。由于差模信号的输入使 VT_1 和 VT_2 的集电极电流一增一减的量值相等，所以通过 R_E 的电流不随输入信号而变化，于是发射极电位不变，不产生反馈效果。因此，R_E 不影响差模放大倍数。R_E 对于差模信号可视为短路。

(二)共模输入特性

如图 7-5 所示，两个输入端的信号电压大小相等，极性相同，称为共模输入信号，以 u_{ic} 表示共模输入信号，由图 7-5 可得

$$u_{i1} = u_{i2} = u_{ic}$$

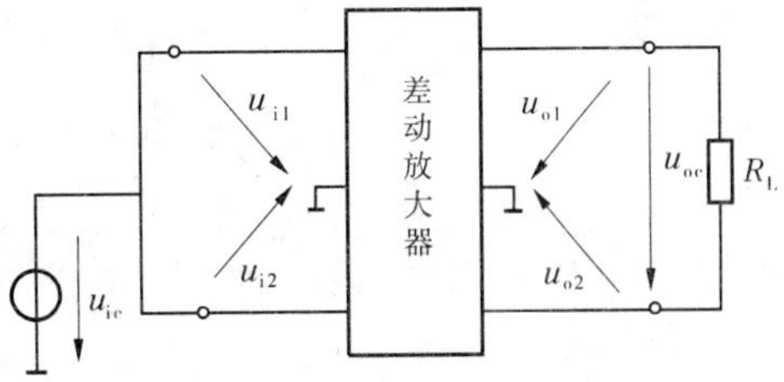

图 7-5　共模输入

由图 7-5 可见，当输入共模信号时，VT_1 和 VT_2 的基极电位同时升降，因此两个管子的集电极电位也发生同向变化。由于电路对称，其增量相同，即 $u_{o1}=u_{o2}$，因此双端输出电压 $u_{oc}=u_{o1}-u_{o2}=0$。若以 A_c 表示差动放大电路对共模信号的电压放大倍数，则 $A_c=0$。

假若电路不对称，输入共模信号时，仍将产生一定的电压输出，这时 $A_c \neq 0$。

需要指出的是，发射极公共电阻 R_E 对共模信号具有很强的负反馈作用。因为共模信号将使两个管的集电极电流发生同向的变化。当集电极电流增大时，通过 R_E 的电流成倍增大，结果发射极电位升高，导致发射结偏置电压减小，抑制了集电极电流的增加。所以，R_E 又称为共模负反馈电阻。R_E 愈大，A_c 下降愈甚。

温度对差动放大电路的影响，也使两个输出端的电位产生同向漂移，与输入共模信号的效果一样。所以，共模电压放大倍数为零也表明差动电路的零点漂移为零。

差动放大电路的特点之一，是对共模信号具有很强的抑制能力。共模电压放大倍数 A_c 愈小，表明电路抑制共模信号的能力愈强，零点漂移愈小。

（三）共模抑制比

在实际应用中，输入信号一般并非单纯的差模或共模信号，它的大小和极性是任意的。在测量和控制系统中，有用信号通常差模输入，干扰往往是共模信号。当它们一起输入差动放大电路时，为了剔除干扰信号，获得有用信号，就要求电路的差模电压放大倍数大，而共模电压放大倍数小。尤其是在共模信号大于差模信号的输入条件下，如果 $A_d \gg A_c$，则差动放大电路就可以从较大的干扰信号中检出有用信号并加以放大。

差动放大电路的差模电压放大倍数与共模电压放大倍数的比值为共模抑制比，以 K_{CMR} 表示，即

$$K_{CMR} = \left|\frac{A_d}{A_c}\right| \tag{7-2}$$

若以分贝（dB）为单位，则

$$K_{CMR} = 20\lg\left|\frac{A_d}{A_c}\right| \tag{7-3}$$

共模抑制比是全面衡量差动放大电路性能的一项重要指标。提高共模抑制比，不仅说明电路对差模信号的放大能力大，同时说明电路抑制零点漂移与共模信号的能力增强了。理想的差动放大器 $A_c = 0$，则 $K_{CMR} \to \infty$。一般差动放大器的 K_{CMR} 为 $10^3 \sim 10^6$。

为了提高共模抑制比，除力求电路的对称性外，主要是增大共模负反馈电阻 R_E。实用的差动放大器在电路结构上还有许多改进之处。

由于差动放大电路能够有效地将差模信号加以放大，而对共模信号加以抑制，不仅具备分辨有用信号（又称差模信号）和无用信号（又称共模信号）的能力，而且可以解决直接耦合带来的零点漂移问题，因此是一种比较理想的直流放大电路。

四、差动放大电路输入—输出端的连接方式

差动放大电路有两个对地的输入端和两个对地的输出端，输入信号可以加在两个输入端上，也可以加在其中一个输入端与地之间。信号的输出可以取自两个输出端，也可以从其中一输出端与地之间取得。因此，差动电路的输入—输出方式有四种：双端输入—双端输出、双端输入—单端输出、单端输入—双端输出和单端输入—单端输出。

双端输入—双端输出的接法如图 7-3 所示。输入端与输出端均不接地，不用公共接地端，对于要求两端都与地绝缘的信号源和负载，这种接法是受欢迎的。例如，电路和输入端接热电偶，输出端接电压表等。

实际上，经常遇到一端的信号源或一端接地的负载，以及输入有一公共接地端的电子设备。对此情况，差动放大电路必须采用单端输入或输出的方式进行连接。所谓单端输入是指一个输入端与信号源相连，另一输入端直接接地。单端输出是指将一个输出端接到负载上，另一个输出端悬空，而负载的另一端接地。

单端输入—单端输出的方式如图 7-6 所示。信号源与负载都有一端接地。从输入回路看，VT_2 基极接地，输入信号 u_i 加在 VT_1 基极上。假如 u_i 为正向信号，则 VT_1 电流增

大，将使发射极电位升高。由于两个管的发射极接在一起，结果 VT_2 发射结偏压减小，相当于向 VT_2 的基极输入一个极性与 u_i 相反的信号。因此，只要 R_E 的阻值足够大，输入信号电压将被均分，分别加在两管的基—射极间，成为大小相等、极性相反的差模信号。由此可见，单端输入的效果与双端输入相当。

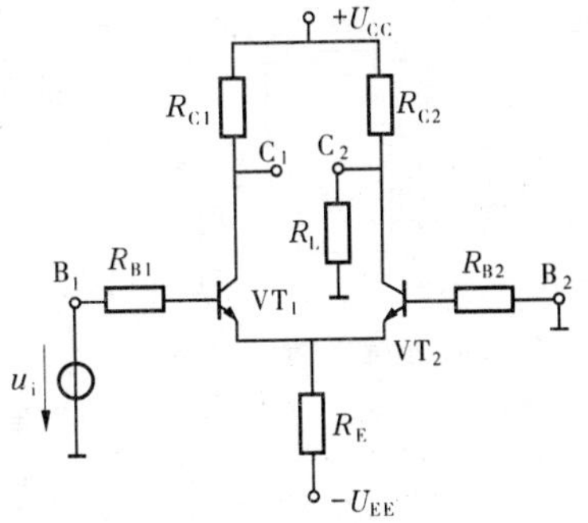

图 7-6　单端输入—单端输出

从输出回路看单端输出时，负载是从一个管子的集电极与地之间取得输出电压，其值仅为双端输出的一半。单端输出虽然不能利用电路的对称性来抵消两管各自产生的零点漂移，但是共模负反馈电阻对于共模信号仍然具有很强的抑制能力。这是差动放大电路的又一重要特性。因此，在负载必须有一端接地的条件下，采用差动电路作单端输出也优于单管放大电路。

由图 7-6 可知，当输入信号电压加在 VT_1 的输入端 B_1 上时，从 VT_2 管输出端 C_2 上取得的输出电压与输入电压同相。不难看出，假若将信号电压加在 VT_2 管的输入端 B_2 上，则 C_2 端的输出电压与其反相。据此，相对输出端 C_2 而言，B_1 端称为同相输入端，B_2 端称为反相输入端。

第二节　运算放大器的基本放大电路

运算放大器作为放大器使用时，通常在深度反馈条件下工作于闭环状态。按其输入方式可归纳为反相输入、同相输入和差动输入三种基本放大电路。

在分析由运算放大器组成的各种功能电路时，通常将实际的运算放大器理想化。所谓理想运算放大器的特性可概括为“三高一低”，即

开环电压放大倍数高，$A_{uo}\to\infty$；

开环输入电阻高，$r_i\to\infty$；

开环输出电阻低，$r_o\to 0$；

共模抑制比高，$K_{CMR}\to\infty$。

据此特性可得运放在线性区时适用的两个推论：

(1)运放的反相输入端电位与同相输入端电位相等

$$V_- = V_+ \tag{7-4}$$

(2)流入运放反相输入端的电流与同相输入端的电流都为零，即

$$I_- = 0, I_+ = 0 \tag{7-5}$$

一、反相输入放大电路

反相输入放大电路如图 7-7 所示。输入电压 U_i 加在反相输入端上。同相输入端接地，电阻 R_f 跨接在输出端与反相输入端之间，构成负反馈电路。R_1 和 R_2 是输入端的连接电阻，

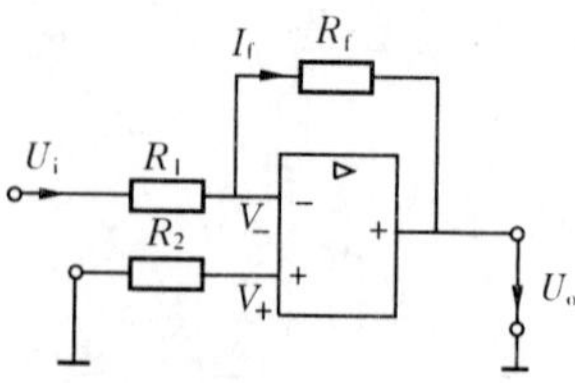

图7-7　反相输入放大电路

U_o 为输出电压。各路电流和电压的参考方向如图7-7中箭头所示。

根据反相输入端"虚断"，$I_-=0$，可得 $I_i=I_f$，则

$$\frac{U_i-V_-}{R_1}=\frac{V_--U_o}{R_f}$$

因 $I_+=0$，且 R_2 接地，所以 $V_+=0$。又据输入端"虚短"，$V_-=V_+$，故得 $V_-=0$。代入上式得

$$\frac{U_o}{U_i}=-\frac{R_f}{R_1} \tag{7-6}$$

U_o/U_i 为运算放大器的闭环电压放大倍数，以 A_f 表示，则

$$A_f=-\frac{R_f}{R_1} \tag{7-7}$$

式(7-7)的结论很重要，它表明运算放大器闭环电压放大倍数只决定于外部电路的参数，而与运放本身的参数无关。于是，根据需要选择外电路的电阻参数，就可获得所要求的电压放大倍数。由于电阻的精度和稳定性可以做得很高，所以闭环电压放大倍数很稳定。反相输入放大电路的电压放大倍数可以大于、等于或小于1，式中负号表示输出电压与输入电压的反相关系，当然，读者一定记得上述结论是以理想运放为前提的，因此式(7-7)的结论是近似的。只有运算放大器的 A_{uo} 和 r_i 愈大，式(7-7)的结论才愈接近于实际。

由图7-7可见，反相输入端并不接地却具有地电位，故称反相输入端为"虚地"。

为了使运算的输入级电路保持对称，两个输入端的外接等效电阻必须尽可能相等，因此应取 $R_2=R_1/\!/R_f$。R_2 又称平衡电阻。

当 $R_1=R_f$ 时，由式(7-7)得 $A_f=-1$，则 $U_o=-U_i$。这时，图7-7电路称为反相器。

【例7-1】　在图7-7所示的反相输入放大电路中，已知运算放大器的开环电压放大倍数 $A_{uo}=100\ 000$，开环输入电阻 $r_i=100\text{k}\Omega$，外围电阻 $R_f=100\text{k}\Omega$，$R_1=10\text{k}\Omega$，$R_2=9\text{k}\Omega$，输入电压 $U_i=8\text{mV}$。试求：闭环电压放大倍数 A_f 和输出电压 U_o。

解：因为 A_{uo} 和 r_i 足够大，视为理想运放，由式(7-7)得

$$A_f=-\frac{R_f}{R_1}=-\frac{100\text{k}\Omega}{10\text{k}\Omega}=-10$$

$$U_o=A_fU_i=-10\times 8\text{mV}=-80\text{mV}$$

负号表示输出电压与输入电压的相位相反。

二、同相输入放大电路

同相输入放大电路如图7-8所示。输入电压 U_i 加在同相输入端上，反相输入端接地。反馈电阻 R_f 仍接到反相输入端，以便构成负反馈。U_o 为输出电压。电路电流与电压的参考方向如图中箭头所示。

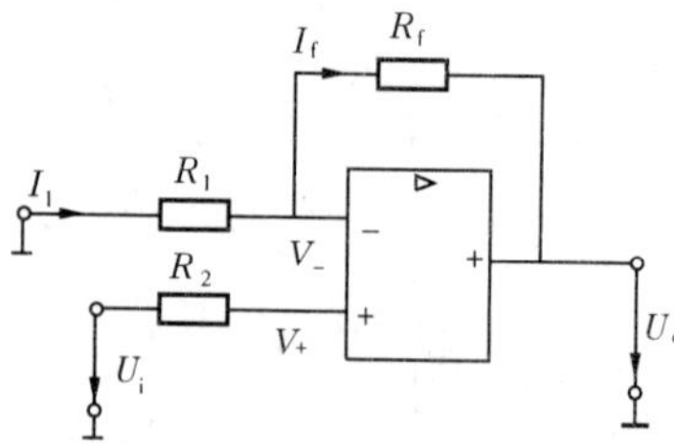

图7-8　同相输入放大电路

根据“虚断”，$V_- = V_+ = U_i$。又根据“虚断”，R_1 与 R_f 串联，所以 $I_f = I_1$，由此可求出

$$U_o = U_i + \frac{U_i}{R_1}R_f = \left(1 + \frac{R_f}{R_1}\right)U_i \tag{7-8}$$

因此，闭环电压放大倍数为

$$A_f = \frac{U_o}{U_i} = 1 + \frac{R_f}{R_1} \tag{7-9}$$

上式表明，同相输入放大电路的输出电压与输入电压同相，电压放大倍数大于或等于1，仍与运放本身的参数无关，而由外部电路参数决定。

由图7-8可见，输入信号 U_i 加在同相输入端上，而反相输入端电位 $V_- = U_i \neq 0$。这时，反相输入端不为“虚地”。

将图7-8电路中的电阻 R_1 开路，即 $R_1 \to \infty$，如图7-9(a)所示，则由式(7-9)可得

$$A_f = 1 \text{ 或 } U_o = U_i$$

这时，输出电压跟随输入电压，称此电路为电压跟随器。电阻 R_2 起限流作用，防止意外造成过大的电流。为了使电路对称，取 $R_2 = R_f$。但为消除跟随电压的误差，R_f 的阻值应尽量减小。

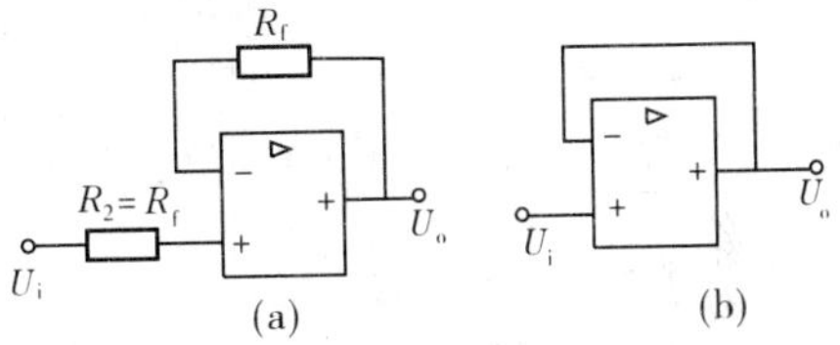

图7-9　电压跟随器的两种电路

若取 $R_f = 0$，则电压跟随器如图7-9(b)所示。

由于集成运放性能优良，所以由它构成的电压跟随器不仅精度高，而且输入电阻大(可达 $10^{12}\Omega$)，输出电阻小(可达 $10^{-3}\Omega$)。这是普通的射极跟随器难以做到的。

三、双端输入放大电路

在图7-10所示电路中，输入电压 U_i 加在反相输入端和同相输入端之间，称为双端输入。U_o 是输出电压，R_f 构成负反馈电路。电流与电压的参考方向如图中箭头所示。为了使输入电路对称，取 $R_1 = R_2$，$R_3 = R_f$。

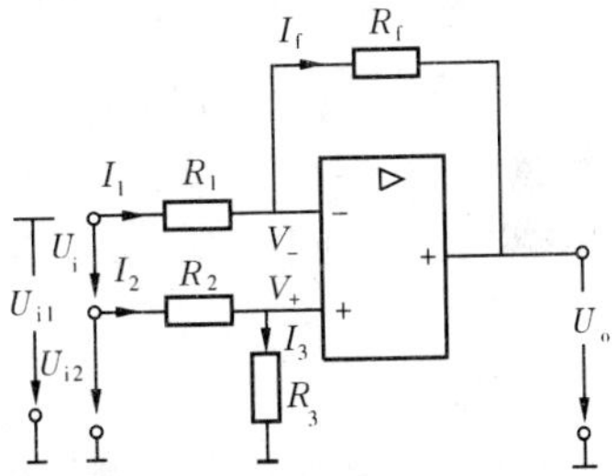

图7-10　双端输入放大电路

信号电压 U_i 作双端输入，也称为差动输入，因为 U_i 与分别加在反相端的电压 U_{i1} 及同相端的电压 U_{i2} 之差相当，即 $U_i = U_{i1} - U_{i2}$。

根据“虚断”可得 $I_1 = I_f$ 和 $I_2 = I_3$，则

$$\frac{U_{i1} - V_-}{R_1} = \frac{V_- - U_o}{R_f}$$

和

$$\frac{U_{i2} - V_+}{R_2} = \frac{V_+ - 0}{R_3}$$

又根据“虚断”，$V_- = V_+$(注意 $V_- = V_+ \neq 0$)，代入以上两式解得

$$U_o = -\frac{R_f}{R_1}(U_{i1} - U_{i2}) = -\frac{R_f}{R_1}U_i \tag{7-10}$$

式(7-10)表明输出电压与双端输入电压成正比,比例系数$\frac{R_f}{R_1}$表明电路的电压放大能力,所以双端输入放大电路的电压放大倍数为

$$A_f = -\frac{R_f}{R_1} \tag{7-11}$$

双端输入放大电路也称差值放大电路。

第三节 运算放大器的线性应用

运算放大器的线性应用,是指它工作在线性放大区时,对信号进行各种线性处理的应用电路,如模拟数学运算、对信号进行放大等。由于运算放大器的开环电压放大倍数很高,为使输出信号与输入信号保持线性关系,必须外加负反馈网络使其工作在闭环状态,这是线性应用电路的基本结构形式。在深度负反馈时,闭环运算放大器输出与输入的关系仅决定于外部电路的输入方式和反馈网络,而与运算放大器本身参数无关。因此,适当设置不同的输入方式和反馈网络,便可构成各种线性处理电路。

一、模拟数学运算

(一)比例运算电路

图 7-7 所示的反相输入放大电路即反相比例运算电路。由式(7-6)可得

$$U_o = -\frac{R_f}{R_1}U_i \tag{7-12}$$

该式表明,输出电压与输入电压成比例关系,比例系数由外接电阻决定,与运放本身参数无关。改变 R_f 或 R_1 的阻值便可得到大于、等于或小于 1 的比例系数,但 U_o 与 U_i 相位相反,所以称为反相比例运算电路。

图 7-8 所示的同相输入放大电路即同相比例运算电路。由式(7-8)可得

$$U_o = \left(1 + \frac{R_f}{R_1}\right)U_i \tag{7-13}$$

该式表明,输出电压与输入电压也成比例运算关系,比例系数也由外部电路参数决定,其值可以大于或等于 1,但 U_o 与 U_i 同相,故称为同相比例运算电路。

(二)减法电路

对于图 7-10 所示双端输入放大电路,当取电阻 $R_1 = R_f$ 时,由式(7-10)可得

$$U_o = U_{i2} - U_{i1} \tag{7-14}$$

即输出电压等于同相端输入电压与反相端输入电压的差值,所以差值放大电路可作减法运算。

二、在信号检测方面的应用

在生产过程中,经常需要检测温度、转速、形变、光通量等各种非电量。非电量检测系统主要包括三个部分,如图 7-11 所示。

传感器是一种敏感元件，它借助于某种物理或化学效应，可将非电量转换为电量。例如，温度检测技术所用的热电偶、热敏电阻，测定压力与应变的电阻应变片，以及用金属在电解液中的化学反应测定离子浓度等。

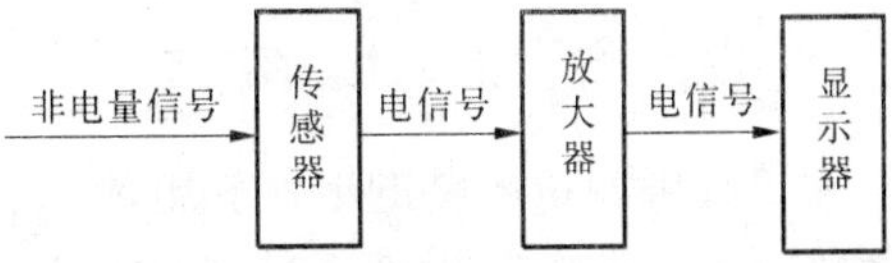

图 7-11　检测系统方框图

通过传感器获取的电信号往往是很微弱的，需要加以放大之后才能用来实现各种控制或显示。在实地测量中，由于工作现场的很多待测点比较分散，传感元件往往离放大器较远，干扰较大，传输至放大器的信号往往带有较大的共模干扰电压，而有用的信号电压本身比较小。因此，利用运算放大器具有较高共模抑制比的特点，将其作为检测信号的放大器是非常合适的。

图 7-12 为一种电桥放大电路。检测电阻 R_x（例如电阻应变片）作为电桥的一臂。静态时，四臂的电阻相等，输出电压为零。当待测的某种非电量变化时，检测电阻 R_x 发生相应的变化，电桥输出不平衡电压 U_i，送至放大器进行放大。为了减小测量误差，放大器必须具有较高的输入电阻和较大的共模抑制比，因此通常选用运算放大器组成电桥放大器。此外，在检测过程中，为了保证检测的准确性，放大器必须具有长期稳定的放大倍数，由于运算放大器的开环电压放大倍数很大，加上深度负反馈，便能满足上述要求。

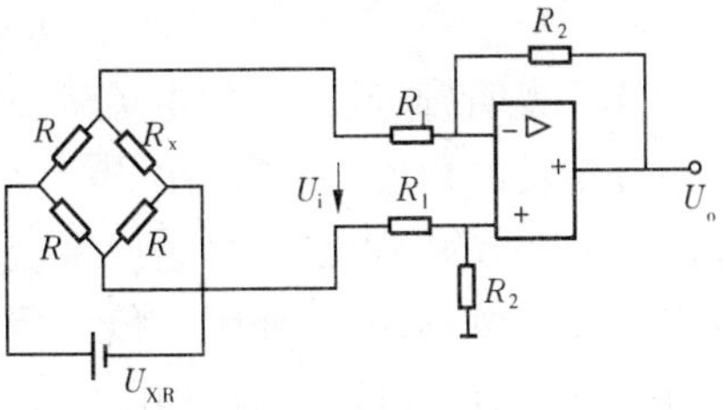

图 7-12　电桥放大电路

经过放大后的信号可以直接控制某种执行机构，或通过显示装置给出结果。显示器的功能是给出可供肉眼观察的数据。模拟式指示仪表以其指针指示，数字式指示仪表可以直接读数。随着集成数字器件的发展，数字显示部件的价格逐渐下降，安装和接线愈加方便，数字显示装置的应用将日益增多。

三、电压可调恒压源

在电子检测设备中经常需要其性能接近理想电压源，利用运算放大器可以满足这个要求。

在图 7-13 所示电路中，稳压管的稳定电压 U_z 作为反相输入端的固定电压，同相输入端接地，则输出电压为

$$U_o = -\frac{R_f}{R_1}U_z \qquad (7\text{-}15)$$

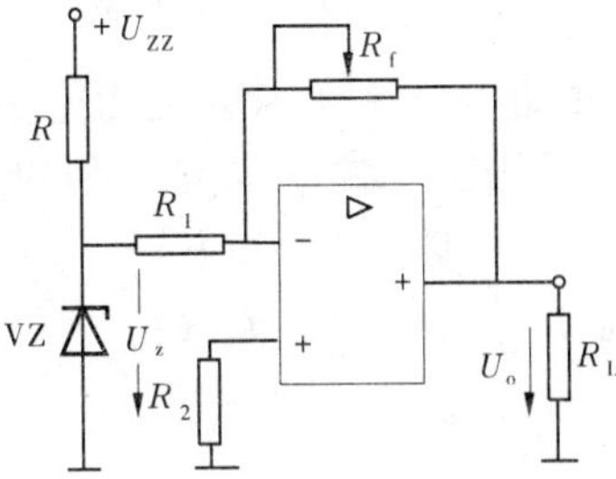

图 7-13　电压可调恒压源

上式表明，输出电压 U_o 与负载电阻 R_L 无关。当负载电阻 R_L 在允许范围内变化时，输出电压 U_o 保持不变，为一恒压源。当改变 R_1 或 R_f 时，可以调节输出电压 U_o 的大小，故为电压可调恒压源。调节 R_f 与 R_1 的比值，甚至可以获得低于 U_z 的输出电压，因此可以作为较低电压的标准电压源。

四、提高测量电表的精度

为了准确测量电路的电压和电流，一般要求电压表的内阻要大，电流表的内阻要小。然而普通电表的内阻很难满足这个需要。若将运算放大器引入测量电表之中，则可大大提高电表精度以减小测量误差。

（一）直流电压表

高精度直流电压表电路如图 7-14 所示。表头 A 串联在负反馈电路中，R_f 是表头内阻与外接电阻之和。U_i 是待测电压，加在同相输入端。反相输入端通过 R_1 接地。

因 $I=I_1$，而 $I_1=\dfrac{0-V_-}{R_1}$；又因 $V_-=V_+=U_i$，所以

$$I=-U_i/R_1 \tag{7-16}$$

式(7-16)表明，通过表头的电流 I 与待测电压 U_i 成正比，而与表头的内阻无关。通过表头指针偏转的角度，便可指出待测电压的大小。

这时，电压表的内阻已不再是原来表头的内阻，而是运算放大器输入端所呈现的等效输入电阻。如前所述，运算在闭环负反馈条件下以同相端输入时，具有较大的输入电阻所以，电压表引入运算放大器后内阻增大了，从而提高了电压表的精度。

由式(7-16)可见，当电阻 R_1 很小时，较小的待测电压可在表头产生较大的电流，所以电压表的灵敏度也可提高。

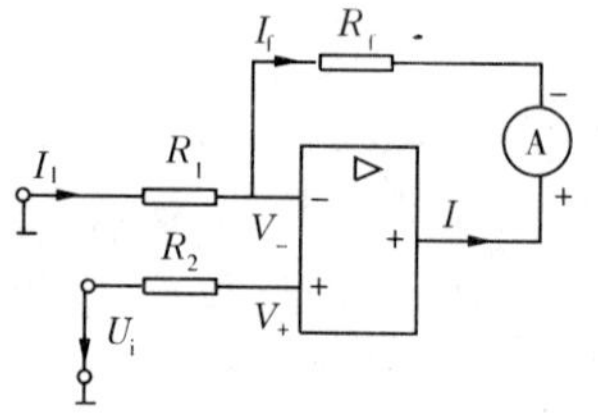

图 7-14　直流电压表

图 7-14 电路实际上是电压、电流转换器。将电压信号加在同相输入端，负载接在反馈电路中（即表头所在的位置），则电压信号可以转换为与之成比例的电流信号。当转换来的电流信号从负载中通过时，不受负载阻抗变化的影响，对于要求两端都与地绝缘的负载，这种转换器备受欢迎。

（二）直流电流表

高精度直流电流表电路如图 7-15 所示。A 为毫安表头，R 是表头内阻与外接电阻之和，同相输入端接地，待测电流 I_i 从反相端输入。

因反相输入端为"虚地"，所以 R_1 两端的压降与 R_2 两端的压降相等，即

$$-I_1R_1=I_2R_2$$

而 $I_1=I_i$，$I_2=I_1-I$，故得

$$I=\left(1+\frac{R_1}{R_2}\right)I_i \tag{7-17}$$

式(7-17)表明，通过表头的电流 I 与待测电流 I_i 成正比，而与表头的内阻无关。

这时，电流表的内阻已不再是原来表头的内阻，而是运放电路的输出电阻。如前所述，运放在闭环负反馈条件下从反相端输入时，具有较小的输出电阻。所以，电流表引入运算放大器后内阻降低了，从而提高了电流表的精度。

由式(7-17)可见，当加大比值 R_1/R_2 时，很小的待测电流便可在表头中流过较大的电流。因此，直流电流表的灵敏度也可得到提高。

图 7-15 所示电路实际上是个电流可调的恒流源。若将负载接在表头所示的位置，则由式(7-17)可知，通过负载的电流取决于 R_1、R_2 和 I_i，而与负载的电阻（即图中电阻 R）无关。当负载电阻在允许的范围内变换时，负载电流保持恒定不变，具有恒流的特性。而改变电阻 R_1 或 R_2，可以调节负载电流的大小。

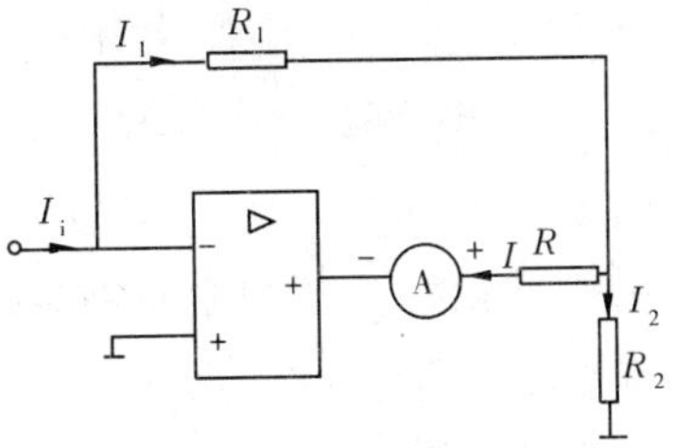

图 7-15　直流电流表

第四节　电压比较器

运算放大器是典型的模拟集成电路，但其应用却超出了模拟电路的范畴，除上述的线性应用电路外，还有非线性应用电路。运算放大器作非线性应用时，从电路结构上看，处于开环状态或接入正反馈，使其工作在非线性区，即处于正向饱和或负向饱和状态。现以电压比较器为例，分析运算放大器非线性应用电路的特点。

在自动控制系统中，经常需要对电信号的幅度进行比较和选择，按其结果来决定执行机构的动作，这就需要比较器。电压比较器能够对输入电压进行鉴别和比较，看它是大于还是小于某一给定的信号。

一、零电压比较器

如图 7-16(a)所示，运算放大器开环使用，同相输入端接地，待比较电压 u_i 加在反相输入端上，便组成零电压比较器。为了便于分析，将运算放大器理想化，由于开环电压放大倍数 $A_{uo}\to\infty$，则其输入—输出电压特性曲线如图 7-16(b)所示。

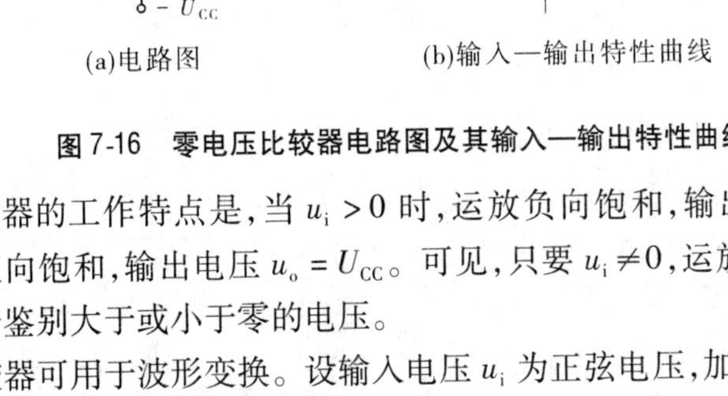

图 7-16　零电压比较器电路图及其输入—输出特性曲线

零电压比较器的工作特点是，当 $u_i>0$ 时，运放负向饱和，输出电压 $u_o=-U_{CC}$；当 $u_i<0$ 时，运放正向饱和，输出电压 $u_o=U_{CC}$。可见，只要 $u_i\neq0$，运放就饱和。因此，零电压比较器可用于鉴别大于或小于零的电压。

零电压比较器可用于波形变换。设输入电压 u_i 为正弦电压，加在反相输入端上。当 u_i 为正半波时，运放负向饱和，输出电压 $u_o=-u_{CC}$；当 u_i 为负半波时，运放正向饱和，输

出电压 $u_o = U_{CC}$。所以，输出电压 u_o 为方波，如图 7-17所示。u_i 每通过一次零点，u_o 发生一次跳变。方波的宽度等于正弦波的半周期，方波的幅值等于输出电压的幅值，约为电源电压。结果，正弦波转换为同频率的方波。

零电压比较器也可将反相输入端接地，待比较电压加在同相输入端。这时，输入电压的极性与上述相反。

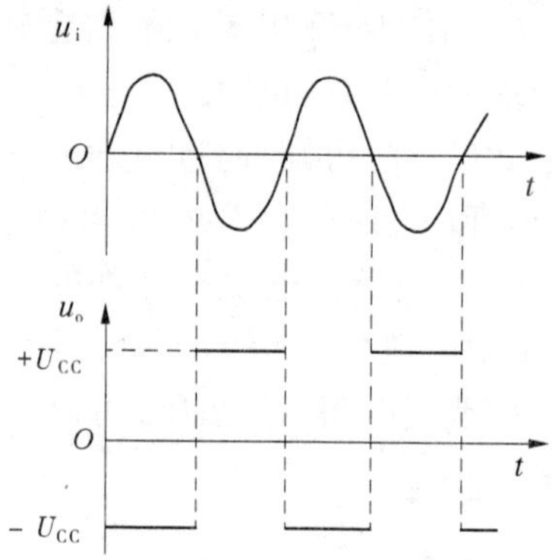

图 7-17　零电压比较器的波形

二、非零电压比较器

非零电压比较器电路如图 7-18(a)所示；待比较电压 u_i 加在反相输入端，参考电压 U_R 接在同相输入端。当 $u_i > U_R$ 时，运放负向饱和，输入电压 $u_o = -U_{CC}$；当 $u_i < U_R$ 时，运放正向饱和，输入电压 $u_i = +U_{CC}$。所以，非零电压比较器的输入—输出特性曲线如图 7-18(b)所示。

当加在反相输入端的待比较电压 u_i 为正弦波时，则输出电压 u_o 为矩形波。

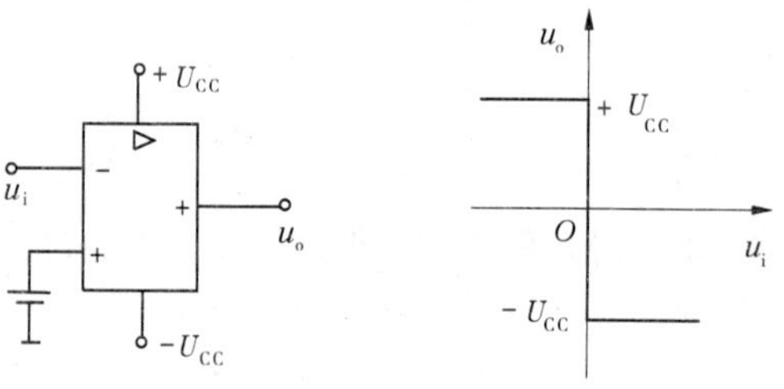

(a)电路图　　(b)输入—输出特性曲线

图 7-18　非零电压比较器电路图及其输入—输出特性曲线

从上述波形变换图可以看出，当输入电压为连续变化的模拟信号时，其输入电压只有两种可能的取值：$+U_{CC}$和 $-U_{CC}$，表现出数字信号的特点。可见，电压比较器是模拟电路与数字电路之间的一种过渡电路。因此，电压比较器可作为模/数转换电路。

从输入—输出特性曲线可以看出，每当待比较电压的幅值与参考电压相等时，输出端电压就发生变化。因此，电压比较器可以用作越位报警。如图 7-19 所示，其中三极管 VT 和发光二极管 LED 组成显示器。当 $u_i > U_R$ 时，电压比较器输出 $-U_{CC}$，经电阻 R_1、R_2 分压后，VT 基极承受反向偏压而截止，LED 不亮。一旦 u_i 降至等于(或小于)

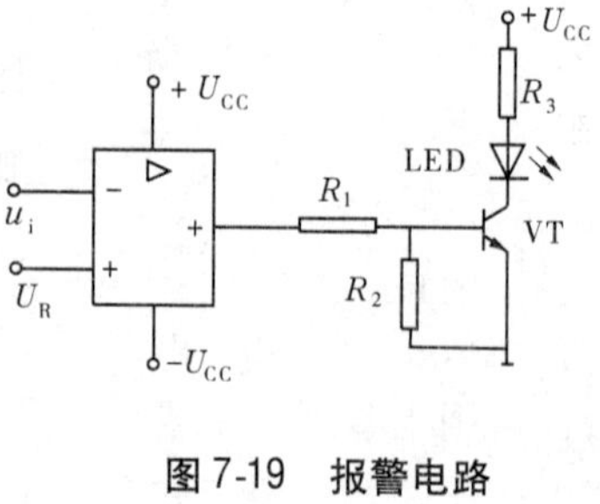

图 7-19　报警电路

U_R，电压比较器输出电压突然变为 U_{CC}，三极管 T 基极正向偏置而饱和导通，LED 发亮报警。

电压比较器是运放非线性应用的一个基本电路，在波形发生、检测装置、自动控制、数字技术和计算机中获得广泛应用。

三、集成电压比较器

由通用型集成运放构成的电压比较器，一般要加限幅电路才能驱动 TTL 等数字电路，因此给使用带来不便。集成电压比较器内部电路结构和工作原理与集成运放相似，但它一般无需外接元件就可以直接驱动 TTL 等数字电路器件，有的集成电压比较器还具有选通端，所以使用起来比较方便。

例如，通用型集成电压比较器 CJO311，封装形式双列直插式，它的电源电压允许范围宽，可用正、负双电源供电，也可用单电源供电。只要电源电压相当，可直接驱动 TTL 器件和 CMOS 器件。它能输出 50mA 的电流，可直接驱动某些继电器或灯泡，所以这种通用型集成电压比较器的用途较广。

第五节　集成运算放大器在汽车电子电路中的应用

一、电桥信号放大电路

如果需要对温度、压力或形变等进行检测，可用图 7-20 所示的电桥信号放大电路，图中电桥的一个臂是由传感器构成的。

当传感器的阻值没有变化时，即 $\Delta R=0$ 时，电桥平衡，电路输出电压 $u_o=0$；当传感器因温度、压力或其他变化而使传感元件的电阻值发生变化时（用 ΔR 表示）电桥就失去平衡，变化量变成了电信号而产生输出电压 u_o，输出电压 u_o 一般很小，需要经过放大器进行放大。

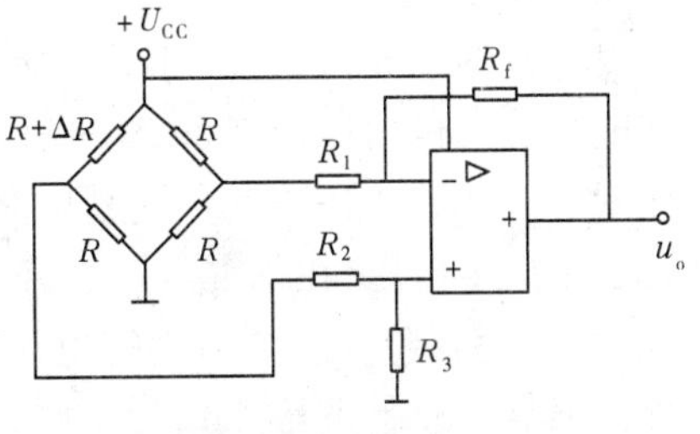

图 7-20　电桥信号放大电路

汽车电喷发动机中，用来测量进气量的进气压力传感器就是由压敏电阻和集成运放制成的。这种传感器被美国通用汽车公司等汽车公司广泛采用，国产桑塔纳 2000Gli 型轿车也采用了该传感器。图 7-21 所示为压敏电阻式进气压力传感器的工作原理。

该传感器有一个通气口与进气管相通，进气压力通过该口加到压力转换元件上。压力转换元件是由四个压敏电阻构成的硅膜片。硅膜片受压力变形后，电桥输出信号，压力越大，输出信号越强。该信号经集成运放放大后传送给 ECU。

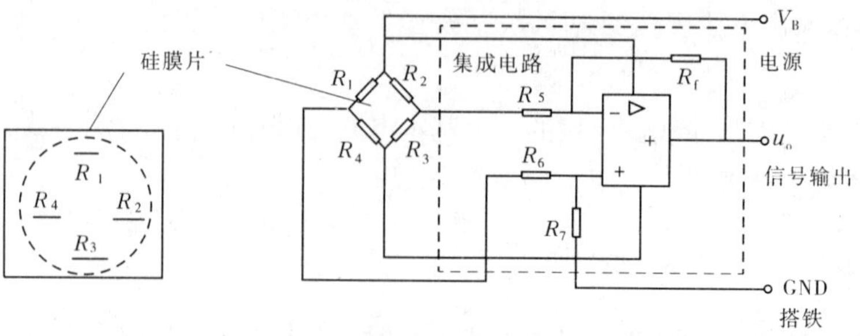

图 7-21　压敏电阻式进气压力传感器工作原理示意图

二、光电测量电路

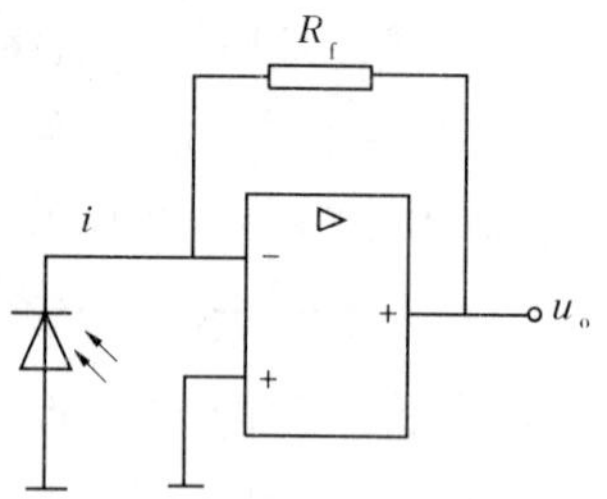

图 7-22　光电测量电路

光电二极管、光电三极管或其他光电器件能够将光信号转变为电信号。图 7-22 所示为一种最简单的光电测量电路。

无光照时，光电二极管的反向电流很小。有光照时，二极管有光电流流过，光的照度越大，光电流越大，经过集成运放后，输出电压 $u_o = -iR_f$。汽车自动空调控制系统中，用作检测日照量的传感器就是经过设置在 ECU 内部的上述电路进行信号放大的。

三、电压比较器在汽车电子电路中的应用

比较器最常见的应用电路有三种形式：简单电压比较器、滞回电压比较器和窗口比较器。

(一) 简单电压比较器在汽车电子电路中的应用

电喷发动机的主要目的就是控制发动机在理论空燃比附近工作，保证排放合乎法规要求。在电喷发动机闭环控制系统中，氧传感器承担着向 ECU 传递发动机是否工作在理论空燃比附近的任务。在浓混合气燃烧时（小于理论空燃比），排气中的氧消耗殆尽，氧传感器几乎不产生电压；在稀混合气燃烧时（大于理论空燃比），排气中还含有一部分多余的氧气，氧传感器产生大约 1V 的电压。控制系统根据氧传感器的输出信号对喷油量进行修正。控制系统规定，当氧传感器输出电压大于 0.45V 时，认为混合气过稀；小于 0.45V，认为混合气过浓。氧传感器与 ECU 之间就是通过电压比较器进行信号传递的。如图 7-23 所示为氧传感器与 ECU 连线原理图。

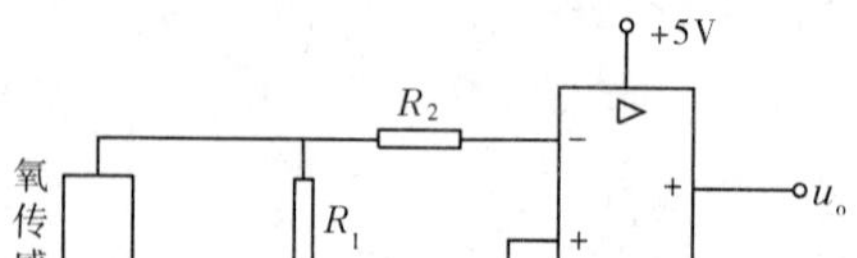

图 7-23　氧传感器与 ECU 的连接

ECU 设定 0.45V 为基准电压，当氧传感器信号电压大于基准电压时，比较器输出 $u_o = 0V$，ECU 判断混合气过稀，增加喷油量；当氧传感器信号电压小于基准电压时，比较

器输出 $u_o \approx 5V$，ECU 判断混合气过浓，减少喷油量。

(二)滞回电压比较器在汽车电子电路中的应用

在汽车 ABS(电控防抱死)系统中，车轮转速是靠轮速传感器来传递给 ECU 的。霍尔轮速传感器就是轮速传感器的一种，它主要由与车轮或传动系统连接在一起的触发齿圈、霍尔元件、永久磁铁和电子电路等组成。

当触发齿圈车轮旋转时，霍尔元件上的磁场会发生周期性变化，霍尔元件就会产生毫伏级的正弦波电压。将霍尔元件产生的微弱的正弦波信号放大整形为 11.5 ~ 12V 的标准脉冲信号，就是通过由集成运放构成的电子电路来实现的。电路原理如图 7-24 所示。

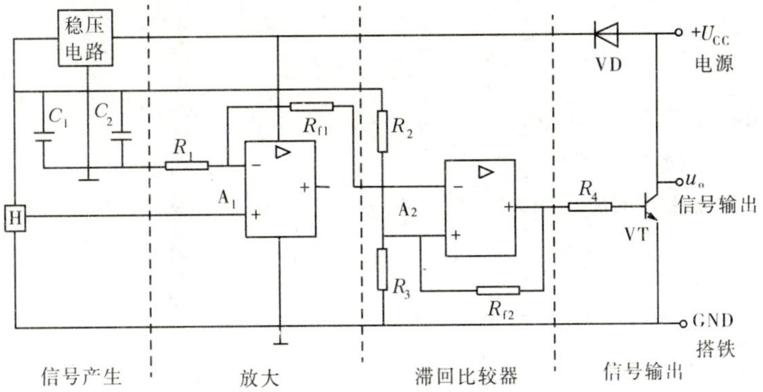

图 7-24　霍尔轮速传感器电子电路原理图

电路分四个部分：由霍尔元件构成的信号产生部分，由 A_1、R_1、R_{f1} 组成的放大部分，由 A_2、R_2、R_3、R_{f2} 组成的滞回比较器和三极管 VT 构成的输出级。稳压电路保证霍尔元件和比较器基准电压的稳定不变，霍尔元件感受触发齿圈转动带来的磁场变化而产生微弱的正弦波信号，该信号经 A_1 放大器放大后，送到比较器，电阻 R_2、R_3 向比较器 A_2 提供了基准电压；A_2 输出经滞回整形的脉冲信号，U_{A2} 控制输出开关三极管，向外传输幅值达 11.5 ~ 12V 的脉冲信号。二极管 VD 的作用是电源反接时，起保护作用。电容 C_1、C_2 是稳压电路的滤波电容。

(三)窗口比较器

1. 基本电路

简单电压比较器和滞回电压比较器的共同特点是：当输入电压 u_i 单方向变化时，输出电压 u_o 仅跳变一次，只能检测一个电平，如果要判断输入电压 u_i 是否在两个电平之间，应该采用窗口比较器。

窗口比较器是由两阈值电压不等的简单比较器组成的，阈值小的采用反相接法，阈值大的采用同相接法，电路如图 7-25(a)所示。

由图中可以看出，两个简单比较器的阈值分别是 U_{THL} 和 U_{THH}，$U_{THH} > U_{THL}$。

当输入电压 $u_i > U_{THH}$ 时，$u_i > U_{THL}$，则输出电压 $u_{o1} = U_{OH}$，二极管 VD1 导通；$u_{o2} = U_{OL}$，VD2 截止，输出电压 $u_o \approx u_{o1} = U_{OH}$。当输入电压 $u_i < U_{THL}$ 时，$u_i < U_{THH}$，则输出电压 $u_{o1} = U_{OL}$，二极管 VD1 截止；$u_{o2} = U_{OH}$，VD2 导通，输出电压 $u_o \approx u_{o2} = U_{OH}$。当输入电压 $U_{THL} < u_i < U_{THH}$ 时，输出电压 $u_{o1} = u_{o2} = U_{OL}$。二极管 VD1、VD2 都截止，输出电压 $u_{o2} = 0V$。

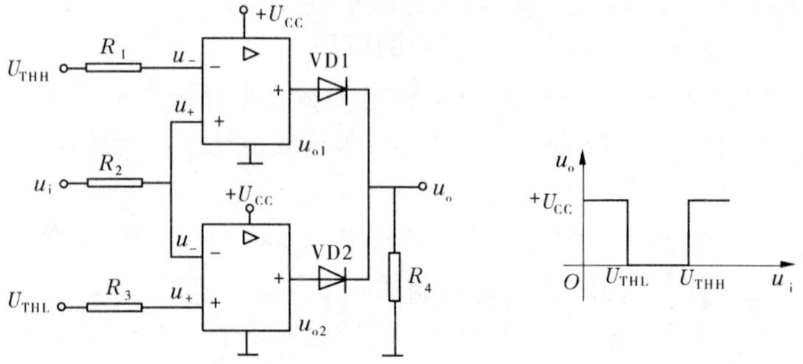

(a)电路　　　　　　　　　　(b)传输特性

图 7-25　窗口比较器

其传输特性如图 7-25(b)所示。

2. 窗口比较器在汽车电子电路中的应用

在汽车充电系统电路中,当电压过低或过高时,报警器发出警报,这就是汽车充电系统电压监视器电路,如图 7-26 所示。

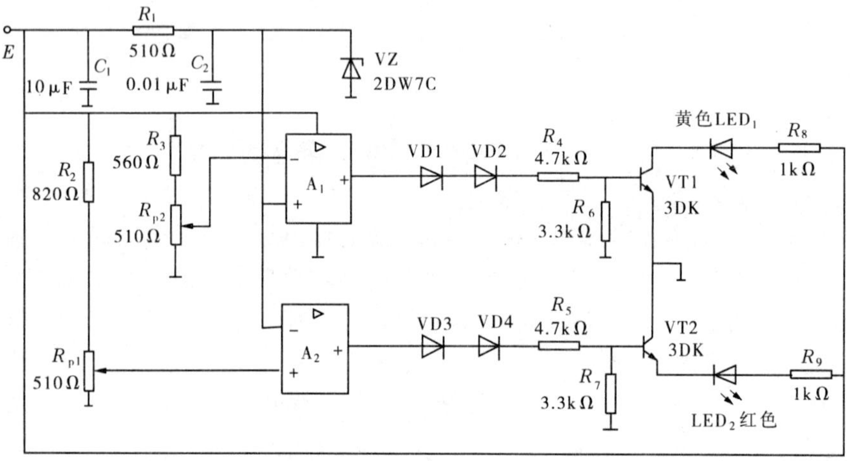

图 7-26　汽车充电系统电压监视器电路

电路主要是由运放构成的一个窗口比较器。基准电压由 R_1 和 VZ 组成的稳压电路组成,VZ 的稳压值是 6V。基准电压分别接在 A_1 的正相端和 A_2 的反相端。E 接在汽车充电系统电源上。

当充电系统电压大于 14.5V 时,A_1 反相端检测到的电压和 A_2 同相端的电压都大于基准电压,比较器 A_1 输出电压为零,三极管 VT1 不能导通,LED_1(黄色)不亮;比较器 A_2 输出电压为电源电压,驱动三极管 VT2 导通,发光二极管 LED_2(红色)发光,指示电压过高。

当充电系统电压小于 12V 时,A_1 反相端检测到的电压和 A_2 同相端检测到的电压都小于基准电压,比较器 A_2 输出电压为零,三极管 VT2 不能导通,LED_2(红色)不亮;比较

器 A_1 输出电压为电源电压，驱动三极管 VT1 导通，发光二极管 LED_1（黄色）发光，指示电压过低。

当电压介于 12～14.5V 之间时，A_1 反相端检测到的电压大于基准电压，比较器 A_1 输出电压为零，三极管 VT1 不能导通。A_2 同相端检测到的电压小于基准电压，比较器 A_2 输出电压为零，三极管 VT2 不能导通，LED_1（黄色）和 LED_2（红色）都不亮，指示电压正常。

电路调试时，先用 14.5V 的电压作电源电压，调整电位器 R_{p2} 使比较器 A_2 正好翻转。然后改用 12V 电源，调整电位器 R_{p1}，使比较器 A_1 正好翻转。

习　题

7-1　直接耦合放大器的级数越多，放大倍数越大，零点漂移会怎么样？

7-2　为什么多级直流放大器的第一级均采用差分放大电路？

7-3　评价差分式直流放大器的性能必须同时考虑它的哪两个特性？

7-4　在差分放大器中 R_E 的作用是什么？

7-5　集成运放有几个输入端？分别叫什么名字？

7-6　直接耦合放大器都能放大什么信号？

7-7　差分放大电路比直接耦合放大电路多用一个晶体三极管，其起到什么独特作用？

7-8　差分放大电路抑制零点漂移的能力主要取决于什么？

7-9　电桥信号放大电路为什么用反相比例放大电路？

7-10　反相比例运算和同相比例运算的电压放大倍数各是什么？

第八章　数字电路基础

本章所介绍的数字电路可分为组合逻辑电路和时序逻辑电路两大类。研究数字电路时应注重电路输出与输入间的逻辑关系，主要的分析工具是逻辑代数，电路的功能可用逻辑表达式、逻辑状态表（真值表）、逻辑图及波形图等来表示。

第一节　数字电路概述

一、数字电路与模拟电路的区别

自然界中，诸如温度、压力、速度等信号，它们都有在数值上随时间连续变化的特点，这种连续变化的信号习惯上称之为模拟信号。例如图 8-1 所示的正弦波信号，它在某瞬间的值可以是一个数值区间内的任何值。接收、处理和传递模拟信号的电子电路便是模拟电路，如交直流放大器、滤波器、信号发生器等。在研究模拟电路时，我们注重电路输入、输出信号间的大小和相位关系。

还有一种信号，它们的数值不随时间连续变化。例如，汽车电路上的光电式曲轴位置传感器，输出的信号是遮光盘不断通过光电耦合器而产生的“有”或“无”（透光或遮光）的规律变化的脉冲信号，这种数值不随时间连续变化的信号便是数字信号，如图 8-2 所示的方波信号。接收、处理和传递数字信号的电子电路便是数字电路。

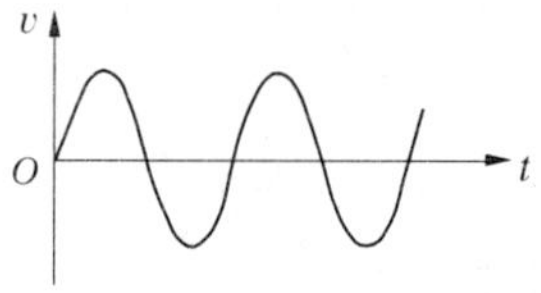

图 8-1　模拟信号

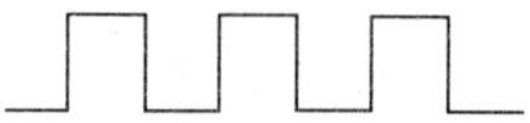

图 8-2　方波信号

汽车上传递的电信号绝大部分都是数字信号。数字信号的特点是只与电平高低的变化有关，而与电平的具体大小关系不大，传递的信息经常是“有” 或“无”、“开”或“关”等非此即彼的关系。这种关系称为“二值逻辑”，用数字 1 和 0 代表两种状态。

与模拟信号相比，数字信号在抗干扰能力上具有明显的优越性。对于数字电路而言，干扰往往只影响脉冲幅度，在一定范围内不会混淆 1 和 0 的数字信息。另外，由于代表两个数值的二值信息很容易通过电路的两个完全相反的状态来实现，例如前面已经学过的二极管的导通与截止，三极管的饱和与截止等，使得数字电路设计方便、低功耗，模块化开放性结构便于维护和更新。数字电路的这些优点使其广泛应用于电子计算机、自动控制、电子测量仪表、电视、雷达、通信、核物理、航空航天等各个领域。

二、数制和码制

(一)数制

1. 十进制

在表示物理量的大小时，一般使用进位计数制。十进制是最常用的进位计数制，它采用了0、1、2、3、4、5、6、7、8、9十个计数符号，这些计数符号称作数码，数码的个数叫作基数。进位计数制是把数码按一定规律排列起来表示的。具体地说，在计数过程中，当某一位累计到基数时，便向高位进一，而本位又从零开始计数。十进制的基数为10，所以十进制的计算规则是逢十进一。因此，在进位计数过程中，当数码处于不同位置时，所表示的数值大小是不同的。例如，十进制数165.8可以展开为

$$(165.8)_{10}=1\times10^{2}+6\times10^{1}+5\times10^{0}+8\times10^{-1}$$

其中10^2、10^1、10^0、10^{-1}分别为百位、十位、个位、十分位上的权。数码与权的乘积称为加权系数，十进制的数值是各位加权系数的和。

2. 二进制

数字电路只处理1和0两种状态，所以在数字电路中广泛采用二进制。二进制数采用0和1两个数码，其基数是2，计数时逢二进一，各位的权都是2的幂。例如：

$$\begin{aligned}(1011.01)_2&=1\times2^{3}+0\times2^{2}+1\times2^{1}+1\times2^{0}+0\times2^{-1}+1\times2^{-2}\\&=8+0+2+1+0+0.25\\&=(11.25)_{10}\end{aligned}$$

式中的权分别是2^3、2^2、2^1、2^0、2^{-1}、2^{-2}。因此，二进制数的各位加权系数的和就是其对应的十进制数。

3. 八进制

八进制是以8为基数的计数体制。在八进制中，每位有0、1、2、3、4、5、6、7八个不同的数码，它的进位规律是逢八进一，各位的权为$8(2^3)$的幂。如八进制数$(437.25)_8$可表示为

$$\begin{aligned}(437.25)_8&=4\times8^{2}+3\times8^{1}+7\times8^{0}+2\times8^{-1}+5\times8^{-2}\\&=256+24+7+0.25+0.078\,125\\&=(287.328\,125)_{10}\end{aligned}$$

式中8^2、8^1、8^0、8^{-1}、8^{-2}分别为八进制数各位的权。

4. 十六进制

十六进制是以16为基数的计数体制。在十六进制中，每位有0、1、2、3、4、5、6、7、8、9、A(10)、B(11)、C(12)、D(13)、E(14)、F(15)十六个不同的数码，它的进位规律是逢十六进一，各位的权为$16(2^4)$的幂。如十六进制数$(3BE.C4)_{16}$可表示为

$$\begin{aligned}(3BE.C4)_{16}&=3\times16^{2}+11\times16^{1}+14\times16^{0}+12\times16^{-1}+4\times16^{-2}\\&=768+176+14+0.75+0.015\,625\\&=(958.765\,625)_{10}\end{aligned}$$

式中16^2、16^1、16^0、16^{-1}、16^{-2}分别为十六进制数各位的权。

（二）码制

在数字电路中，0 和 1 不仅可代表二进制数的两个数码，按二进制计数规律排列起来表示数值的大小，而且还可按照其他规律排列起来表示特定的信息。在这种情况下，0 和 1 不再带有数量的含义，而是不同事物的代号，称之为代码。在同一个系统中，代码与所表示的信息之间应该有一个对应的关系，建立这种关系的过程称为编码。二进制编码就是使用二进制代码来表示相应信息的过程。

如果把十进制数的十个数码 0 ~ 9 用二进制代码来表示，称之为二 - 十进制编码，即 BCD 编码。二 - 十进制编码的方案可以有很多种，常用的是 8421 码，这种代码每一位的权值是固定不变的，为恒权码。它取了四位自然数二进制数的前十种组合，即 0000(0) ~ 1001(9)，从高位到低位的权值分别是 8、4、2、1，去掉后六种组合 1010 ~ 1111，所以称为 8421BCD 码（见表 8-1）。每组二进制代码各位加权系数之和便为它所代表的十进制数。

表 8-1　8421BCD 代码表

十进制数	8421BCD 码	十进制数	8421BCD 码
0	0000	5	0101
1	0001	6	0110
2	0010	7	0111
3	0011	8	1000
4	0100	9	1001

第二节　逻辑门电路

一、门电路的概念

门电路是数字电路最为基本的逻辑元件，应用十分广泛。所谓门电路实际上就是一种开关电路，当满足一定条件时它能允许数字信号通过，条件不满足时数字信号就不能通过。所以，门电路是一种逻辑电路。

我们已经知道，在数字电路中信号表现为高低两种电平，称为逻辑电平，这和相互对立的逻辑状态相对应，至于高低电平的具体数值，则由数字电路的类型来决定。这样，就将高低电平问题转化为逻辑问题，故数字电路又有逻辑电路之称。通常用符号 0（称做逻辑 0）和 1（称做逻辑 1）来表示两种对立的逻辑状态，如表 8-2 所示。

表 8-2　0 和 1 表示对立的逻辑状态

逻辑值	逻辑 1	逻辑 0
代表的逻辑状态	是	否
	通	断
	高	低
	有	无
	亮	灭
	南	北
	上	下
	…	…

需要说明的是，究竟用 0 还是 1 逻辑符号来表示高电平可以由人为决定，于是出现了两种逻辑体制，即正逻辑（1 表示高电平、0 表示低电平）和负逻辑（1 表示低电平、0 表

示高电平)。本书未作特殊说明时均采用正逻辑。

数字电路中,最基本的逻辑关系有三种,即“与”逻辑、“或”逻辑和“非”逻辑。与此对应的基本门电路便是“与”门、“或”门和“非”门。由这三种基本逻辑门电路可以组合成其他复合逻辑门电路。

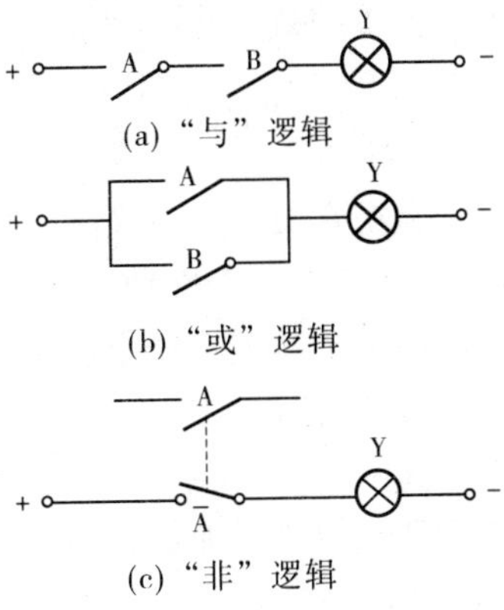

图 8-3 由开关组成的逻辑关系

二、“与”门电路

在图 8-3(a)的照明电路中,开关 A 和 B 相串联,只有当二者同时接通时(条件),电灯才亮(结果)。换言之,A 和 B 中只要有一个不接通或二者均不接通时,则灯泡不亮。这种逻辑关系称为“与”。

若把开关的状态看成该逻辑问题的输入,用逻辑变量 A、B 分别表示,把灯泡的亮或灭状态看成该逻辑问题的输出,并用 Y 表示,则 Y 是变量 A、B 的逻辑函数,可写成

$$Y = A \cdot B$$

其中,符号“·”表示“与”逻辑运算,也称逻辑乘运算。逻辑乘运算与数值乘法运算规则不同,定义如下:

$$0 \cdot 0 = 0;\ 1 \cdot 0 = 0;\ 0 \cdot 1 = 0;\ 1 \cdot 1 = 1$$

值得注意的是,无论是逻辑变量还是逻辑函数,它们的取值只有两个:0 和 1。

如图 8-4 所示的是二极管“与”门电路及其逻辑符号。A、B、C 是它的三个输入端,Y 是输出端。当输入端 A、B、C 全为 1 时,设三者电位均为 3V,三管均承受正向电压而导通,因为二极管的正向压降较小(硅管约 0.7V,锗管约 0.3V,此处一般采用锗管),输出端 Y 的电位则被钳制在 3V 附近,比 3V 略高一点,属于高电平的范畴。输出端 Y 的逻辑值为 1。

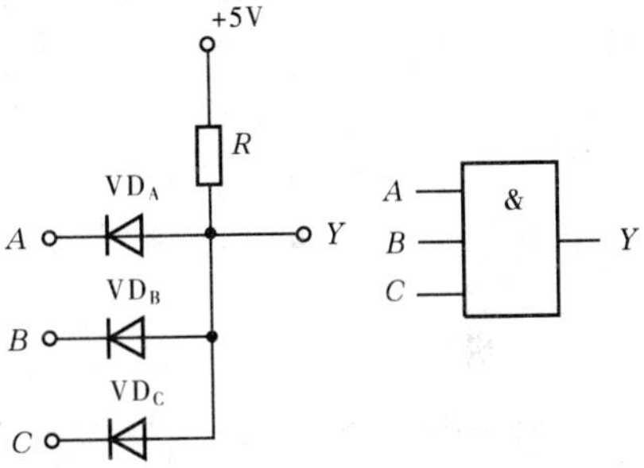

图 8-4 “与”门电路及其逻辑符号

当输入端只要有一个为 0,即电位在 0V 附近,例如 A 为 0,另外两个为 1,则 VD_A 先导通,输出端 Y 的电位被钳制在 0V 附近,属于低电平范畴。输出端 Y 的逻辑值为 0。二极管 VD_B 和 VD_C 因承受反向电压而截止。

由此可见,只有当输入端 A、B、C 全为 1 时,输出端 Y 才为 1,否则输出就是 0,这符合“与”逻辑,所以它是一种“与”门。

“与”逻辑关系表达式为

$$Y = A \cdot B \cdot C \qquad (8\text{-}1)$$

表 8-3 为三逻辑变量的“与”门逻辑状

表 8-3 “与”门逻辑状态

A	B	C	Y
0	0	0	0
1	0	0	0
0	1	0	0
1	1	0	0
0	0	1	0
1	0	1	0
0	1	1	0
1	1	1	1

态表。

三、“或”门电路

在图 8-3(b)的电路中，开关 A 和 B 相并联。当 A 接通或 B 接通，或者 A 和 B 同时接通时，电灯就亮。这种关系称为“或”逻辑。采用和“与”逻辑一样的约定，我们可以用如下的逻辑函数表达这个逻辑问题

$$Y = A + B$$

其中，符号“+”表示“或”逻辑运算，也称逻辑加运算。但逻辑加运算与数值加法运算规则不同，定义为

$$0+0=0;\quad 1+0=1;\quad 0+1=1;\quad 1+1=1$$

如图 8-5 所示的是二极管“或”门电路及其逻辑符号。“或”门的输入端中只要有一个为 1，输出就为 1。例如，只有 A 端为 1(设其电位为 3V)，则 A 端的电位比 B、C 高。VD_A 优先导通，Y 端电位比 A 端略低(VD_A 正向压降约为 0.3V)，仍属于 3V 附这个高电平范畴，故输出端 Y 的逻辑值为 1。由于 Y 端的电位比输入端 B、C 高，VD_B 和 VD_C 因承受反向电压而截止。

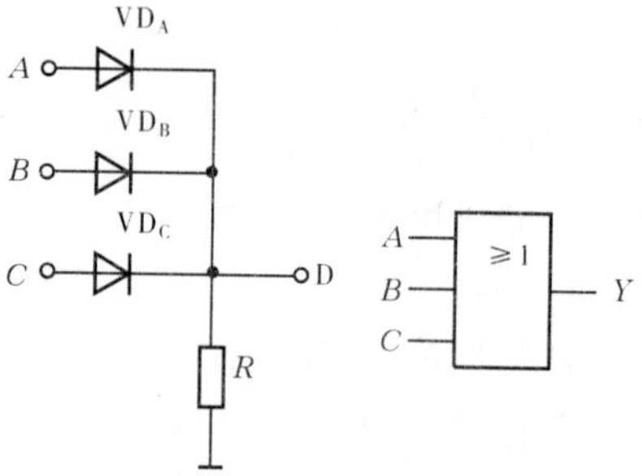

图 8-5 “或”门电路及其逻辑符号

只有当三个输入端全为 0 时，三管都导通，输出端 Y 的电位在 0V 附近，属于低电平范畴，故输出端 Y 的逻辑值为 0。这符合“或”逻辑，所以它是一种“或”门。“或”逻辑关系可用下式表示

$$Y = A + B + C \tag{8-2}$$

表 8-4 为三逻辑变量的“或”门逻辑状态表。

表 8-4 “或”门逻辑真值表

A	B	C	Y
0	0	0	0
0	0	1	1
0	1	0	1
0	1	1	1
1	0	0	1
1	0	1	1
1	1	0	1
1	1	1	1

四、“非”门电路

在图 8-3(c)的电路中，联动开关有两个触点，任一个接通，另一个就断开。当将 A 接通时，电灯就不亮。若 A 断开，电灯就亮。这种逻辑关系称为“非”逻辑。若用逻辑变量 A 表示上方开关的状态，并把 A 看成该逻辑问题的输入变量，灯泡的亮灭状态看成该逻辑问题的输出变量，并用 Y 表示，则 Y 是变量 A 的逻辑函数，可写成

$$Y = \overline{A}$$

其中，符号“－”表示“非”逻辑运算，也称逻辑反运算，定义为 $\overline{0}=1$，$\overline{1}=0$。

如图 8-6 所示为三极管“非”门电路及其逻辑符号。“非”门电路只有一个输入端 A。当 A 为 1(设其电位为 3V)时，三极管饱和，其集电极即输出端 Y 为 0(其电位在 0V 附近)；当 A 为 0 时，晶体管截止，输出端 Y 为 1(其电位近似等于 V_{CC})。

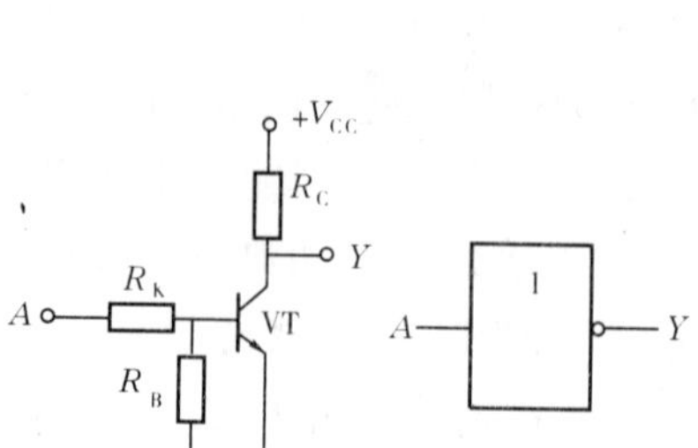

图 8-6 “非”门电路及其逻辑符号

所以,“非”门电路也称为反相器。加负电源 V_{BB} 是为了当 A 为 0 时使晶体三极管可靠截止。“非”逻辑关系可用下式表示

$$Y = \overline{A} \tag{8-3}$$

其逻辑状态表如表 8-5 所示。

表 8-5 “非”门逻辑真值表

A	Y
0	1
1	0

五、“与非”门、“或非”门电路

如果把上述三种基本逻辑电路按需要组合起来,可构成新的逻辑功能。例如,二极管“与”门和三极管“非”门组合起来构成的“与非”门就是一种常用的门电路,如图 8-7 所示。它的逻辑功能是依靠“与”门的输出信号控制“非”门的工作来实现的。“与非”门的真值表如表 8-6 所示,由该表可以看出“与非”门的逻辑功能是:全 1 出 0,见 0 出 1。

表 8-6 “与非”门逻辑真值表

A	B	C	Y
0	0	0	1
0	0	1	1
0	1	0	1
0	1	1	1
1	0	0	1
1	0	1	1
1	1	0	1
1	1	1	0

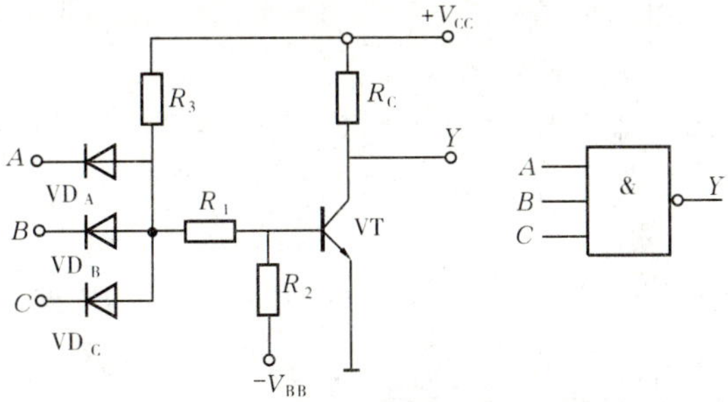

图 8-7 “与非”门电路及其逻辑符号

“与非”逻辑关系可用下式表示

$$Y = \overline{A \cdot B \cdot C} \tag{8-4}$$

二极管“或”门和三极管“非”门组合起来构成的是“或非”门,如图 8-8 所示。它的逻辑功能是依靠“或”门的输出信号控制“非”门的工作来实现的。“或非”门的逻辑真值表如表 8-7 所示,由该表可以看出“或非”门的逻辑功能是:全 0 出 1,见 1 出 0。

“或非”逻辑关系可用下式表示

$$Y = \overline{A + B + C} \tag{8-5}$$

表 8-7 “或非”门逻辑真值表

A	B	C	Y
0	0	0	1
0	0	1	0
0	1	0	0
0	1	1	0
1	0	0	0
1	0	1	0
1	1	0	0
1	1	1	0

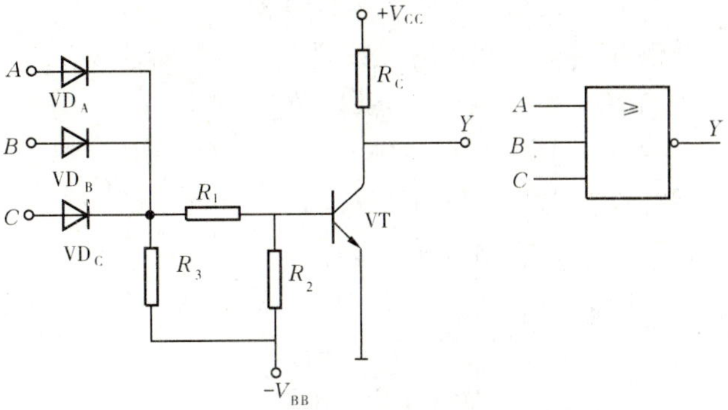

图 8-8 “或非”门电路及其逻辑符号

第三节　组合逻辑电路

有了基本逻辑电路后，实际中可将这些电路组合起来构成组合逻辑电路，以实现多种逻辑功能。在设计逻辑电路时，同一种逻辑关系可有多种构成方法，所以要结合器件的特点，尽可能化简逻辑电路，使所设计的电路尽可能合理，这就涉及到逻辑代数的化简，清楚了它的基本规律后才能对组合逻辑电路进行进一步的分析和设计。

一、基本运算法则和定律

（一）基本运算法则

①$0\cdot A=0$；　②$1\cdot A=A$；　③$A\cdot A=A$；　④$A\cdot\overline{A}=0$；　⑤$0+A=A$；

⑥$1+A=1$；　⑦$A+A=A$；　⑧$A+\overline{A}=1$；　⑨$\overline{\overline{A}}=A$。

（二）基本定律

（1）交换率：$AB=BA$，$A+B=B+A$；

（2）结合律：$ABC=(AB)C=A(BC)$，

$A+B+C=A+(B+C)=(A+B)+C$；

（3）分配律：$A(B+C)=AB+AC$，$A+BC=(A+B)(A+C)$；

（4）反演律：$\overline{A\cdot B}=\overline{A}+\overline{B}$，$\overline{A+B}=\overline{A}\cdot\overline{B}$；

（5）吸收律：$AB+A\overline{B}=A$，$A+AB=A$，$A+\overline{A}B=A+B$，

$AB+\overline{A}C+BC=AB+\overline{A}C$。

（三）逻辑函数的公式化简法

逻辑函数的表达式不是唯一的，可以有多种形式，而且能相互转换。这种变换在逻辑分析和设计中经常遇到。不同形式的逻辑函数式有不同的最简形式，而这些逻辑表达式的繁简程度又相差很大，但大多数都可以根据最简与—或式变换得到。因此，这里只介绍最简与—或式的标准和化简方法。

最简与—或式的标准是：

（1）逻辑函数式中的乘积项（与项）的个数最少。

（2）每个乘积项中的变量数最少。

【例 8-1】　应用逻辑代数规则化简下列各式。

①$ABC+\overline{A}+\overline{B}+\overline{C}$；　②$A\overline{B}C+A\overline{B}\,\overline{C}$；　③$A(BC+\overline{B}\,\overline{C})+A(B\overline{C}+\overline{B}C)$；

④$ABC+\overline{A}D+\overline{C}D+BD$；　⑤$AB\overline{C}+\overline{ABC}\cdot\overline{AB}$。

解：（1）原式 $=ABC+\overline{ABC}=1$

（2）原式 $=A\overline{B}(C+\overline{C})=A\overline{B}$

（3）原式 $=ABC+A\overline{B}\,\overline{C}+AB\overline{C}+A\overline{B}C$

$=AB(C+\overline{C})+A\overline{B}(\overline{C}+C)$

$=AB+A\overline{B}=A(B+\overline{B})=A$

（4）原式 $=ABC+(\overline{A}+\overline{C})D+BD$

$=ABC+\overline{AC}D+BD$

$$=ABC+\overline{AC}D=ABC+\overline{A}D+\overline{C}D$$

(5)原式 $=AB\overline{C}+\overline{ABC}\cdot\overline{AB}+AB\cdot\overline{AB}=AB(\overline{C}+\overline{AB})+\overline{ABC}\cdot\overline{AB}$

$$=AB\cdot\overline{ABC}+\overline{ABC}\cdot\overline{AB}=\overline{ABC}(AB+\overline{AB})$$

$$=\overline{ABC}=\overline{A}+\overline{B}+\overline{C}$$

二、组合逻辑电路的分析

确定已知组合逻辑电路的逻辑功能，称之为组合逻辑电路的分析。其步骤如下：

(1)写出给定逻辑电路的逻辑函数表达式。一般方法是从输入到输出逐级写出逻辑函数表达式。

(2)对写出的逻辑函数表达式进行逻辑化简。

(3)根据化简后的逻辑函数表达式列出逻辑状态表(真值表)。

(4)根据逻辑状态表或逻辑函数表达式对逻辑电路进行分析，并确定其功能。

即：已知逻辑图→写逻辑式→运用逻辑代数化简→列逻辑状态表→分析逻辑功能。

我们来举两个简单例子具体看看组合逻辑电路的分析方法和步骤。对于复杂组合逻辑电路的分析，方法与之相同。

【例 8-2】 分析图 8-9(a)所示电路的逻辑功能。

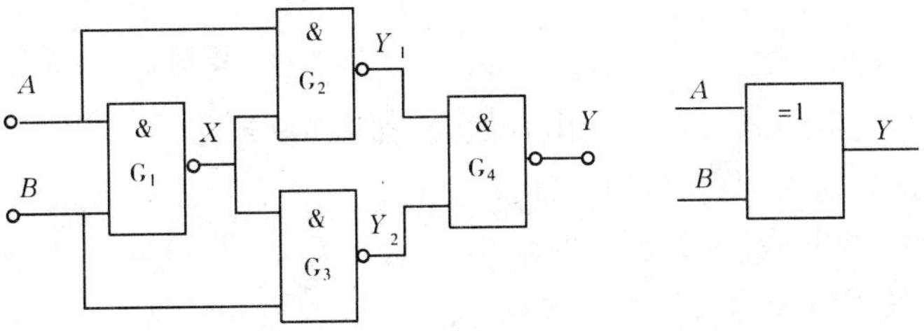

(a)逻辑图　　(b)逻辑符号

图 8-9　逻辑图及逻辑符号(一)

解：第一、二步：根据逻辑图写出逻辑表达式并化简。

G_1 门：$X=\overline{AB}$

G_2 门：$Y_1=\overline{AX}=\overline{A\cdot\overline{AB}}$

G_3 门：$Y_2=\overline{BX}=\overline{B\cdot\overline{AB}}$

G_4 门：$Y=\overline{Y_1Y_2}=\overline{\overline{A\cdot\overline{AB}}\cdot\overline{B\cdot\overline{AB}}}$

$$=\overline{\overline{A\cdot\overline{AB}}}+\overline{\overline{B\cdot\overline{AB}}}$$

$$=A\cdot\overline{AB}+B\cdot\overline{AB}$$

$$=A(\overline{A}+\overline{B})+B(\overline{A}+\overline{B})$$

$$=A\overline{B}+B\overline{A}$$

第三步：根据化简后的表达式列出真值表，如表 8-8 所示。

第四步：根据真值表，分析逻辑功能。

由表 8-8 可以看出，当 A、B 相同时输出为 0，A、B 不同时输出为 1。这种逻辑关系叫作“异或”逻辑，其逻辑表达式为：

$$Y = A \oplus B \tag{8-6}$$

“异或”门的逻辑符号如图 8-9(b)所示。

表 8-8　真值表

A	B	Y
0	0	0
0	1	1
1	0	1
1	1	0

【例 8-3】　分析图 8-10(a)所示电路的逻辑功能。

解：第一、二步：根据逻辑图写出逻辑表达式并化简。

G_1 门：$Y_1 = \overline{A}$

G_2 门：$Y_2 = \overline{B}$

G_3 门：$Y_3 = \overline{AB}$

G_4 门：$Y_4 = \overline{Y_1 Y_2} = \overline{\overline{A} \cdot \overline{B}} = A + B$

G_5 门：$Y = \overline{Y_3 Y_4} = \overline{\overline{AB} \cdot (A+B)} = AB + \overline{A+B} = AB + \overline{A}\ \overline{B}$

表 8-9　真值表

A	B	Y
0	0	1
0	1	0
1	0	0
1	1	1

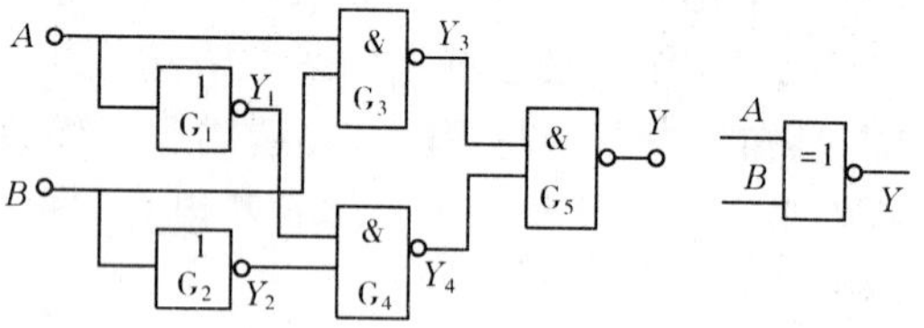

(a)逻辑图　(b)逻辑符号

图 8-10　逻辑图及逻辑符号(二)

第三步：根据化简后的表达式列出真值表，如表 8-9 所示。

第四步：根据真值表，分析逻辑功能。

由表 8-9 可以看出，当 A、B 相同时输出为 1，A、B 不同时输出为 0。这种逻辑关系叫作“同或”逻辑，其逻辑表达式为：

$$Y = A \otimes B \tag{8-7}$$

“同或”门的逻辑符号如图 8-10(b)所示。比较“异或”运算和“同或”运算真值表可知，“异或”函数与“同或”函数在逻辑上互为反函数，即

$$\begin{cases} A \oplus B = \overline{A \otimes B} \\ A \otimes B = \overline{A \oplus B} \end{cases} \tag{8-8}$$

【例 8-4】　某车库用密码控制开门，电路图如图 8-11 所示。开锁的条件是：先拨对密码 $ABCD$，并用钥匙将电源开关 S 闭合。当两个条件同时满足时，送出开锁信号 1，门锁打开。否则开锁时就送出报警信号 1，接通警铃。请分析密码 $ABCD$ 是多少。

解：先从输入端点开始，依次写出各个门的逻辑表达式。

G_1 门：$X = \overline{A\,\overline{B}\,\overline{C}D}$

G_2 门：$Y = \overline{X} = A\,\overline{B}\,\overline{C}\,D$

G_3 门：$F = YS$

G_4 门：$Z = XS$

已知开锁时，$S = 1$，要开锁需要 $F = 1$，这就要求 $Y = 1$，也就是意味着 $X = 0$，即必须有 $A = \overline{B} = \overline{C} = D = 1$，所以密码是：$A = 1$、$B = 0$、$C = 0$、$D = 1$。若密码不对，$X = 1$，则

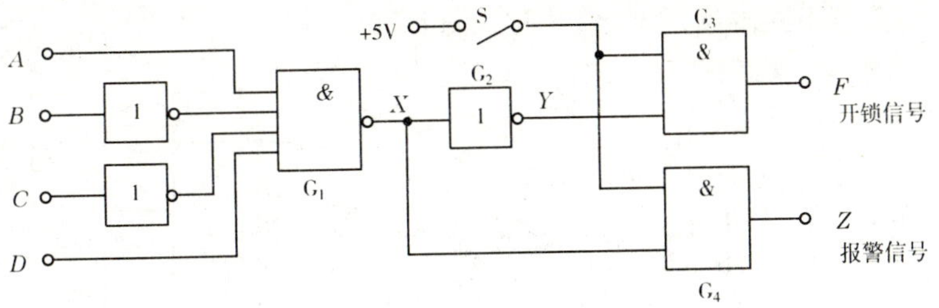

图 8-11　密码锁逻辑电路

$Z=1$，接通警铃。

三、组合逻辑电路的设计

组合逻辑电路的设计与分析过程相反，它是根据给定的实际逻辑问题，求出能够实现这一逻辑问题的逻辑图。前面已经讲过，同一个逻辑关系可有多种实现方案。为了提高电路工作可靠性和经济性等，组合逻辑电路的设计通常以电路简单、所用器件最少为目标。

其步骤大致如下：

(1)根据电路逻辑功能的要求，列出逻辑状态表。

(2)由逻辑状态表写出逻辑表达式。

(3)化简逻辑表达式。

(4)画出逻辑图。

【例 8-5】　三人裁判举重比赛，一个主裁判，两个副裁判。认为杠铃举上时，按自己面前的电键(为 1)，否则不按(为 0)。裁判结果用红、绿灯表示，红绿灯都亮(均为 1)，表示完全举上，只有红灯亮表示“需要研究录像决定”，其余为未举上。根据下述情况进行分析，试写出其逻辑表达式，并画出逻辑电路图。

(1)三个裁判均按下自己的电键，红绿灯全亮。

(2)两个裁判(其中一个为主裁判)按下自己的电键，红绿灯全亮。

(3)两个副裁判或一个主裁判按下自己的电键，红灯全亮。

(4)其他情况红绿灯全灭。

解：(1)主裁判的输入用变量 A 表示，两个副裁判的输入分别用变量 B、C 表示。两个输出端红灯用 R 表示，绿灯用 G 表示。

(2)根据设计要求列出真值表，如表 8-10 所示。

(3)由逻辑真值表写出逻辑表达式并将其化简。

$$
\begin{aligned}
R &= \overline{A}BC + A\overline{B}\,\overline{C} + A\overline{B}C + AB\overline{C} + ABC \\
&= \overline{A}BC + A\overline{B} + AB = \overline{A}BC + A \\
&= \overline{A}BC + A(1+BC) = \overline{A}BC + ABC + A \\
&= A + BC
\end{aligned}
$$

$$
\begin{aligned}
G &= A\overline{B}C + AB\overline{C} + ABC \\
&= A\overline{B}C + AB \\
&= A\overline{B}C + AB(1+C) = A\overline{B}C + AB + ABC \\
&= AC(\overline{B} + B) + AB = AB + AC
\end{aligned}
$$

(4)根据最简逻辑式画出逻辑电路图,如图 8-12 所示。

表 8-10　真值表

A	B	C	R	G
0	0	0	0	0
0	0	1	0	0
0	1	0	0	0
0	1	1	1	0
1	0	0	1	0
1	0	1	1	1
1	1	0	1	1
1	1	1	1	1

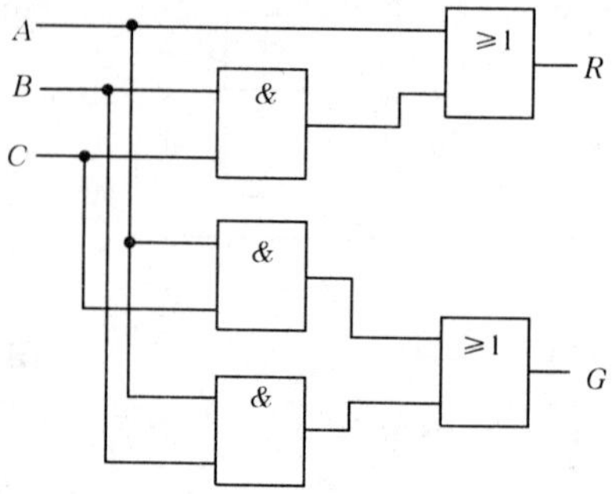

图 8-12　逻辑电路图

四、组合逻辑电路在汽车电子电路中的应用

(一)多路故障报警器

如图 8-13 所示,当系统正常工作时,输入端 A、B、C、D 均为 1(表示油温、油压、水位等参数均正常),这时:①三极管 VT_1 处于导通状态,电动机 M 正常工作;②三极管 VT_2 处于截止状态,蜂鸣器 DL 不响;③各路指示灯 L_A ~ L_D 全亮。若系统中某一路出现故障,例如 C 路出现故障,则 C 的状态由 1 变到 0,这时:①VT_1 截止,电动机停止工作;②VT_2 导通,蜂鸣器 DL 发出报警声;③指示灯 L_C 熄灭,表示 C 路发生故障。

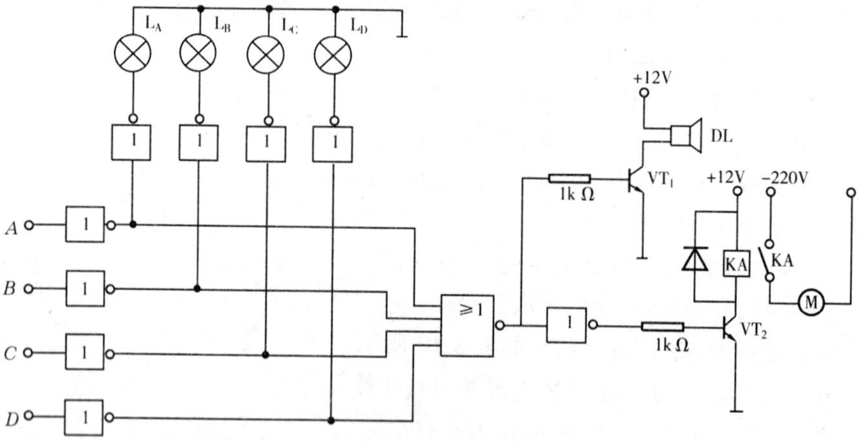

图 8-13　多路故障报警电路

(二)非门构成的多谐振荡器

由非门(反相器)构成的多谐振荡器电路在汽车电子电路中应用广泛,在汽车电路中经常被用来产生振荡信号。

如图 8-14 所示为多谐振荡器的电路图。电路由 CMOS 反相器和电阻、电容构成。由于 CMOS 反相器 G_1 在输入和输出端之间并联电阻 R,在 G_1 的输入端和 G_2 的输出端接电

容 C，电容 C 充放电和 G_1、G_2 反相作用时，电路不能处于稳定状态，每当电容 C 的充电或放电使 G_1 的输入电压达到 $1/2U_{DD}$时，u_{o1} 和 u_{o2}的状态在高低电平间翻转一次，于是产生一系列矩形波，波形如图 8-14(b)所示。

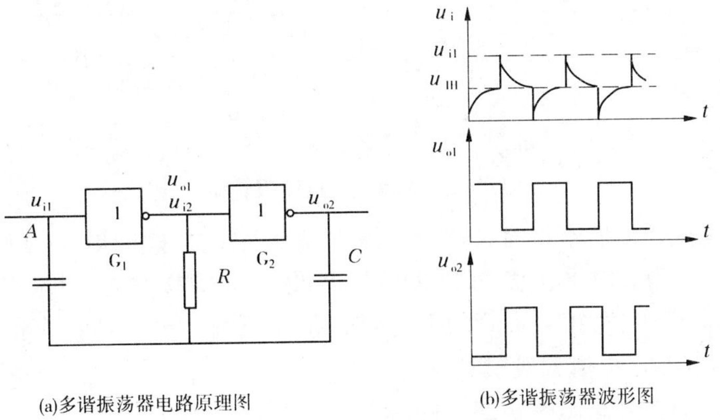

图 8-14　由反相器组成的多谐振荡器

该电路的 A 点悬空时，电路为自由振荡；当 A 点为固定的高或低电平时，输出电压 u_{o2} 亦为固定的高或低电平，电路停止振荡。在实际中，为了减少电容放电过程中 CMOS 电路承受的冲击电流，经常在图 8-14 电路中的 G_1 输入端串接一个较大的电阻 R_1。

操作：如图 8-15 所示的电路为电平控制蜂鸣器电路。电路主要由两个 CMOS 反相器(CD4069 中的两个“非”门)组成。当开关 S 闭合时，由于 A 点被固定在低电平，蜂鸣器 HTD 不鸣叫。当开关 S 断开时，A 点悬空，振荡器开始工作，蜂鸣器发出鸣叫音。

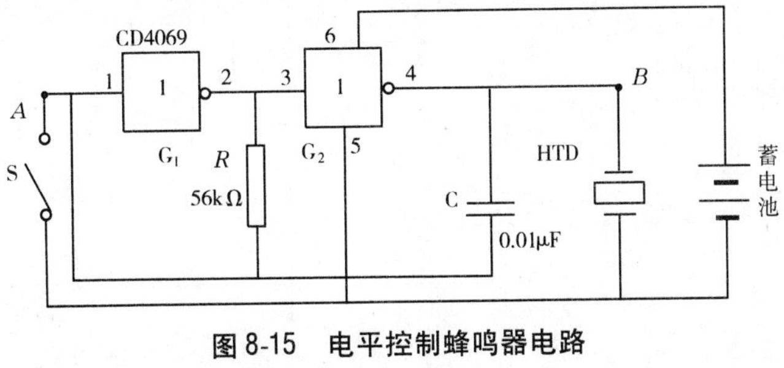

图 8-15　电平控制蜂鸣器电路

按照图 8-15 所示的电路，用 CD4069 及电阻、电容等器件组装电路，实验电路效果。

(三)汽车水箱水位过低报警器

汽车水箱中水量的减少，不仅直接影响发动机的冷却，也影响汽车正常行驶。本报警器能在水箱水位低于最低水位时发出声光报警，提醒驾驶员加水。电路如图 8-16 所示。

电路中 CD4069 为六反相器，HTD 为压电陶瓷蜂鸣器，型号 HTD－27A－1。水箱中放置一根铜线作为传感器，一般选用 ϕ2mm 的漆包线。铜线的下端应置于最低水位处，但不能与水箱体接触，水箱体搭铁。

当水箱水位符合要求时，铜线浸在水中。由于水箱体搭铁和水的导电作用，使得 CD4069 的 1 脚为低电平，2 脚为高电平，4、5 脚为低电平，6、9 脚为高电平，使得绿色 LED 发光，指示水位正常。8 脚为低电平，由于二极管的钳位作用，11 脚被固定在低电平，所以

由 G_5、G_6 构成的多谐振荡器不工作，蜂鸣器不叫。

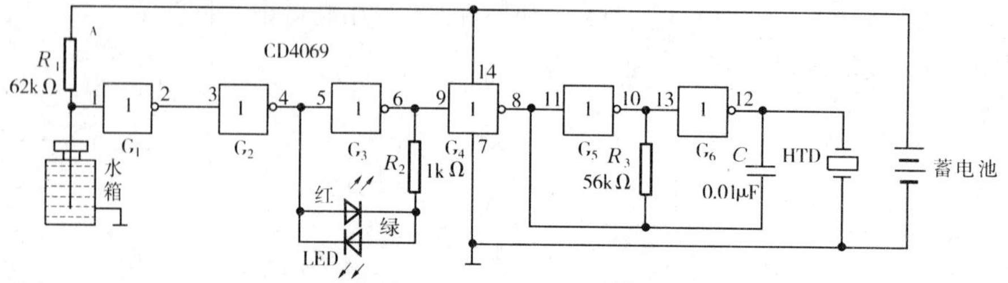

图 8-16　水箱水位过低报警器

当水箱水位低于最低水位时，铜线离开冷却水悬空，使得 CD4069 的 1 脚为高电平，2 脚为低电平，4、5 脚为高电平，6、9 脚为低电平，使得红色 LED 发光，指示水位低于最低限制水位。8 脚为高电平，由于二极管的单向导电性，11 脚被悬空，所以多谐振荡器开始振荡，蜂鸣器发出鸣叫音，提醒驾驶员加水。

（四）"或非"门在汽车电子电路中的应用

利用集成门电路构成的数字电路具有很强的逻辑性，多用来构成汽车防盗报警器电路。如图 8-17 所示为福特牌汽车防盗报警器电路原理图。

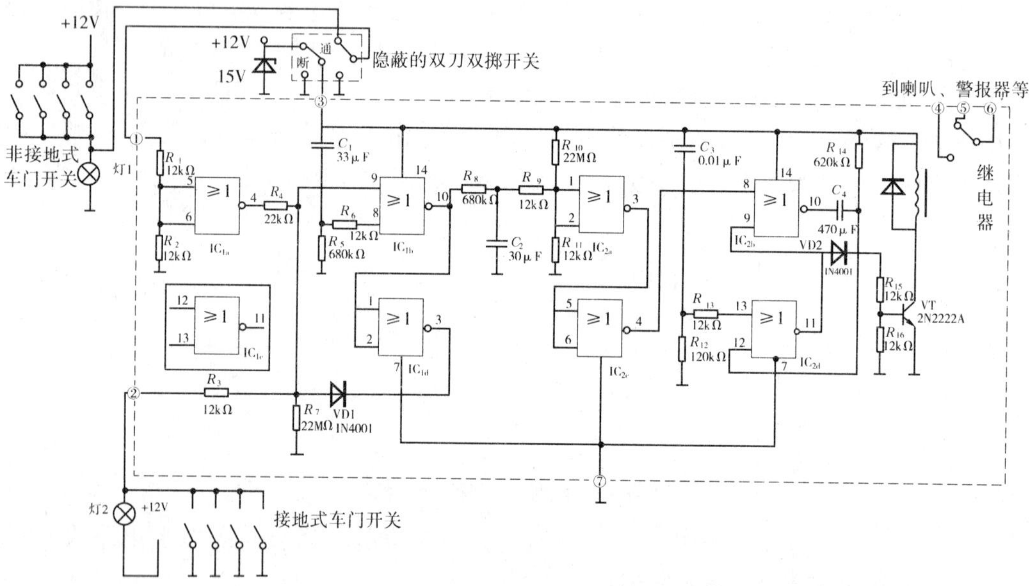

图 8-17　福特牌汽车防盗报警器电路原理图

该报警器使用了两片集成四 2 输入"或非"门 CD4001（IC_1、IC_2）。报警器设计延时启动时间一般为 15～20s，当驾驶员启动报警器后，利用延时时间出入汽车而不引起报警。当报警器被触发报警后，报警声响可持续 5min，然后便自动关闭。报警器一旦触发，电路便自动地按一定顺序进行正常工作，不受开关车门的影响。该报警器的工作原理如下。

报警器的输入信号有三路：一路是藏在隐蔽处的一个双刀双掷开关，由驾驶员操纵控制报警器的启动和关闭。当开关扳至上边触点时（图 8-17 中所示位置），报警器被接通；开关扳至下边触点时，报警器被关闭。第二路是非接地式车门开关，当车门关闭时，开关断开;车门被打开时,开关闭合。第三路是接地式车门开关,当车门关闭时,开关断开;车门被打开时,开关闭合。设计两种开关输入方式,可以使报警器方便地安装在不同的车上。报警器的输出有三个继电器接点,分别连接到喇叭或报警器电路,控制发出报警声响。图 8-17中的虚线框部分被制作在一块电路板上,板上对外引出 7 个引线。

当驾驶员扳动双刀双掷开关启动报警器后,报警器得电。如果一切正常,门开关没有闭合,被接成反相器的“或非”门 IC_{1a}输入低电平,输出高电平。电路板 2 脚也为低电平。这样 IC_{1b}的 9 脚为高电平,10 脚输出为低电平,使得 IC_{1d}的输出为高电平,由于二极管 VD1 的作用,不影响 IC_{1b}的 9 脚电平。上电后,IC_{2a}的 2 脚输入低电平,1 脚受 IC_{1b}的 10 脚控制也是低电平,所以 3 脚输出高电平,IC_{2c}的 4 脚输出低电平。上电后,IC_{2d}的 13 脚为低电平,12 脚为高电平,11 脚输出低电平,三极管 VT 的基极保持低电平,不导通,继电器不吸合,不发出报警声响。这样,在 IC_{2b}的 8 脚和 9 脚均得到低电平,10 脚输出高电平,电容 C_4 两端电压相等。整个电路处于稳定的等待状态。

在刚接通电源的时候,电容 C_1 两端电压不能突变,IC_{1b}的 8 脚为高电平,这个高电平保证 10 脚输出低电平。经过电源对 C_1 的不断充电,8 脚电平逐渐降低,直至为低电平。在 8 脚变为低电平以前,不论车门是开还是关,均不能影响 IC_{1b}的输出状态,使报警器处于等待状态。这段时间就是电容 C_1 充电时间,是为驾驶员设计的出入车门时间。

当报警电路处于等待状态时,如果任何一个车门被打开,均会造成 IC_{1b}的 9 脚变为低电平。经过延时时间后,8 脚也变为低电平。这时 10 脚就会输出一个高电平,使得 IC_{2a}的 3 脚输出低电平,IC_{2c}的 4 脚输出高电平,IC_{2b}的 10 脚输出低电平,由于电容 C_4 两端电压不能突变,使得 IC_{2d}的 12 脚变为低电平,造成 11 脚输出为高电平,三极管 VT 导通,继电器吸合,喇叭发出报警声响。当 IC_{2b}的 10 脚输出低电平时,电容 C_4 开始充电,IC_{2d}的 12 脚的电平不断升高,经过一段时间后,达到高电平,使得 11 脚输出变为低电平,三极管 VT 关断,报警器关闭。这段时间的长短取决于电阻 R_{14}和电容 C_4 的值,如图 8-17 所示值时,大约为 5min,这就是报警器发出报警声响的时间。

当报警器被触发后,IC_{1b}的 10 脚为高电平,使得 IC_{1d}的 3 脚输出为低电平,通过二极管 VD1 的钳位作用,IC_{1b}的 9 脚被固定为低电平,保证 10 脚高电平的输出。这样即使再关闭打开的车门,由于 10 脚保持高电平不变,报警器一直工作直至关闭。这期间,车门的开关不能影响报警器的工作。

IC_{1c}没有用到。电容 C_2 的作用是防止车门开关微小的误动作引起报警器工作。

(五)门电路在汽车电子电路中的综合应用

现代轿车都装有门锁装置,为防止驾驶员将钥匙忘在点火开关内而下车关门,专门设计了门锁控制电路,如图 8-18 所示。

电路由“非”门、“与”门、“与非”门和“或”门电路组成。输入信号包括:发动机钥匙检测开关,钥匙插入点火开关内为闭合,拔出为断开;车门状态检测开关,车门打开为闭合,车门关闭为断开;解锁位置检测开关,处于解锁位置为闭合,处于锁止位置为断开;车门锁的锁止位置和解锁位置;车内门锁控制开关的锁止位置和解锁位置。

在正常情况下,当驾驶员拔出发动机的钥匙,准备锁车时,发动机钥匙检测开关断开,“非”门 a 输入高电平,输出低电平,“与”门 c、g 均输出低电平,控制解锁信号 A 的“或”门

1 的状态完全由车门锁或车内门锁控制开关实现控制。当车门锁插入钥匙旋向锁止位置时，“非”门 h 输入低电平，输出高电平；控制锁止信号的“或”门 m 输出高电平，发出锁止信号 B。相反，当车门钥匙旋向解锁位置时，“非”门 i 输入低电平，输出高电平；控制解锁信号的“或”门 1 会发出相应的解锁信号 A。

车门未关好，准备锁车时，由于车门状态检测开关中的一个必为闭合状态，“与非”门 b 有一个输入为低电平，所以输出高电平，相应地使“与”门 c、g 均输出高电平，控制“或”门 1 输出高电平，发出解锁信号 A，使得车门无法锁止，提醒驾驶员车门未关好。

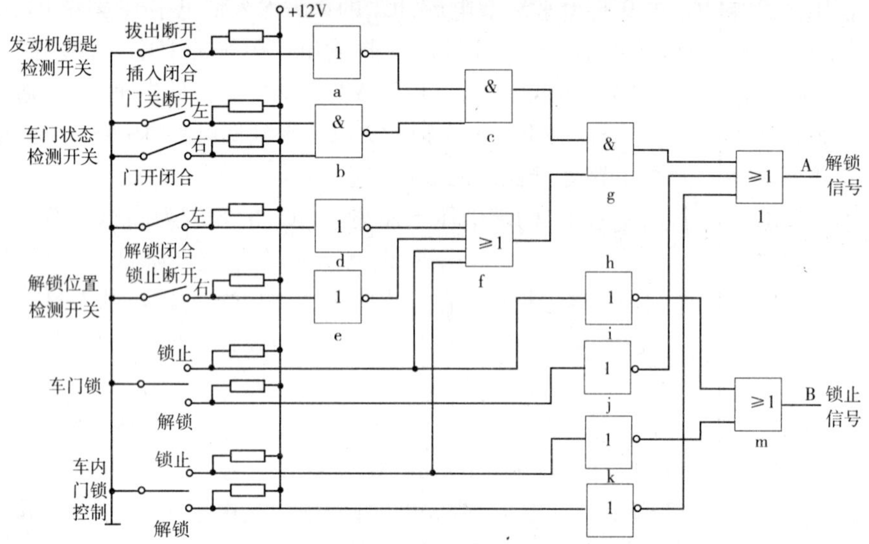

图 8-18　门锁控制电路

当解锁时，如果解锁装置没有到位，开关断开，解锁位置检测开关输入为高电平，“非”门 d、e 中有一个输出为低电平，“或”门 f 输出为高电平，“与”门 g 输出为高电平，“或”门 1 输出为高电平，发出解锁信号 A，使解锁过程到位。

当驾驶员将发动机钥匙遗忘在点火开关内，准备锁车时，发动机钥匙检测开关闭合，“非”门 a 输入低电平，输出高电平，使得“与”门 c、g 均输出高电平（其他开关均正常），“或”门 1 输出高电平，发出解锁信号 A，不能锁止车门，提醒驾驶员钥匙遗忘在车内。

第四节　触发器

一、基本 RS 触发器

（一）基本结构

由两个“与非”门反馈交叉连接而成的基本 RS 触发器如图 8-19（a）所示。基本 RS 触发器是各种双稳态触发器的共同部分。

其中 Q 和 $\overline{Q}$ 是其输出端，两者的逻辑状态在正常情况下能保持相反。双稳态触发器具有两种稳定状态，即：一个状态是 $Q=1,\overline{Q}=0$，称为置位态（1 状态）；另一个状态是

$Q=0,\overline{Q}=1$，称为复位态（0 状态）。它具有两个输入端：$\overline{S}$（直接置位端），$\overline{R}$（直接复位端）。触发器由 1 态变为 0 态，或由 0 态变为 1 态，称为触发器的翻转。

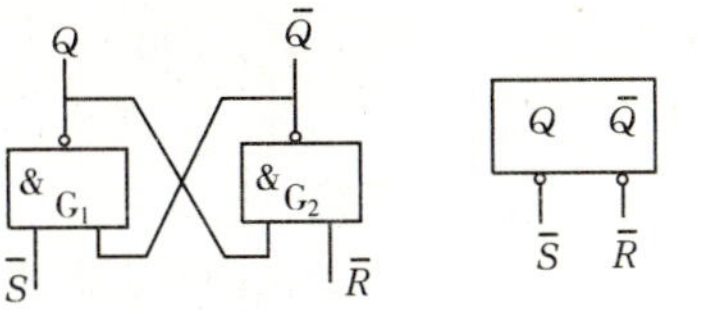

(a)逻辑图　　(b)逻辑符号

图 8-19　基本 RS 触发器

（二）工作原理

1. $\overline{S}=1,\overline{R}=1$

假如触发器处于 0 态，即 $Q=0,\overline{Q}=1$，这时 G_2 门的一个输入端为 0，其输出端为 1，将此 1 电平反馈到 G_1 门的输入端，使它的两个输入端都为 1，因而保证了 G_1 门的输出端 Q 为 0。同理，若触发器处于 1 态，在这种输入前提下，也会继续保持 1 态。

2. $\overline{S}=1,\overline{R}=0$

$\overline{S}=1$，表明 $\overline{S}$ 端保持高电平；$\overline{R}=0$，表明在 $\overline{R}$ 端加低电平或负脉冲。不管 Q 原来的状态是 0 还是 1，根据“与非”门的逻辑规则，$\overline{Q}$ 必定是 1。反馈到 G_1 门，使其输入全为 1，则 Q 必定为 0。因而，$\overline{R}$ 称为直接复位端，即在 $\overline{R}$ 端出现负脉冲或加低电平，可使触发器复位成0 态。

3. $\overline{S}=0,\overline{R}=1$

当 $\overline{S}$ 端加低电平或负脉冲时，不管 Q 原来的状态是 0 还是 1，根据“与非”门的逻辑规则，Q 必定是 1。反馈到 G_2 门，使其输入全为 1，则 $\overline{Q}$ 必定为 0。因而，$\overline{S}$ 称为直接置位端，即在 $\overline{S}$ 端出现负脉冲或加低电平，可使触发器置位成 1 态。

4. $\overline{S}=0,\overline{R}=0$

这种情况相当于两输入端同时接低电平或出现负脉冲，在低电平期间，不管触发器原来状态如何，Q 和 $\overline{Q}$ 必然均为 1。但在负脉冲信息同时走了之后（恢复高电平），由于 G_1 和 G_2 两个“与非”门输入端均为 1，Q 和 $\overline{Q}$ 都有可能出现 0；由于两个“与非”门传输速度的差异和其他偶然因素，只要有一个出现为 0，反馈到输入端，必使另一个输出为 1。这种随机性，使 Q 的状态不确定。在数字电路中，这种情况应禁止出现。

用 Q^n 表示接收信号前触发器的状态，称为现态；用 Q^{n+1} 表示接收信号后的状态，称为次态。Q^n 和 Q^{n+1}、R、S 之间的逻辑关系可以用函数表达式表示，称为特性方程，表达如下

$$\begin{cases} Q^{n+1} = S + \overline{R}Q^n \\ RS = 0\text{（约束条件）} \end{cases} \tag{8-9}$$

一个 RS 触发器会记忆一位的二进制数，想改变其记忆的结果，可在相应端子加负脉冲信息，所以说基本 RS 触发器是低电平有效的器件。

值得注意的是，对于 TTL“与非”门，管脚悬空相当于加高电平，即逻辑 1 信号，但在实际逻辑电路中，为防止干扰，可靠起见，逻辑 1 信号仍然是要靠加高电平获得。

（三）基本特点

优点是电路简单，可以存储一位二进制代码，是构成各种性能更完善的触发器的基础。

缺点是直接控制——信号存在期间直接控制着输出端的状态，使用的局限性很大。输入信号 R 和 S 之间有约束。

二、可控 RS 触发器

（一）基本结构

为了克服基本 RS 触发器的缺点，可增加两个控制门和一个控制信号，让输入信号经过控制门传送。如图 8-20 所示，门 G_1 和 G_2 组成基本 RS 触发器，门 G_3 和 G_4 是控制门，CP 是控制信号，常称为时钟脉冲或选通脉冲。在逻辑符号中，CP 端标有"∧"号，Q 和 $\overline{Q}$ 是输出端。

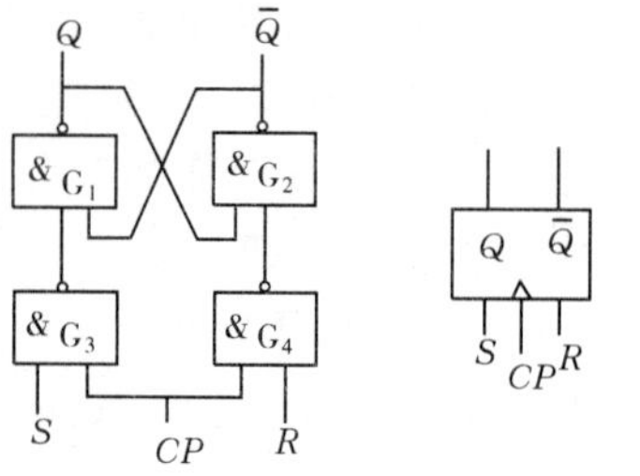

(a)逻辑图　　(b)逻辑符号

图 8-20　可控 RS 触发器

（二）功能分析

当 $CP=0$ 时，门 G_3 和 G_4 被封锁，触发器被禁止，保持原来状态。当 $CP=1$ 时，门 G_3 和 G_4 打开，触发器工作，接收输入信号 R、S。不难看出，此时电路的工作情况和基本 RS 触发器是相同的。即若 $R=0,S=1$，门 G_3 输出低电平，将触发器置成 1 状态；反之，若 $R=1,S=0$，门 G_4 输出低电平，使触发器复位到 0 状态；若 $R=S=0$，门 G_3 和 G_4 输出均为高电平，触发器保持原来状态不变；若 $R=S=1$，门 G_3 和 G_4 输出均为低电平，显然导致 Q 和 $\overline{Q}$ 端都为高电平，这是不允许的情况。可见，反映 Q^n 和 Q^{n+1}、R、S 之间逻辑关系的特性方程与基本 RS 触发器相同，只不过它们有效的条件是 $CP=1$。

（三）基本特点

优点是选能控制。时钟脉冲到来，即 $CP=1$ 时，触发器接收输入信号，$CP=0$ 时，触发器被禁止。

缺点是在 $CP=1$ 期间，输入信号仍然直接控制着触发器输出端的状态，R 和 S 之间仍有约束。

三、主从 RS 触发器

为了彻底解决直接控制问题，进一步出现了主从结构形式的电路。

（一）电路组成和符号

电路组成和符号见图 8-21，由两个同步 RS 触发器——主触发器和从触发器组成，后者的时钟与前者时钟脉冲相反。

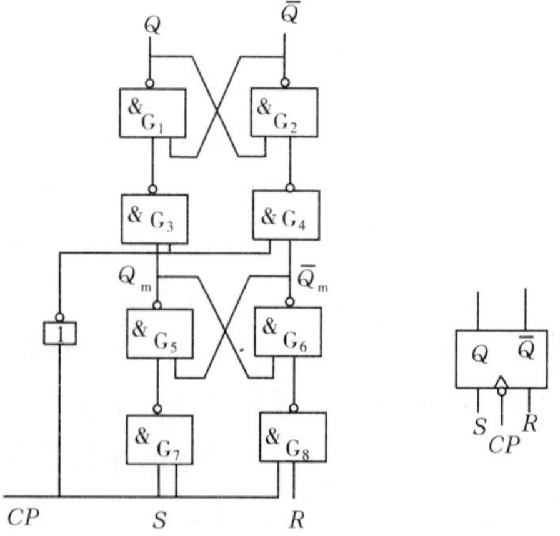

(a)逻辑图　　(b)逻辑符号

图 8-21　主从 RS 触发器

（二）工作原理

当 $CP=0$ 时，$\overline{CP}=1$，门 G_7 和 G_8 被封锁，主触发器被禁止，门 G_3 和 G_4 打开，从触发器使能，接收主触发器的内容，从而使 $Q=Q_m$，$\overline{Q}=\overline{Q_m}$。

当 CP 由 0 跳变到 1 后，$CP=1$，$\overline{CP}=0$。主触发器通过打开着的控制门 G_7 和 G_8 接收输入信号，故有

$$\begin{cases} Q_m^{n+1} = S + \overline{R}Q_m^n \\ RS = 0 \end{cases} \quad (CP = 1\text{ 期间有效}) \tag{8-10}$$

式中，$RS=0$ 为约束条件。从触发器禁止，输出端 Q、$\overline{Q}$保持原来的状态不变。

当 CP 跳变到 0 时，$\overline{CP}$跳变到 1，使主触发器禁止，从触发器接收在 $CP=1$ 期间存入主触发器的信号，从而更新状态，因此有

$$\begin{cases} Q^{n+1} = S + \overline{R}Q^n \\ RS = 0 \end{cases} \quad (CP\text{ 下降沿到来有效}) \tag{8-11}$$

式中，$RS=0$ 为约束条件。

综上所述可知，主从 RS 触发器虽然在 $CP=1$ 期间，把输入信号接收进主触发器，但输出端并不改变状态，只有当 CP 下降沿到来时才翻转，称为下降沿触发。因此，任何时刻输入信号 R 和 S 都不会直接影响输出 Q、$\overline{Q}$ 的状态，从而彻底解决了直接控制问题。在图 8-21(b)中，CP 端的小圆圈“◦”表示触发器是 CP 下降沿触发的。

(三)基本特点

优点是主从控制根本上解决了直接控制问题，具有 $CP=1$ 期间接收、CP 下降沿触发翻转的特点。

缺点是 $CP=1$ 时，R 和 S 之间仍有约束。

四、JK 触发器

(一)基本结构

JK 触发器的结构有多种，有主从型、边沿型等，这里介绍的是主从型 JK 触发器。如图 8-22(a)所示的是主从型 JK 触发器的逻辑图，它与主从 RS 触发器的区别在于，JK 触发器把 Q 和 $\overline{Q}$ 端分别引回到 G_7 和 G_8 门的输入端，就可以避免在两个门的输入端出现全 1 的情况，从而解决了约束问题。

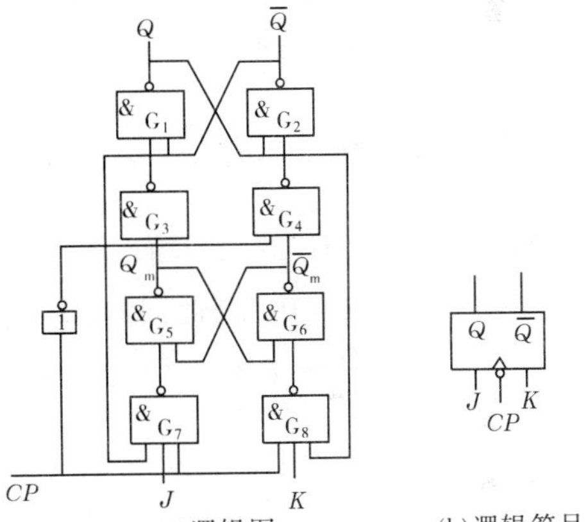

(a)逻辑图　　(b)逻辑符号

图 8-22　主从 JK 触发器

(二)工作原理

JK 触发器的工作原理和主从 RS 触发器基本相同。在图 8-22 中，门 G_7 和 G_8 的输入除 CP 外，前者是 $J\overline{Q^n}$，后者是 KQ^n。与图 8-21所示电路比较可得

$$\begin{cases} S = J\overline{Q^n} \\ R = KQ^n \end{cases} \tag{8-12}$$

代入式(8-9)中有

$$\begin{aligned} Q^{n+1} &= S + \overline{R}Q^n \\ &= J\overline{Q^n} + \overline{KQ^n}Q^n \quad (CP\text{ 下降沿到来后有效}) \\ &= J\overline{Q^n} + \overline{K}Q^n \end{aligned} \tag{8-13}$$

式(8-13)就是主从 JK 触发器的特性方程，它全面反映了 Q^{n+1}和 Q^n、J、K 三者之间的逻辑关系。

可见，主从JK触发器具有主从两个节拍的触发工作特点。这种触发器不会形成空翻。因为时钟脉冲上升沿到来高电平期间，从触发器封门状态不变；当时钟脉冲下降沿到来低电平期间，主触发器被封定在某个状态，不再翻转，而从触发器敞门接收一个信息，最多翻转一次。

（三）基本特点

优点是主从控制，J 和 K 间无约束关系，是一种性能优良、大量生产、广泛使用的集成触发器。

缺点是在 $CP=1$ 期间，一般要求 J 和 K 保持状态不变。

五、D触发器

（一）基本结构

D触发器的结构有多种，这里介绍一种较为常见的维持阻塞型D触发器，如图8-23所示。维持阻塞型D触发器由六个“与非”门组成，其中，如果去掉 G_3、G_4 的三条反馈线，G_1 ~ G_4 为一个可控RS触发器。它的两个输入端分别为 S 和 R。G_5、G_6 组成数据输入电路，与由 G_3、G_4 反馈回来的两条反馈线一起，构成维持阻塞环节。

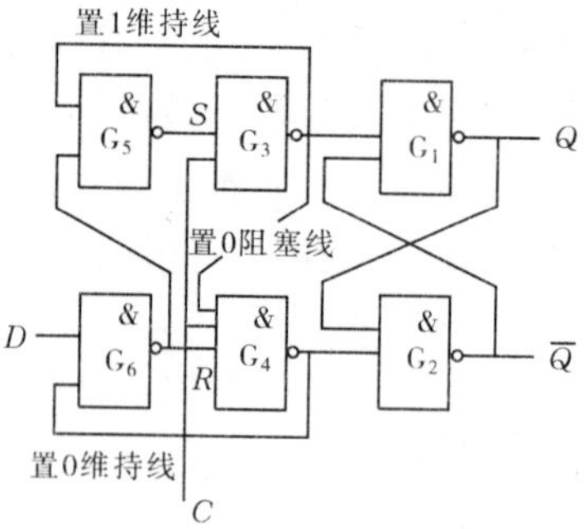

图8-23　维持阻塞型D触发器

（二）功能分析

1. $D=0$

时钟 $C=0$ 时，G_5 的两个输入端均为1，所以 $S=0$，而 R 端为1，因此当 $C=1$ 时，可控触发器发生翻转，$Q=0$。与此同时，G_4 输出为0，通过置0维持线，封锁了门 G_6 的输入，这时即使输入端 D 信号发生变化，也不会对触发器产生影响。

2. $D=1$

$C=0$ 时，G_6 的两个输入端均为1，所以 $R=0$，而 S 端为1，因此当 $C=1$ 时，可控触发器发生翻转，$Q=1$。与此同时，G_3 输出为0，通过置1维持线，使 S 端恒为1；又通过置0阻塞线，封锁 G_4 门，这时即使输入端 D 信号发生变化，也不会对 R、S 的状态产生影响，故D触发器输出状态不变。

可见，如图8-23所示的维持阻塞型D触发器仅在 C 上升沿动作，但在 C 为高电平期间、下降沿及低电平期间不动作。其逻辑功能为：输出端 Q 的状态跟随输入端 D 的状态变化，但时间上要晚一步，即某个时钟脉冲到来之后的 Q 的状态和该脉冲到来之前 D 的状态一样，即可写成：

$$Q^{n+1} = Q^n$$

第五节　时序逻辑电路

一、时序逻辑电路的基本概念

电路在任一时刻的输出不仅取决于该时刻的输入信号，而且与电路过去所处的状态有关(有记忆功能),这种逻辑电路称为时序逻辑电路,简称时序电路。

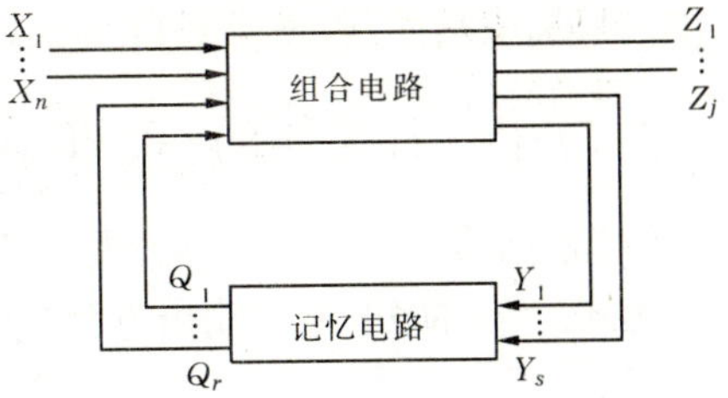

图 8-24 时序电路的结构框图

其基本结构如图8-24所示,从总体上看,它由组合电路和记忆电路两部分组成,其中 $X(X_1,X_2,\cdots,X_n)$ 是时序电路的输入信号,$Q(Q_1,Q_2,\cdots,Q_r)$ 是记忆电路的输出信号,它被反馈到组合电路的输入端,与输入信号共同决定时序电路的输出状态。$Z(Z_1,Z_2,\cdots,Z_j)$ 是时序电路的输出信号,$Y(Y_1,Y_2,\cdots,Y_s)$ 是记忆电路的输入信号。

这些信号间的逻辑关系可以表示为

$$Z=F_1(X,Q^n) \tag{8-14}$$

$$Y=F_2(X,Q^n) \tag{8-15}$$

$$Q^{n+1}=F_3(Y,Q^n) \tag{8-16}$$

其中,式(8-14)是输出方程,式(8-15)是记忆电路的驱动方程,式(8-16)是记忆电路的状态方程。

由上述可知,时序电路具有以下特点:

(1)时序电路由组合电路和记忆电路组成。

(2)时序电路中存在反馈,因而电路的工作状态与时间因素相关,即时序电路的输出由电路的输入和电路原来的状态共同决定。

二、时序电路的分类

时序电路可分为同步时序电路和异步时序电路。在同步时序电路中,所有触发器的时钟输入信号相同,在异步时序电路中,没有统一的时钟脉冲。

三、时序电路功能的描述方法

(一)逻辑方程式

输出方程 $Z=F_1(X,Q^n)$

驱动方程 $Y=F_2(X,Q^n)$

状态方程 $Q^{n+1}=F_3(Y,Q^n)$

(二)状态表

反映时序电路的输出 Z、次态 Q^{n+1} 和电路的输入 X、现态 Q^n 间对应取值关系的表格称状态表。

(三)状态图

反映时序电路状态转换规律及相应输入、输出取值关系的图形称为状态图,如图8-25所示。其中 X 为输入信号的取值,Z 为输出信号的取值。

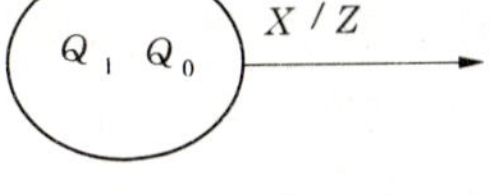

图 8-25 状态图

(四)时序图

时序图即时序电路的工作波形图。它能直观地描述时序电路的输入信号、时钟信号、输出信号及电路的状态转换等在时间上的对应关系。

四、分析时序电路的一般步骤

(1)根据给定的时序电路图写出下列各逻辑方程式:①各触发器的时钟信号 CP 的逻辑表达式。②时序电路的输出方程;③各触发器的驱动方程。

(2)将驱动方程代入相应的触发器的特性方程,求得各触发器的次态方程,即时序电路的状态方程。

(3)根据状态方程和输出方程,列出该时序电路的状态表,画出状态图或时序图。

(4)用文字描述给定的时序逻辑电路的逻辑功能。

五、时序电路的分析举例

【例 8-6】 试分析图 8-26 所示逻辑电路的逻辑功能。

解:(1)该电路没有组合电路部分,除清零输入和时钟脉冲外无其他输入信号,两个触发器的 Q 为电路输出端,由此可知它是一个非二进制计数器。

(2)触发器的驱动方程为

$$\begin{cases} J_0 = \overline{Q_1} \\ K_0 = 1 \\ J_1 = Q_0 \\ K_1 = 1 \end{cases} \tag{8-17}$$

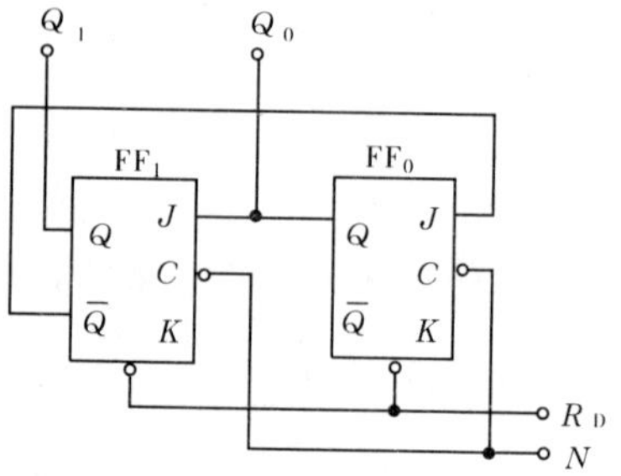

图 8-26

将式(8-17)代入 JK 触发器的特性方程得

$$\begin{cases} Q_0^{n+1} = \overline{Q_1^n}\,\overline{Q_0^n} \\ Q_1^{n+1} = Q_0^n\,\overline{Q_1^n} \end{cases} \tag{8-18}$$

(3)由式(8-17)和式(8-18)列出真值表(见表 8-11)。

表 8-11 真值表

现态		触发器输入				次态	
Q_1^n	Q_0^n	J_1	K_1	J_0	K_0	Q_1^{n+1}	Q_0^{n+1}
0	0	0	1	1	1	0	1
0	1	1	1	1	1	1	0
1	0	0	1	0	1	0	0
1	1	1	1	0	1	0	0

(4)由真值表可知,该电路实际上只有三种状态,列真值表时要考虑所有输入状态的组合,其中现态为 11 时,次态为 00,而实际上在 10 状态后就为 00 状态,状态 11 不会出现,由表 8-11 可得状态图 8-27。

由于该电路在计数输入脉冲控制下进行状态转换,因此状态图中没有状态转换条件。

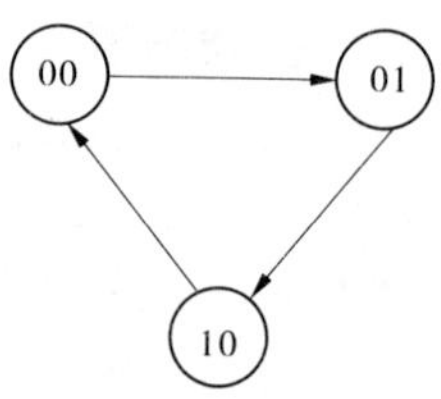

图 8-27 状态图

(5)由状态图可以确定如图 8-26 所示逻辑电路为同步三进制计数器。

第六节 脉冲波形的产生

555 集成定时器在定时方面的应用极为广泛,它可以与外接元件组成各种不同用途的电路,如单稳态触发器、多谐振荡器、施密特触发器等。

一、555IC 定时器

(一)电路组成

555IC 定时器电路如图 8-28 所示,由下列器件组成:三个阻值相等的 R_1、R_2、R_3 组成的电位分压器,两个电位比较器 C_1、C_2,一个 RS 触发器,一个输出反相器,两个晶体管 VT_1 和 VT_2。

555 定时器共计 8 个脚,如图 8-28 所示。电源电压范围 +5 ~ +15V。输出级为一“非”门,使 RS 触发器的输出反相。它的最大灌电流和拉电流为 200mA,并能提供与 TTL 一致的逻辑电平。

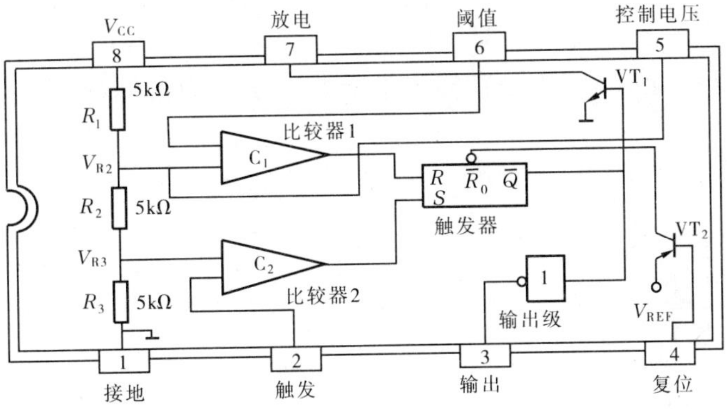

图 8-28 555IC 定时器结构图

(二)部件的功能

串接在电源与地之间的三个电阻 R_1、R_2、R_3 组成的电阻分压器,给两个电压比较器提供参考电压,比较器 C_2 的参考电压为 $1/3V_{CC}$,比较器 C_1 的参考电压为 $2/3V_{CC}$。

电压比较器 C_1 和 C_2 分别受“阈值”、“触发”电平控制。C_1 和 C_2 的输出分别作为 RS 触发器的 R 和 S 的输入,使其复位或置位。从 C_1 的反相输入端接到 5 管脚,它控制电压端,当需要改变电路定时时间时,在管脚 5 加控制电压就可以实现。如果不改变定时时间,可接一个 0.01μF 的电容将其旁路接地。

RS 触发器的状态由 R 和 S 端输入状态决定。当 $R=0,S=1$ 时,$Q=1$;当 $R=1$,$S=0$ 时,$Q=0$。RS 触发器的 $\overline{Q}$ 端接到 VT_1 的基极和“非”门的输入端,当 $\overline{Q}=1$ 时,输出 $u_o=0$,$\overline{Q}=0$ 时,$u_o=1$。另外,$\overline{Q}=1$ 时 VT_1 导通,$\overline{Q}=0$ 时 VT_1 截止。

当晶体管 VT_1 导通时,连在管脚 7 上的电容 C 可以通过它放电。晶体管 VT_2 是直接复位器件。它是 PNP 管，其发射极连在小于电源 V_{CC} 的内部基准电压 V_{REF} 上。正常工作时将 VT_2 的基极（管脚4）与电源 V_{CC} 相连接，VT_2 发射结反偏，从而使 VT_2 截止。当需要 RS 触发器复位时，将管脚4接地，VT_2 就导通，使触发器复位，并使 VT_1 导通，C 放电，输出级输出低电平，$u_o=0$。

当555定时器被负脉冲触发，触发电压小于参考电压 $V_{R3}=1/3V_{CC}$ 时，比较器 C_2 输出高电平。这个高电平使 RS 触发器置位于 $\overline{Q}=0$，它使输出为高电平，$u_o=1$；当阈值电压等于、大于参考电压 $V_{R3}=2/3V_{CC}$ 时，比较器 C_1 输出高电平，它使 RS 触发器复位 $\overline{Q}=1$，所以输出级输出低电平，$u_o=0$。

二、555 时基电路的典型应用

（一）555 构成的多谐振荡器及其在汽车上的应用

图8-29为555构成的多谐振荡器。R_1、R_2、C_1、C_2 是外接定时元件，6、2脚连接起来（u_C）接对地电容 C_2，三极管集电极7脚接到 R_1、R_2 连接点 P。

接通电源前电容 C_2 上无电荷，所以接通电源瞬间，C_2 来不及充电，故 $u_C=0$、$u_o=1$，图8-28中的 VT_1 截止。随着电容充电、u_C 缓慢上升，当 u_C 上升到 $2/3V_{CC}$ 时，图8-28中的触发器翻转，$u_o=0$，VT_1 饱和导通，VT_1 饱和导通使电容 C_2 通过 R_2 放电。随着电容 C_2 放电，u_C 不断下降。当 u_C 下降到 $1/3V_{CC}$ 时，触发器翻转，$u_o=1$，VT_1 截止。随后电容 C_2 又开始充电，进入下一个循环，于是在输出端3脚产生了矩形脉冲。电路的工作波形见图8-30。

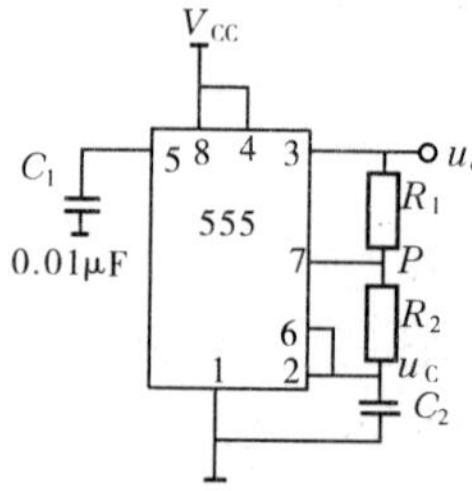

图8-29　555构成的多谐振荡器

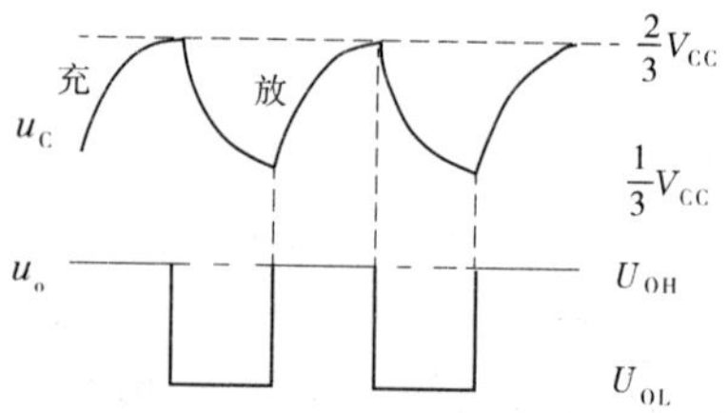

图8-30　555构成的多谐振荡器工作波形

1. 汽车转向灯闪光器

如图8-31所示，利用555定时器的输出端3接继电器J的线圈，使继电器按多谐振荡频率进行工作，继电器的触点接到转向灯的电源回路中，控制电源的通断，使转向灯按一定频率闪烁。闪光器的灯亮时间由 C_1 的充电时间决定：$t_{灯亮}=t_{C_1充}\approx0.7(R_A+R_{VD1})C_1$（式中 R_{VD1} 为二极管 VD1 的正向电阻）。闪光器的灯灭时间由 C_1 的放电时间决定：$t_{灯灭}=t_{C_1放}\approx0.7R_BC_1$。闪光器的灯亮灯灭周期即多谐振荡器的振荡周期为：$T=T_{C_1充}=T_{C_1放}=0.7(R_A+R_B+R_{VD1})C_1$。信号灯的闪烁频率为 $f=1/T\times60$（次/min）。通过适当选择 R_A、R_B、C_1 的值，即可取得一定的闪烁频率。

2. 汽车雨刮间隙控制器

如图8-32所示，用作雨刮间隙控制器时，由于雨刮电动机启动电流较大，因此在线路上增加电容 C_3 与 J1 并联，以保护触点。因一次刮雨的间隙时间为 9~11s（电动机运转

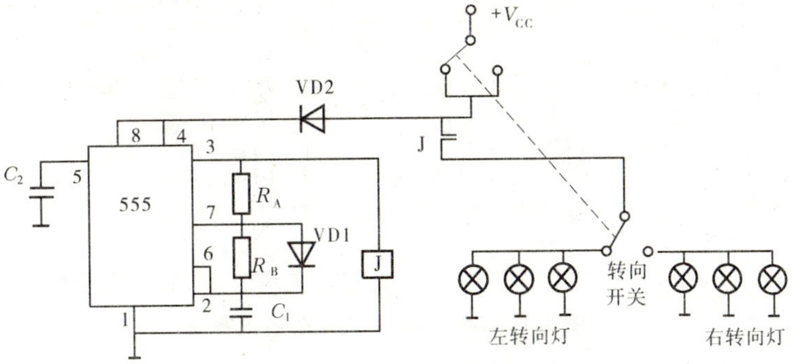

图 8-31　555 构成的汽车转向灯闪光器

1 ~ 2s，停 7 ~ 9s），而雨刮电动机的辅助滑动触点 P 脱离电源正极到搭铁这一过程大约需 0.15s，如果考虑 P 点定位不准，则最长约 0.27s，即继电器的常开触点 J1 吸合时间可按最大 0.3s 考虑，因此选择 R_A 和 C_1 时，使其充电时间不小于 0.3s 即可。这样就保证了电动机一旦启动，运行时间（1 ~ 2s）由电动机的触点 P 进行控制，间隙时间（7 ~ 9s）则通过所选 R_B 的大小控制 C_1 的放电时间来实现。C_1 不断充、放电就实现了雨刮电动机按一定间隙周期运行。

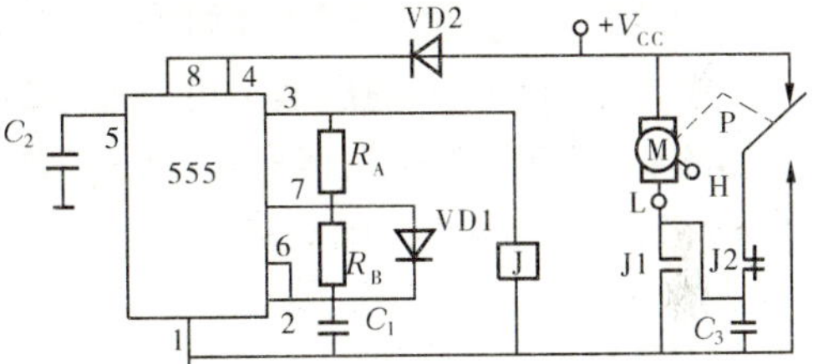

图 8-32　555 构成的雨刮间隙控制器

3. 汽车防盗报警器

驾驶员下车关好车门前，接通只有驾驶员本人才知道的电源开关 S1，报警器便进入警戒状态。如果有人想偷走汽车，只要他打开车门，汽车的电喇叭便发出“滴滴”的报警声，这时想以关车门来消除报警也无济于事。报警器使用的是汽车本身的电喇叭，因此可获得较大的报警音量。

防盗报警电路由触发、延时、报警等单元组成（见图 8-33）。闭合 S1 接通电源，报警器报警，这时因为安在车门上的磁控开关 S2 吸合时，VT1 的 B、E 极短路，三极管截止，致使以后部分均不工作。车门打开时，磁控开关 S2 失去磁力的吸引而断开，VT1 导通，复合管 VT2、VT3 因获得偏流而导通，并向 VT4 提供偏流。VT4 导通，使 555 组成的多谐振荡器对地接通而工作，3 脚输出频率为 1Hz 的脉冲电流，经 R_7 触发晶闸管导通，汽车电喇叭便发出响亮的报警声。

即使有人关了车门，响声也会继续，因为在 VT1 导通的同时 C_1 充电，车门关后，VT1 截止，但 C_1 仍然通过电阻 R_3 放电，继续维持 VT2、VT3、VT4 组成的电子开关的导通，直到 C_1 放电完毕。所以，改变 C_1、R_3 的值，可以延长或缩短报警时间；改变 R_5、R_6、C_2 的值，可调报警声的长短和间歇时间。

如想控制双门，可按图 8-33 将 S2a、S2b 两只磁控开关串联。S2 是汽车本身电喇叭按钮开关，晶闸管的阳极应接在喇叭一端。

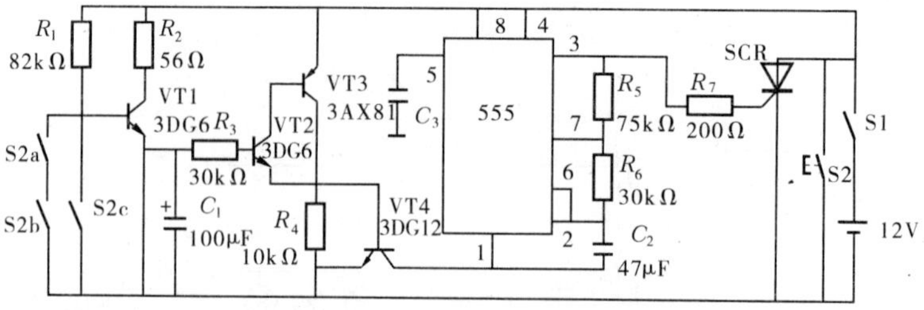

图 8-33　555 构成的汽车防盗报警器

(二)555 构成的施密特触发器及其在汽车上的应用

施密特触发器一个最重要的特点,就是能够把变化非常缓慢的输入脉冲波形,整形成适合于数字电路需要的矩形脉冲。如图 8-34 所示为 555 构成的施密特触发器。

将 555 时基电路的 2 脚、6 脚连接来作为信号输入端 u_i,7 脚通过电阻 R 接电源 $+V_{DD}$,成为输出端 u_{o1},输出电平可以通过改变 V_{DD}进行调整;3 脚是信号输出端 u_{o2}。

如图 8-35 所示为输入信号 u_i 为三角波时施密特触发器的工作波形。

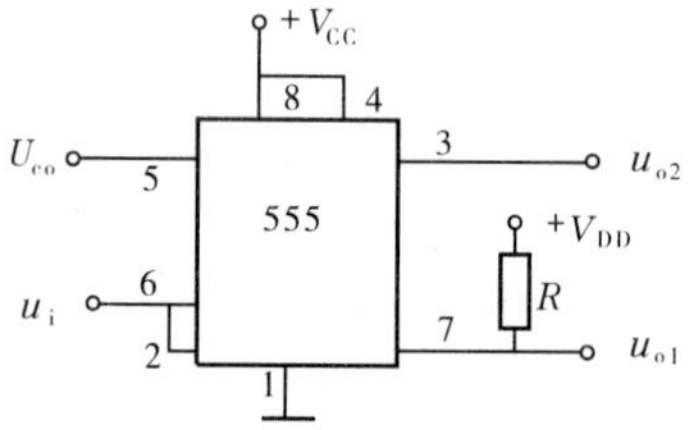

图 8-34　555 构成的施密特触发器

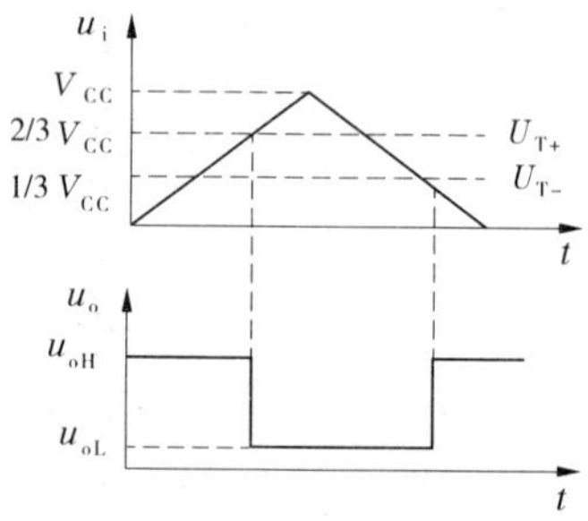

图 8-35　施密特触发器工作波形

在开始时,$u_i=0$V,555 内部 RS 触发器工作在 1 状态,三极管 VT_1 截止,3 脚输出高电平,u_{o1}、u_{o2}均为高电平。随着 u_i 的升高,只要不达到 $2/3V_{CC}$,电路保持状态不变;当 u_i 升高到$2/3V_{CC}$时,555 内部 RS 触发器翻转,3 脚输出低电平,三极管 VT_1 导通,u_{o1}、u_{o2}均为低电平。此后,u_i 在上升到 V_{CC}后又下降,但是没有下降到 $1/3V_{CC}$以前,555 电路保持输出低电平状态不变;当 u_i 下降到 $1/3V_{CC}$时,555 内部 RS 触发器翻转,三极管 VT_1 截止,3 脚输出高电平,u_{o1}、u_{o2}均由低电平跳变到高电平,直到 u_i 下降到零时,电路的状态也不会改变。

下面以前照灯 555 自动变光器为例进行介绍。这种采用 555 电路的变光器能使汽车在夜间会车时于相距 100 ~ 150m 内把远光灯自动转换成近光灯,会车后又自动恢复到远光灯照明,从而避免或减少夜间会车时造成的交通事故,提高汽车行驶的安全性。电路如图 8-36所示。变光器主要由光电检测电路、施密特触发电路及开关电路等组成。

采用光敏电阻作为光电检测元件,光敏电阻在黑暗的情况下阻值很大,当有光照射时,阻值迅速降低。将光敏电阻安装在汽车头部且在本车前照灯照射不到的部位,当汽车前方没有会车车辆时,光敏电阻没有光照,阻值很高,三极管 VT_1 的基极处于低电位,三极管截止,555 的 2、6 脚为低电平,3 脚输出为高电平,继电器 J 不吸合,常闭触点 J1 导通,红色发光二极管发光指示远光灯发光。当会车时,光敏电阻阻值降低,三极管 VT_1 的

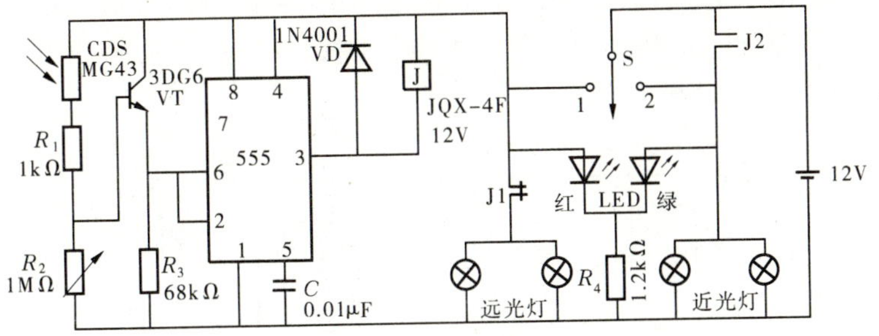

图 8-36　前照灯 555 自动变光器

基极电位升高，VT_1 导通，555 的 2、6 脚为高电平，3 脚输出低电平，继电器 J 吸合，常闭触点断开，常开触点 J2 闭合，绿色发光二极管发光指示近光灯发光，进行会车。555 构成的施密特触发器使光照达到一定强度时，继电器才会吸合，避免自身前照灯忽亮忽暗。

(三)555 构成的单稳态触发器及其在汽车上的应用

单稳态触发器具有下列特点：第一，它有一个稳定状态和一个暂稳状态；第二，在外来触发脉冲的作用下，能够由稳定状态翻转到暂稳状态；第三，暂稳状态维持一段时间后，将自动返回到稳定状态，而暂稳状态时间的长短与触发脉冲无关，仅决定于电路本身的参数。单稳态触发器一般用于定时、整形以及延时电路。

如图 8-37 所示是用 555 电路构成的单稳态触发器。R、C 是定时元件；u_i 是输入触发信号，下降沿有效，接到 555 的 6、7 脚；3 脚 u_o 输出信号。

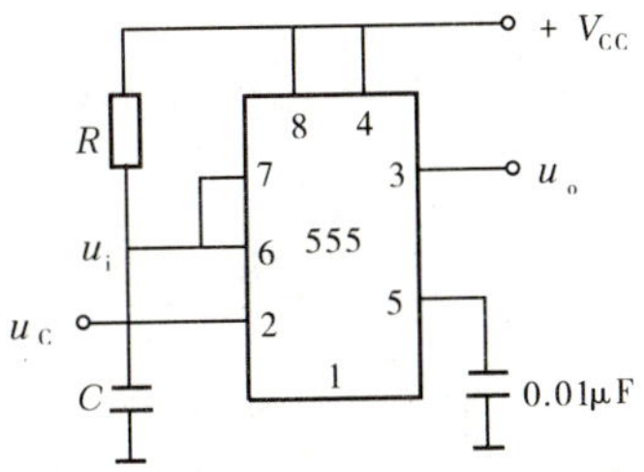

图 8-37　555 电路构成的单稳态触发器

在没有触发信号时电路工作在稳态，即 u_i 是高电平时，$u_o=0$，VT_1 饱和导通。接通电源后，电路会自动达到稳定状态。当 u_i 下降沿到来时，电路被触发，$u_o=1$，VT_1 截止，这时电容 C 开始充电，在电容电压 u_C 上升到$2/3V_{CC}$以前，电路保持暂稳态不变。随着电容 C 的充电，当 u_C 上升到 $2/3V_{CC}$时，触发器翻转，$u_o=0$，VT_1 饱和导通，暂稳态结束。电容 C 通过三极管 VT_1 放电，C 放电结束后，电路回到稳定状态，等待下一个触发脉冲。

图 8-38 所示是 555 电路构成的单稳态触发器工作波形图。

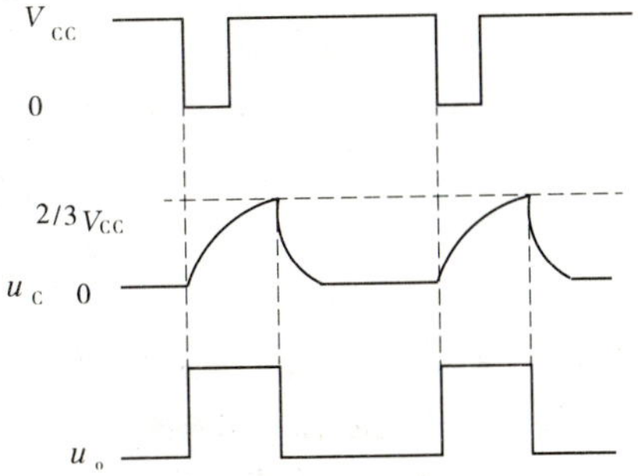

图 8-38　555 电路构成的单稳态触发器的工作波形图

下面以发动机 555 转速表为例进行介绍。本转速表实际是一个单稳态触发器，其中，L_{IG}是点火线圈一次绕组，P 是继电器触点。电路如图 8-39 所示。

每当继电器触点断开而产生一个脉冲，通过 R_1 和 VZ1 钳位限幅，由 C_1 耦合去触发 555 电路。在 555 电路输出端 3 脚输出高电平期间，VD 反向截止，由 R_5 及 R_P 供给指示表电流。

单脉冲过后，555 电路输出端为低电平，VD 将 R_5 提供的电流旁路，不再经过电位器 R_P 和指示表。因此，指示表通过的电流平均值与继电器触点 P 所产生的脉冲频率成正比，这就可以由指示表来指示发动机的转速。

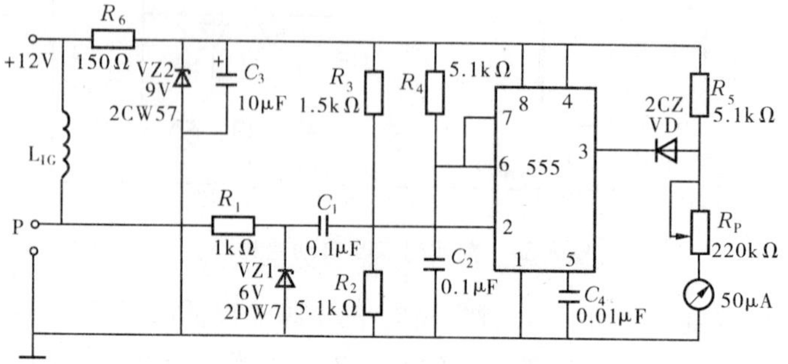

图 8-39　发动机 555 转速表

习　题

8-1　化简下列逻辑函数：

(1) $AB + AB(E + F)$；

(2) $AB + \overline{A}C + \overline{B}C$；

(3) $A\overline{B} + \overline{A}B + ABCD + \overline{A}\,\overline{B}CD$；

(4) $AB + \overline{B}\,\overline{C} + A\overline{C}D$。

8-2　试分析图 8-40 所示电路的逻辑功能。

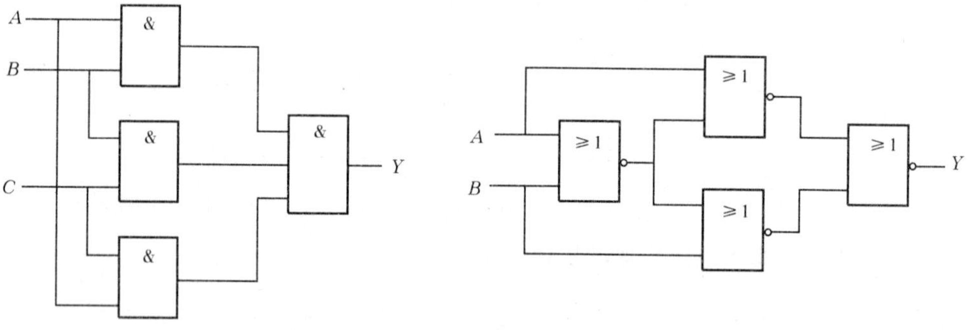

(a)　(b)

图 8-40

8-3　试分析图 8-41 所示电路的逻辑功能。

8-4　三个阀门中必须有两个或两个以上开通时，才算正常工作，否则不发出正常信号。试设计一个逻辑电路满足要求。

8-5　三个工厂由甲、乙两个变电站供电。如一个工厂用电，则由甲站供电；如果两个工厂用电，则由乙站供电；如三个工厂同时用电，则甲、乙两站同时供电。试设计一个供电

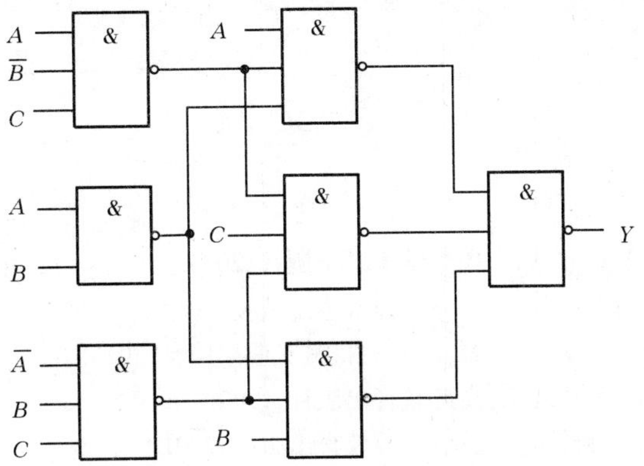

图 8-41

的逻辑控制电路。

8-6　RS 触发器可分为哪几类？各有什么特点？

8-7　在图 8-19 所示基本 RS 触发器中，试分别画出下列三种情况下 Q 和 $\overline{Q}$ 端的波形图：

(1) $\overline{R}$ 端接地，$\overline{S}$ 端接脉冲；

(2) $\overline{R}$ 端悬空，$\overline{S}$ 端接脉冲；

(3) $\overline{R}=\overline{S}$，$\overline{S}$ 端接脉冲。

8-8　在图 8-22 所示主从 JK 触发器中，CP、J、K 的波形图如图 8-42 所示，试对应画出 Q 和 $\overline{Q}$ 的波形，触发器起始状态为 0。

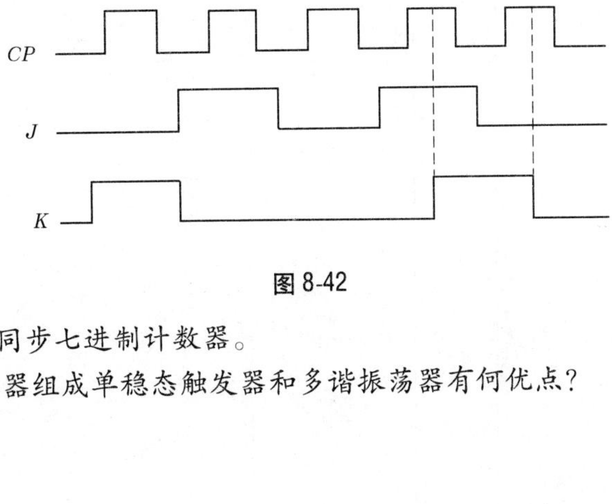

图 8-42

8-9　设计一个同步七进制计数器。

8-10　555 定时器组成单稳态触发器和多谐振荡器有何优点？

参考文献

[1] 吕玫.汽车电工电子[M].北京:人民邮电大学出版社,2013.
[2] 肖祖铭.汽车电工电子技术[M].长沙:中南大学出版社,2012.
[3] 贾宝会,张文.汽车电工电子技术[M].北京:机械工业出版社,2011.
[4] 陈小虎.电工电子技术[M].北京:高等教育出版社,1999.
[5] 童诗白.模拟电子技术基础[M].北京:高等教育出版社,2001.
[6] 苗庆贵.电工与电子技术基础[M].北京:人民交通出版社,2005.
[7] 王祥褩,辜节中.工业电子学[M].北京:高等教育出版社,2001.
[8] 杨俊莲.汽车电工电子基础[M].上海:同济大学出版社,2012.
[9] 韦焕典.汽车电气与电子系统[M].北京:北京理工大学出版社,2011.
[10] 董辉.现代汽车基本电路[M].北京:北京理工大学出版社,1999.
[11] 安宗权.汽车电工电子技术[M].北京:机械工业出版社,2010.
[12] 吴浩佳.汽车电子控制技术和车内局域网[M].北京:电子工业出版社,2003.
[13] 吕爱华.汽车电工电子技术[M].北京:电子工业出版社,2014.
[14] 刘浩宇.汽车电工电子基础[M].北京:高等教育出版社,2005.
[15] 于万海.汽车电气设备原理与检修[M].北京:电子工业出版社,2005.
[16] 冯崇毅.汽车电子控制技术[M].北京:机械工业出版社,2000.